三聯人文書系
陳平原 主編

近代中國的史家與史學（增訂版）

王汎森 著

JPC HK

三聯人文書系
主　　編　陳平原
責任編輯　楊　帆　梁偉基
封面設計　吳冠曼

書　　名　近代中國的史家與史學（增訂版）
著　　者　王汎森
出　　版　三聯書店（香港）有限公司
香港北角英皇道四九九號北角工業大廈二十樓
Joint Publishing (H.K.) Co., Ltd.
20/F., North Point Industrial Building,
499 King’s Road, North Point, Hong Kong
香港發行　香港聯合書刊物流有限公司
香港新界荃灣德士古道二二〇至二四八號十六樓
版　　次　二〇〇八年十月香港第一版第一次印刷
二〇二〇年三月香港第二版第一次印刷
二〇二三年二月香港第二版第二次印刷
規　　格　大三十二開（141 × 210 mm）三七六面
國際書號　ISBN 978–962–04–4533–0

總序

陳平原

老北大有門課程，專教「學術文」。在設計者心目中，同屬文章，可以是天馬行空的「文藝文」，也可以是步步為營的「學術文」，各有其規矩，也各有其韻味。所有的「滿腹經綸」，一旦落在紙上，就可能或已經是「另一種文章」了。記得章學誠說過：「夫史所載者，事也；事必藉文而傳，故良史莫不工文。」我略加發揮：不僅「良史」，所有治人文學的，大概都應該工於文。

我想像中的人文學，必須是學問中有「人」——喜怒哀樂，感慨情懷，以及特定時刻的個人心境等，都制約着我們對課題的選擇以及研究的推進；另外，學問中還要有「文」——起碼是努力超越世人所理解的「學問」與「文章」之間的巨大鴻溝。胡適曾提及清人崔述讀書從韓柳文入手，最後成為一代學者；而歷史學家錢穆，早年也花了很大功夫學習韓愈文章。有此「童子功」的學者，對歷史資料的解讀會別有會心，更不要說對自己文章的刻意經營了。當然，學問千差萬別，文章更是無一定之規，今人著述，盡可別立新宗，不見得非追韓摹柳不可。

錢穆曾提醒學生余英時：「鄙意論學文字極宜着意修飾。」我相信，此乃老一輩學者的共同追求。不僅思慮「說什麼」，還在斟酌「怎麼說」，故其著書立說，「學問」之外，還有「文章」。當然，這裡所說的「文章」，並非滿紙「落霞秋水」，而是追求佈局合理、筆墨簡潔，論證嚴密；行有餘力，方才不動聲色地來點「高難度動作表演」。

與當今中國學界之極力推崇「專著」不同，我欣賞精彩的單篇論文；就連自家買書，也都更看好篇幅不大的專題文集，而不是疊床架屋的高頭講章。前年撰一《懷念「小書」》的短文，提及「現在的學術書，之所以越寫越厚，有的是專業論述的需要，但很大一部分是因為缺乏必要的剪裁，以眾多陳陳相因的史料或套語來充數」。外行人以為，書寫得那麼厚，必定是下了很大功夫。其實，有時並非功夫深，而是不夠自信，不敢單刀赴會，什麼都來一點，以示全面；如此不分青紅皂白，眉毛鬍子一把抓，才把書弄得那麼臃腫。只是風氣已然形成，身為專家學者，沒有四五十萬字，似乎不好意思出手了。

類似的抱怨，我在好多場合及文章中提及，也招來一些掌聲或譏諷。那天港島聚會，跟香港三聯書店總編輯陳翠玲偶然談起，沒想到她當場拍板，要求我「坐而言，起而行」，替他們主編一套「小而可貴」的叢書。為何對方反應如此神速？原來香港三聯向有出版大師、名家「小作」的傳統，他們現正想為書店創立六十週年再籌畫一套此類叢書，而我竟自己撞到槍口上來了。

記得周作人的《中國新文學的源流》一九三二年出版，也就五萬字左右，錢鍾書對周書有所批評，但還是承認：「這是一本小而可貴的書，正如一切的好書一樣，它不僅給讀者以有系統的事實，而且能引起讀者許多反想。」稱周書「有系統」，實在有點勉強；但要說引起「許多反想」，那倒是真的——時至今日，此書還在被人閱讀、批評、引證。像這樣「小而可貴」、「能引起讀者許多反想」的書，現在越來越少。既然如此，何不嘗試一下？

早年醉心散文，後以民間文學研究著稱的鍾敬文，晚年有一妙語：「我從十二三歲起就亂寫文章，今年快百歲了，寫了一輩子，到現在你問我有幾篇可以算作論文，我看也就是有三五篇，可能就三篇吧。」如此自嘲，是在提醒那些在「量化指標」驅趕下拚命趕工的現代學者，悠着點，慢工方能出細活。我則從另一個角度解讀：或許，對於一個成熟的學者來說，三五篇代表性論文，確能體現其學術上的志趣與風貌；而對於讀者來說，經由十萬字左右的文章，進入某一專業課題，看高手如何「翻雲覆雨」，也是一種樂趣。

與其興師動眾，組一個龐大的編委會，經由一番認真的提名與票選，得到一張左右支絀的「英雄譜」，還不如老老實實承認，這既非學術史，也不是排行榜，只是一個興趣廣泛的讀書人，以他的眼光、趣味與人脈，勾勒出來的「當代中國人文學」的某一側影。若天遂人願，舊雨新知不斷加盟，衣食父母繼續捧場，叢書能延續較長一段時間，我相信，這一「圖景」會日漸完善的。

最後，有三點技術性的說明：第一，作者不限東西南北，只求以漢語寫作；第二，學科不論古今中外，目前僅限於人文學；第三，不敢有年齡歧視，但以中年為主——考慮到中國大陸的歷史原因，選擇改革開放後進入大學或研究院者。這三點，也是為了配合出版機構的宏願。

二〇〇八年五月二日

於香港中文大學客舍

目錄

增訂版序

十年以前，我收到陳平原兄的邀請，希望我參加他所編的香港三聯書店的「三聯人文書系」。在平原兄的激勵之下，我編成《近代中國的史家與史學》這本小書，收入他主編的書系中，後來這套叢書又在復旦大學出版社出過一次。最近陝西人民出版社再度提議要我整理一個增編本，加收幾篇相關的文字，並添一篇新序。由於最近正忙著別的研究，所以此處只能匆匆寫下一點感想。

趁著寫這篇序論，我想討論一個問題：學術史／史學史的研究有什麼意義？我個人認為學術史／史學史研究的意義非常多，其中之一便是我在這篇序中所要談的，一方面是要幫助我們了解「歷史書寫的運作機制」，另一方面是由此「運作機制」進而幫助我們了解歷史上某一個時期的人們為什麼決定開啟或關閉、看重或看輕某一種知識／歷史？為什麼以這樣的方式開啟或關閉，而開啟或關閉又有什麼意義？

歷史書寫是不是自然而然的（given），史家是不是全知全能的？歷史是否可能書寫全部的東西？是不是所有正確的、美好的歷史都自然而然地會有人去書寫？我將從肯尼斯·柏克

（Kenneth Burke）及班雅明（Walter Benjamin）的兩個觀點開始。[一]

歷史書寫雖會想盡可能狀寫一切，但是所寫出的永遠只是「部分」。歷史學者總是希望網羅一切，但實際上任何歷史書寫都只可能是「部分」。正如柏克（並非針對歷史工作者）所說的，每一次表述的同時也遮蔽了一些其他的東西，那麼人們為何選取了這個部分，而忽略或遮蔽了其他的部分？[二] 書寫歷史像切起司，可以用無限種方式下刀，但是人們為什麼選擇這個方式而不是別的方式呢？因此如何選擇，如何書寫，都是學術史／史學史所需要處理的重要問題。

班雅明在〈歷史哲學論綱〉一文中，借用了畫家克利的「新天使」來闡述他對歷史的看法：「天使的臉望向過去，身體則前進到未來。」他並以此作為歷史寫作與歷史詮釋的一項特質。也就是說，史家一方面是隨時代的前進而有新的關注（他的身體前進到未來）；另一方面是他的臉望向過去，所以隨著身體不斷前進，選擇書寫的歷史也有所不同。[三] 身體前進到未來而臉望向過去的例子非常多，譬如近代史家朱希祖於一九三三年至一九三四年研究主題之轉變，由晚明清初到偽齊，即因為見到當時的華北偽政府，與北宋首都開封淪陷後偽齊的歷史非常相近之故。

在簡單引介了這兩種觀點後，我要強調的是，我個人認為歷史當然有相對穩定的主題與內容，而且決不認為一切歷史書寫都是主觀的，一切史實都是相對的。但是，我們也不能不承認史家關注、燭照的範圍都隨著時代而有所變化。歷史書寫中穩定的部分與變化的部分，始終存在著重大的辯證與張力。

如果歷史寫作不是自然而然的，史家也不是全知全能的，任何表述都只可能是部分的。歷史書寫是紛紜萬狀的問題，或是借用一種現代的說法，是有一種「歷史書寫的運作機制」存在。法國史家 **François Hartog** 於一九八三年提出「歷史性的運作機制」這個概念，接著以這個概念為主軸寫成 *Regimes of Historicity: Presentism and Experiences of Time*。從這本書看來，他所關心的主要不是歷史家的書寫機制，而是「歷史性」的問題。他精密地區分「過去」、「現在」、「未來」三種時間觀念，並探討在特定人群中這三者之間的比重、關係等的紛紜萬狀。譬如講到大力士阿奇里斯時，**Hartog** 說他每天醒來都是同一天（沒有「過去」與「未來」）。又譬如庫克船長與夏威夷土人相遇時，他發現兩者的時間觀幾乎完全不同。書中提到，儘管有些仇恨發生在好幾代以前，但毛利人仍可能對敵人說，我剛吃了你父親的肉，甚至宣稱「未來」存在於「過去」之中。**Hartog** 在書中也討論了當代的各種記憶，紀念活動，如何獨佔鰲頭，幾乎取代

【一】不過，在進入以下討論時，我必須強調，我的史學理念是尊重證據，史家的工作是盡可能趨近歷史客觀性。

【二】譬如某種現實的或學術的「關聯性」會使人們將注意力放在一些原先不會被如此重視的細微末節中，以《鄧之誠日記》為例，他有很長一段時間注意力集中在晚明清初這個階段，因為當時學術圈形成了若干特定的問題，與之相應的史事便每每為人們所關心，譬如流戍寧古塔的吳兆騫（漢槎），他戍所籬笆下的野菇是否味道特別鮮美，即曾為鄧之誠關心之點。

【三】但這並不必然表示「新天使」為了呼應新的關注而刻意扭曲他所處理的史實。

了「歷史」的地位。

為了使得以下的討論更為生動，我想借用 Hartog 的概念並略加修改，即「歷史書寫的運作機制」，並說明史學史在某種程度上即是在研究「歷史書寫的運作機制」。這類機制包含範圍甚廣，既有前面提到的 Hartog 所特別注意的「過去」、「現在」、「未來」的部分，也有歷史書寫實作的部分。譬如如何形成各式各樣的歷史寫作？為何要書寫、如何書寫等涵蓋非常廣泛的問題。這裡面當然也包括歷史的「無知學」——為什麼人們不敢，或不願多談歷史，或不願、不敢多談某一方面的歷史。

在每一個時代，人們獲得歷史知識的來源參差不齊，其中至少有兩條線索：一條是有心人自己選擇深入某些原始材料所認識的歷史；另外一條是每一個時代史家的歷史書寫，尤其是各種教科書所傳授的歷史知識。後者的影響力更大、更廣泛。所以如果某一代的歷史書寫（尤其是教科書）中不寫某些東西，或加大、加深某些東西，那麼不同時代的人所認知的歷史便有巨大的差異。而寫什麼不寫什麼、為什麼寫什麼、為什麼不寫什麼，正是學術史/史學史研究的問題的一部分，就像不轉開這個門把而轉開另一個門把，看到的世界便有巨大的不同。所以我在前面提到：學術史/史學史研究的眾多任務之一即是研究、了解各個時代為什麼是轉開或關閉某些門把，為什麼是轉開這個門把而不是那個門把，以及它們所涵帶的一個個或大或小的知識世界。

以人們對古代歷史的認識為例。晚清今、古文的爭論是一個重要的學術問題，但其重要性不止於此，它們涵帶著不同的知識世界或生活世界，服膺今文家或服膺古文家的人，對許許多多的問題便持不同的看法。以對上古史的視野為例，當時崇奉今文經的夏曾佑，認為古代史學中多神話，其《中國古代史》中的太古到三代為傳疑時代。而崇奉古文經的劉師培，便認為這些是史實，故在他的《中國歷史教科書》中做了詳盡的敘述。【一】此外，相信古文經者，每每會將周公、孔子等古代人物視為平凡人物，而相信今文經者，則持不同的看法。故學術史／史學史，其實是關係到人們究竟要以什麼樣的方式看世界。

這裡我要順著今、古文之爭的問題，進一步舉近代中國的疑古思潮為例來說明。關於近代中國的疑古運動有許多的研究，我個人在《古史辨運動的興起》中對此也有所討論。疑古運動是近代中國極為重要的一個史學史問題，但是它還涵帶了一個知識世界甚至生活世界的問題，即它事實上決定了人們怎樣認識古代歷史。

在疑古思想大盛時，學界流行著一種意見，認為商朝可能還是石器時代。胡適在《古史辨》第一冊所寫的〈論帝天及九鼎書〉中，便曾引瑞典學者安特生（John Gunnar Andersson）的話說：「（安特生）近疑商代猶是石器時代的晚期（新石器時代），我想他的假定頗近是。」顧頡

【一】王樹民：《中國史學史綱要》（北京：中華書局，一九九七），頁一九三—一九四。

剛也是說：「我覺得周代始進入銅器時代的假設頗可成立。」不但《史記》中商朝以前的部分不敢視為信史，當時寫教科書的人也不太敢將商朝之前寫成信史，甚至連日本宮崎市定的《中國史》也是如此。

可是，疑古思想被殷墟發掘等學術活動所挑戰，許多人轉而認為《史記．殷本紀》中的記載是可信的。朱劍心在《金石學》中這樣記錄著風氣的轉變：「而近時若干研究中國古代社會史之學者，言殷為石器時代之末期，證以最近河南安陽殷虛發掘所得之遺物，其說亦謬。」我們重讀徐旭生的《中國古史的傳說時代》，尤其是〈敘言〉及第一章〈論信古〉亦可看出這一點。他說：「我們看殷虛所出的文字與器物，就可以知道當日的文化已經相當地高，離文化的黎明時期已經相當地遠。如果前面全是漆黑一團，何以到此時文化有忽然的突飛？」（〈論信古〉）他又說：「我們看見商朝後期冶鍊極精，花紋豐富的銅器，就感覺到在當時銅器的使用已經相當地長久。然則數百年以前的堯舜時代，以至於千餘年前的黃帝蚩尤時代，全已使用銅器，非不可能。」（〈敘言〉）所以他進而主張「疑古的路既然走不通，我們就應該改走信古的路」，這也促使徐旭生認真地進行古代傳說的分析。胡適在看到殷墟出土的精美銅器之後，他的古史觀點也有過劇烈的改變。人們相信古代歷史很長、程度很高，對過激的西來之說也產生了有力的質疑。蘇秉琦在一篇文章中提到，殷墟發掘之後，有人才敢將商朝放在上古史的開頭，他指的或許便是張蔭麟的《中國上古史綱》。胡適即曾特別提醒人們，張蔭麟的書從商朝寫起，是因為當時殷墟已出土大量東西。

所以關於這個由信而疑、由疑轉信的學術史探討，事實上是決定關閉或開啟一大片古代歷史世界的問題，是決定整個時代人們歷史意識的問題。正如清代考證學中以惠棟等人為代表的反宋學風氣，衝擊太大，方東樹便說影響所及，幾乎使人們覺得宋代似乎不應該存在——「有宋不得為代」（方東樹《漢學商兌》）。換句話說，宋代一切政治、文化、思想成就不被當一回事，或甚至是當成負面、有害，這斷絕了當時許多人對這個朝代及它龐大的相關領域的興趣或了解，甚至使宋代變得好像不應該存在一般。

所以學術史／史學史，不只是研究哪一位儒者、哪一本書，或哪一個學術流派，同時可以了解各個時代因何、為何開啟、關閉了某些門戶。研究它們，事實上也是在研究它們所涵帶的一個個龐大的知識世界，以及其間的切換、差異對每一個時代人們的知識世界及現實生活所產生的重大影響。這是我在增編本書時，縈繞在腦中的一些問題，故不揣淺陋將它們寫下作為此書的序論。

在這個增訂版中，我收入了五篇新文章，分別是〈重訪錢穆的《中國近三百年學術史》〉、〈從哲學史到思想史——胡適的英文《中國思想史大綱》草稿〉、〈歷史研究的新視野——重讀〈歷史語言研究所工作之旨趣〉〉、〈近代史家的研究風格與內在緊張〉、〈歷史教科書與歷史記憶〉，雖然新增的篇幅不算少，但為怕誤導讀者，所以我仍然沿用原來的書名。

序

我一向關心近代史學史方面的問題，但是從未有寫成專書的計畫，而是以有什麼就寫什麼的方式，希望最後能累積成一本集子，題為《近代中國的史家與史學》。在我原先的構想中，除了以前發表而未收入本書的幾篇之外，至少還有一些正在構思的文章（譬如劉咸炘的史學）。但是因為平原兄最近積極催促我整理一本十萬字左右的小書加入「三聯人文書系」，所以進一步的增添必須俟諸他日了。

本書文章所涵蓋的範圍大概是晚清最後十年到一九三〇年代左右，前後將近三十年的時間，偏重的是「變」的部分，而尚未來得及仔細分析在新史學甚囂塵上之時，舊史本身的風貌。

在將近三十年中，史學的意義、題目、史料、方法、概念、詞彙、評價、敘事架構等都起了重大的變化，以至於要想回過頭去用傳統方式寫史，幾乎不可能。譬如在近代以前，人們多用「史」而罕用「歷史」，近代則用「歷史」而少用「史」。由「史」到「歷史」，在隱微之間有某種深刻的改變，這一類改變在近代的史學實踐中可謂不勝枚舉。收在本書中的五篇文章，對前述變化有若干討論，此處不一一介紹。

在這篇短序中，我倒是想記錄我在思考近代史家與史學時的一些想法。

第一、史學活動是整個社會活動中的一環，所以史學必定與整個社會密切互動，尤其是在劇烈變動的時代。因此史學變化的理路，許多應當從史學內部的發展去了解，但也有很多時候變化的關鍵因素是在史學之外，譬如思潮、政治、社會、認同等，不能忽略。

第二、史學知識或歷史記憶是整個社會活動的一部分，對整個社會都有意義，對所有的行為也都可能產生微妙的作用。所以我們應該問：在每一個時代，史學知識或歷史記憶扮演何種社會角色？產生何種社會功能？

第三、在思考史學知識或歷史記憶的社會性時，我們會發現一個社會中存在各種不同層次的歷史知識或歷史記憶，不同層次的歷史知識或歷史記憶，與不同的社會群體或階層之間有着微妙的關係。各種歷史知識或歷史記憶系統之間未必截然不同，但是它們之間往往有出入，因此，我們應該注意一個社會中多元歷史知識的輪廓，並且留心各種歷史知識或歷史記憶之間，自覺或不自覺的競合關係。在一個社會中，因為存在着互有出入的歷史版本，或是對某段歷史選擇性的關心或忽略，對人們日常生活的行為取向、政治抉擇、政治認同等，產生了不容忽視的影響。

第四、各種歷史知識的生產、流通管道，人們獲得這些知識的方式，通俗的歷史知識與學院研究之間的關係等問題，也都是很有意味的問題。

近來我注意到，近代中國重要的史家、歷史著作、史學流派，或歷史機構，幾乎都有人研究了，以至於許多人感到好像在這個領域已經沒有什麼可以着手之處。可是，如果我們把視界放寬到整個時代的歷史意識，及它們與政治、社會的複雜互動，則有一個相當廣闊的園地擺在眼前。【一】

二〇〇八年六月

【一】我最近在一篇題為〈歷史教科書與歷史記憶〉的文字中，曾對以上若干論點有粗淺的鋪陳，有興趣的朋友請參閱。該文刊於《思想》季刊，第九輯（二〇〇八年五月），頁一二三—一三九。

晚清的政治概念與「新史學」

近代中國史學經歷過三次革命，三次的內容都非常繁複，不過也可以找出幾個重心。第一次史學革命是以梁啟超（一八七三—一九二九）的〈新史學〉為主，它的重心是重新釐定「什麼是歷史」；第二次革命是以胡適（一八九一—一九六二）提倡的整理國故運動及傅斯年（一八九六—一九五〇）在中央研究院歷史語言研究所開展的事業為主，重心是「如何研究歷史」；第三次革命是馬克思主義史學的勃興，重心是「怎樣解釋歷史」。本文所要討論的是第一次史學革命。在這次革命中，人們往復爭論中國究竟是「有史」還是「無史」。

讀者們一定感到訝異：在中國這樣一個歷史文獻發達，而歷史編纂傳統又如此豐富的國家，何以在世紀之交突然出現措辭這麼激烈的論爭？在「有史」或「無史」的爭論中，梁啟超等人宣稱中國「無史」，但是也有人出面堅持中國「有史」，最有名的一篇文字是馬敘倫（一八八四—一九七〇）的〈中國無史辯〉。【1】堅持中國「有史」的一派強調中國史學編纂傳統源遠流長，宣稱中國沒有歷史的這一邊則認為傳統史學大多未將國民的整體活動寫進歷史。這一波論爭促使人們反省「什麼是歷史」，發動這一場論爭的梁啟超在一九〇二年寫了幾篇文章，並在其中提出了四個概念，追隨的人們便以舊史中是否含有這四種概念所指涉的歷史來決定「有史」或「無史」。

梁啟超在一九〇二年所寫的〈中國史敘論〉與〈新史學〉兩篇文章，可以說是近代新史學的里程碑，幾乎出現在所有近代中國史學史的著作中；而這兩篇文章中的一些片段，歷史學者通常也熟讀成誦，尤其是〈新史學〉，受到當時日本非常流行的「文明史」影響，責備舊史家只寫帝王將相而不寫國人的歷史，大家已經非常熟悉，照理已經沒有太多的賸義可供探討了。不過，一般多專就史學內部的觀點來談這兩篇文字，不曾從晚清以來政治概念與政治詞彙的角度來談它們。所以我想強調的是晚清的政治思想如何促動這場史學革命。如果我們打開〈新史學〉，會發現梁氏所重視的是「國家」、「國民」、「群」、「社會」的歷史，這四個詞彙在傳統中國極少出現，即使出現，也不是近代人所了解的意思。就以「國民」一詞來說，一八九九年，梁啟超在《清議報》第三十冊「本館論說」中的〈論近世國民競爭之大勢及中國前途〉一文中便表示：「中國人不知有國民也，數千年來通行之語……未聞有以國民二字並稱者。」【二】至於其他詞彙，像「社會」、「群」等，也無不如此。換句話說，〈新史學〉中有幾個最關鍵的「概念工具」（conceptual apparatus）是過去所不曾出現的。如果晚清思想界沒有這些「概念工

【一】刊載在《新世界學報》第五、九兩期（一九〇二年十月三十一日及十二月三十日）。此外，在《國粹學報》中也零星出現過一些雖然不如馬氏口氣那樣尖銳，但明顯的是要證明傳統中國不是「無史」，而清朝統治下確為「無史」的論述。

【二】梁啟超：〈論近世國民競爭之大勢及中國前途〉，收入氏著：《飲冰室文集》（臺北：中華書局，一九六〇），第二冊，頁五六。梁啟超並未留意到古代已有「國民」一詞，中央研究院歷史語言研究所的「漢籍文獻資料庫」可以從二十五史中查到四十三條「國民」，不過它們不是現代意義的「國民」。

具」，則一篇近代新史學的開山之作，勢必不會以這樣的面目出現。本文便是想討論上面三個在晚清政治思想界甚囂塵上的「概念工具」如何塑造史學革命。

由於「國家」、「國民」、「群」是晚清時期三個新概念，所以以下我要花費比較長的篇幅，討論這三個概念在晚清思想世界中的形成與衍化過程。晚清政治思想中對政治、國家、國民、社會等問題逐漸形成新的思維，它們與現代的「國家建構」（state-building）有關。在當時內外環境迫壓之下，人們開始覺悟到要有新的政治思維才能保國救國。人們同時認為史學與這一個神聖的任務有着密切的關係，而且應該扮演着積極的角色。但是因為傳統的歷史思維與歷史寫作太過狹窄、太過陳舊了，不可能對新的時代有所啟導，所以史學本身應該有一革命，以適應新的任務。新的史學應該寫「國家」、「國民」，寫「群」、「社會」。

一

誠如梁漱溟（一八九三——一九八八）在《中國文化要義》中所說的：

> 像今天我們常說的「國家」、「社會」等等，原非傳統觀念中所有，而是海通以後新輸入底觀念。舊用「國家」兩字，並不代表今天這涵義，大致是指朝廷或皇室而說。自從感

> 受國際侵略，又得新觀念之輸入，中國人頗覺悟國民與國家之關係及其責任……【一】

在這裡，梁漱溟提到「國家」、「社會」是中國原來沒有的觀念。這一段回憶頗能說明清季的實況。就以「國家」的觀念來說，近代學者曾經引述了一個故事，說一八三九年鴉片戰爭爆發之前，一位清朝官僚和一位英國貿易代表在廣東對話，當英國貿易代表提到中國是一個「國家」時，清朝的官員顯然是不知其所云。【二】即使在一八四二年《南京條約》簽訂以後，清廷的一些大僚仍然不相信西方國家的數目可能超過二、三個。到一八七二年，里雅各（James Legge, 1814–1897）在《左傳》英譯本的前言中仍然提到，中國人不能明白他們只是世界上許許多多國家中的一個。【三】陳獨秀（一八七九—一九四二）便回憶說，一直要到一九〇一年八國聯軍之後他才了解到，原來世界上的人是以一國一國的方式存在：

> 此時我才曉得，世界上的人，原來是分作一國一國的，此疆彼界，各不相下。我們中

【一】梁漱溟：《中國文化要義》（臺北：正中書局，一九七五），頁一六七。

【二】Yü Ying-shih, "Changing Conceptions of National History in Twentieth- Century China," in Erik Lönnroth, Karl Molin, Ragnar Björk eds., *Conceptions of National History* (N.Y.: Walter de Gruyter, 1994), p. 155.

【三】同上。

國，也是世界萬國中之一國，我也是中國之一人。一國的盛衰榮辱，全國的人都是一樣消受，我一個人如何能逃脱得出呢？我想到這裡，不覺一身冷汗，十分慚愧。我生長二十多歲，才知道有個國家，才知道國家乃是全國人的大家，才知道人人有應當盡力於這大家的大義。【一】

史家呂思勉（一八八四—一九五七）曾經回憶説，在一八九五年左右，人們並不知道「國土」二字怎麼寫。【二】這許許多多的例子都告訴我們，晚清人士常常掛在嘴邊的「無國」之感，究竟是針對什麼而説的。

晚清思想界中「無國」的感憤大抵可以分成兩種：在革命派方面，主要是從種族主義的觀點出發而得到無國的結論，他們抱怨過去兩百多年間中國是被異族所竊據，看來有國，其實是「無國」。南社健將像柳亞子（一八八七—一九五八）等人便不斷發出這類的浩嘆。【三】國粹學派健將黃節（一八七三—一九三五）的史學名著〈黃史〉中，便反覆地開導他的讀者，中國看似有國，但過去二百餘年其實是「無國」，因為「無國」，所以也「無史」。他説：

黃史氏受四千年中國史而讀之，則喟然嘆曰：「久矣乎，中國之不國也，而何史之足云！」【四】

另外一種「無國」的感嘆，則是從現代國家（nation-state）的角度發出的，認為中國歷史上只有「朝廷」，沒有「國家」，而對於這個現象批評得最為嚴厲，在建構現代意義的「國家」方面討論得最多，對當時思想界影響最大的，應推梁啟超。【五】

梁啟超的「國家思想」可以分成兩個階段：在戊戌前後他已不斷提出這方面的論點；在政變失敗流亡日本之後，受到日本政治思潮的影響，而另有發展。

梁啟超是康有為（一八五八—一九二七）的學生，而康有為、譚嗣同（一八六五—一八九八）等人是反對「國」的。康氏《大同書》雖然完成於後來，不過梁啟超等人早就讀過它的草稿了。在破除「國界」方面，康有為的思想則前後一貫。他說「人患無國，而有國之害

【一】唐寶林、林茂生：《陳獨秀年譜》（上海：上海人民出版社，一九八八），頁一七。

【二】李永圻：《呂思勉先生編年事輯》，收入俞振基編：《蒿廬問學記》（北京：生活．讀書．新知三聯書店，一九九六），頁三五〇。

【三】參見王汎森：〈清末的歷史記憶與國家建構：以章太炎為例〉，《思與言》，第三四卷三期（一九九六），頁一—一八。

【四】黃節：〈黃史〉，《國粹學報》，第一期（一九〇五），頁一。

【五】參考胡適的回憶《四十自述》（臺北：世界文摘出版社，一九七四），頁五九。

如此」【一】，主張「去國而世界合一之體」。【二】他又說：

> 雖有仁人義士，不得不各私其國，故其心志所注，識見議論，皆為國所限，以爭地殺人為合大義，以滅國屠人為有大功……世界人類終不能遠猛獸強盜之心，是則有國乎，而欲人性止於至善，人道至於太平，其道相反，猶欲南轅而北其轍也。【三】

在這方面，梁啟超很快便脫出其師之樊籬。他在一八九七年寫的〈說群自序〉中已經有「無國」之嘆。戊戌政變之後，梁氏流亡日本期間，開始撰寫一系列鼓吹國家思想的文字，反映了梁氏受到當時在日本非常流行的伯倫知理（J. C. Bluntschli, 1808–1881）的國家學說影響。

日本在一八九〇年代，思想上有一個明顯的轉向，即由以法國、英國為理想轉向以德國為理想，這一個轉向表現在思想、文化、政治等許多層面，而伯倫知理的國家學說是其中一例。【四】梁氏一生寫過許多文章介紹西方思想家，但是在數量上從未像介紹伯倫知理那麼多，足見伯氏的國家思想在他心中的分量；同時也標幟着梁氏由崇拜盧梭（Jean-Jacqnes Rousseau, 1712-1778）到宣揚伯倫知理，由重人民到更重國家的一個微妙轉變。【五】

這些鼓吹國家思想的文章中較為人知的有一九〇〇年的〈少年中國說〉，此外還有一九〇二年的幾篇文章。一九〇二年是梁啟超的一個重要年份。這一年他創辦《新民叢報》，而且寫下了幾篇影響極為深遠的文字，像〈論國家思想〉，〈新民說〉的一部分，〈新史學〉等。這些文章應該被看成一個有機的整體，它們大多關心兩個問題：「國家」及「國民」。梁氏在一九〇〇年的〈少年中國說〉提到「國」字的定義是有土地、有人民，由居於其土地上的人民自治其所居的土地之事，自製其法律；尤其重要的是「國也者，人民之公產也」，「人人皆主權

【一】康有為：《大同書》（臺北：龍田出版社，一九七九），頁二。

【二】同上，頁一〇七。

【三】同上，頁一〇二—一〇三。

【四】Kenneth Pyle, *The Making of Modern Japan* (Massachusetts: D.C. Heath and Company, 1978), pp. 97–101.

【五】因為其中一些文字並未收入《飲冰室合集》，所以它的分量比較未被正確估計。參見張佛泉：〈梁啟超國家觀念之形成〉，《政治學報》，第一卷一期（一九七一），頁一一—二八。另外，法國巴斯蒂在〈中國近代國家觀念溯源——關於伯倫知理《國家論》的翻譯〉一文，也討論到梁氏與伯倫知理的關係。該文刊於《近代史研究》，第一〇〇期（一九九七），頁二二一—二三二。

者，人人皆服從者」。用這個標準來看，古代的中國雖有國之名，其實是「未成國之形」。【一】〈論國家思想〉是比較有系統地討論「國家」思想的一篇文字。他說：

> 人群之初級也，有部民而無國民，由部民而進為國民，此文野所由分也。部民與國民之異安在？曰：群族而居，自成風俗者，謂之部民。有國家思想，能自布政治者，謂之國民。天下未有無國民而可以成國者也。【二】

在這一篇文章中，梁氏還提出了國家的幾個定義：首先是「對於一身而知有國家」。第二是「對於朝廷而知有國家」。朝廷只是公司之事務所，「夫事務所為公司而立乎？抑公司為事務所而立乎？」「故有國家思想者，亦常愛朝廷；而愛朝廷者，未必皆有國家思想。朝廷由正式而成立者，則朝廷為國家之代表，愛朝廷即所以愛國家也；朝廷不以正式而成立者，則朝廷為國家之蟊賊，正朝廷乃所以愛國家也。」此外是「對於世界而知有國家」，強調的是競爭之義，「由一人之競爭而為一家，由一家而為一鄉族，由一鄉族而為一國。一國者，團體之最大圈，而競爭之最高潮也」，「以國家為最上之團體，而不以世界為最上之團體」。【三】把「朝廷」與「國家」分開的觀念，是他在〈新史學〉中反省舊史、開闢新史的一個重要憑藉。

梁氏一再強調，中國只有「朝廷」而沒有「國家」的觀念，而且因為沒有「國家」觀念，而常為外國人所嘲笑。他在一八九九年《清議報》第二十四冊特地釋譯了日本人尾崎行雄（一八五八—一九五四）的〈論支那之命運〉。文章的開頭就一再批評中國沒有「國家」：

> 支那人未知有國家，安得有國家思想？【四】

【一】梁啟超說：「欲斷今日之中國為老大耶，為少年耶，則不可不先明國字之意義。夫國也者何物也？有土地，有人民，以居於其土地之人民，而治其所居之土地之事，自制法律而自守之，有主權，有服從，人人皆主權者，人人皆服從者。夫如是斯謂之完全成立之國。」他又說：「夫古昔之中國者，雖有國之名，而未成國之形也。或為家族之國，或為酋長之國，或為諸侯封建之國，或為一王專制之國。雖種類不一，要之其於國家之體質也，有其一部而缺其一部。」他接着又說古代的人不知道自己國家的名字：「且我中國疇昔，豈嘗有國家哉，不過有朝廷耳。我黃帝子孫，聚族而居，立於此地球之上者既數千年，而問其國之為何名，則無有也。夫所謂唐虞夏商周秦漢魏晉宋齊梁陳隋唐宋元明清者，則皆朝名耳。朝也者，一家之私產也。國也者，人民之公產也。」見梁啟超：〈少年中國說〉，收入《飲冰室文集》，第二冊，頁九—一〇。

【二】梁啟超：〈論國家思想〉，收入氏著：《飲冰室專集》（臺北：中華書局，一九七二），第三冊，《新民說》，頁一六。

【三】以上引文皆同前書，頁一六—一八；梁啟超：〈中國前途之希望與國民責任〉，頁二〇：「非有國而不愛，不名為國，故無所用其愛也。」（《飲冰室文集》，第一〇冊）。《先秦政治思想史》，首章，頁二：「謂中國人不好組織國家也可，謂其不能組織國家也亦可，無論為不好或不能，要之國家主義與吾人夙不相習，則甚章章也。」（《飲冰室專集》，第二冊）。

【四】張佛泉：〈梁啟超國家觀念之形成〉，頁八。

他認為這是一個至可羞恥的事，正因為沒有國家思想，不知「人人皆主權者，人人皆服從者」，故人民一方面不知道自己是國家的擁有者，也不知道自己需要為這個整體盡自己一分的力量，從而也就沒有「愛國心」，當國家遇到外敵侵襲時，也就沒有因為同屬一個整體而興起的同仇敵愾精神。這也是前面提到過的陳獨秀所自慚的「我生長二十多歲，才知道有個國家，才知道國家乃是全國人的大家，才知道人人有應當盡力於這大家的大義」。

梁氏再三強調，有幾種因素妨礙了「國家」思想之形成。首先是朝廷。中國幾千年來因為「朝廷」觀念的支配，人們只關心一家一姓之事，而沒有全「國」的想法，所以也只注意於這一家一姓的興亡，而不注意國家是一個整體，包括它所有的人民、物產、財力等等。貴族的力量當然也是阻礙國家思想形成之因素。此外，家族思想、地方主義等，凡是使人們囿於一地或一群人之見的，都是創造現代國家之時所要破除的。

梁啟超有一種「自然」相對於「有意識」的思維：以朝廷、貴族、家族、鄉土為主體的傳統社會是「自然」的狀態，而組成一個現代國家必須是「有意識」建構的工作。這種建構工作包括兩方面，一方面要破除舊勢力的作祟，另一方面要有意識地以各種方法凝聚人民，成為種種現代社群，最後形成一個現代國家。

在這一方面，梁氏與嚴復（一八五三——一九二一），還有其他同時代的人，都多少受到當時在西方思想界地位極高，而在中國又廣被稱頌的斯賓塞（Herbert Spencer, 1820–1903）的

「社會有機體論」的影響。他們的思維大致是這樣的：國家或社會是一個有機體，社會或國家的每個部分都像是有機體的一部分，司一定職責，而整個有機體的健全，則有賴於每一個部分的健全，說到最後，即是有賴於每一個細胞的健全。每一個細胞充分發揮它的活力時，也就是整個有機體最有力量的時候，整體與分子必須形成一個環環相扣的全體。所以，國家的力量不應以統制甚至壓制各個分子為主，而應該是讓他們充分發揮其能力。

在「國家」意識出現之後，一些今天習以為常的詞彙，像「國民」、「國力」、「愛國心」才開始流行並取得了它的現代意義。「國力」是全國各個分子力量的總和，而不是朝廷力量之大小。「愛國心」是所有分子對於國家這個最高主體的愛心，而不是對於皇帝一姓一家之愛敬。「國民」則是以國為全體人民之公產，一國之法、一國之事都由國民來負責。

在這裡也就引出了下一個問題，即近代中國「國民」思想的出現。【一】

【一】我相當了解近代政治思想中對「國民」有異常繁複的論辯，但這不是本文的重點，而且我所討論的這幾位思想家對「國民」還沒有非常精細的思考。

二

有關「國民」意識的形成，必須分成兩方面說，先是近代——尤其是戊戌前後，民權思想大興，形成一個沛然莫之能禦的思潮。如果我們回顧戊戌前後的社團及刊物，可以發現以「民」為開頭的詞彙大增，「民權」是人們爭論得很厲害的一個概念，通常也是維新官僚與當時相對而言比較激進的思想家之間主要分野之所在。[一]有關《時務報》的一則故事多少說明了它是當時思想戰場的主軸。張之洞（一八三七——一九〇九）是支持多種維新事業的，其中包括《時務報》，該報的主持人汪康年（一八六〇——一九一一）便可以視為張氏的一個幕僚。但是當《時務報》第九冊中刊出汪康年〈論中國參用民權之利益〉，說「居今日而參用民權，有三大善焉」，並提倡西方國家君民共主之制時，張之洞的幕客梁鼎芬（一八五九——一九一九）、葉瀚（一八六一——一九三三）、繆荃孫（一八四四——一九一九）紛紛來信批評，其中便有人說：「周少璞御史要打民權一萬板，民權屁股危矣哉！」[二]這一則故事未必是真，但是它反映了「民權」在當時的刺激力量之大。當時撰文鼓吹民權的文章非常之多，盧梭民約思想的影響也很大，有人甚至希望在中國作「亞盧」——「亞洲的盧梭」。[三]

晚清以來「民權」思想的升高是一個廣泛事實，但是「國民」所指涉的內容要更特殊一點。關於這個問題，史料很多，此處只能引幾條材料作例子。孫寶瑄（一八七四——一九二四）《忘山廬日記》一九〇七年條記：

前聞蔭亭言：我國今日為治，當區民為三等：最下曰齊民，稍優曰國民，最上曰公民。一切納賦税及享一切權利，皆截然不同。而國家亦須設三種法律以支配之，其有欲由齊民躋國民，由國民躋公民者，必其程度與夫資格日高，然後許之。如是則謀國者方有措手處。余以為然。【四】

從這一條材料可以看出，遲至一九〇七年士人們已提出要劃分「齊民」、「國民」、「公民」三種觀念。他認為「齊民」是自然狀態下的人民；而「國民」顯然是指自覺到自己是國家的

【一】原先一起提倡維新事業的人，後來往往因為是否宣揚民權而逐漸分道揚鑣。參見湯志鈞：《戊戌時期的學會和報刊》（臺北：臺灣商務印書館，一九九三），第四章，頁一四三—二一九。關於梁啟超的民權思想，請參考張朋園：《梁啟超與清季革命》（臺北：中央研究院近代史研究所，一九六九），頁四七—六五。

【二】湯志鈞：《戊戌時期的學會和報刊》，頁一七二。

【三】譬如南社健將柳亞子的幾首詩都寫出了這一點——柳氏自號「亞盧」，即以「亞洲的盧梭」自居。參見楊天石、王學莊編：《南社史長編》（北京：中國人民大學出版社，一九九五），頁九。

【四】孫寶瑄：《忘山廬日記》（上海：上海古籍出版社，一九八三），頁一一〇六。

一分子，而且有充分的國家思想，並為國家盡其一分子之力量的人；至於「公民」，孫寶瑄在這裡沒有說清楚，但我們可以猜想是具有納稅、選舉等權利、義務的人。

這裡必須附帶提到的是「公民」的思想。它與「國民」一樣，也是近代中國全新的觀念，因為它是陌生的，所以康有為在一九〇二年以筆名「明夷」所寫的〈公民自治篇〉中呼籲中國要「造公民」。【一】

使得「國民」思想深入大眾腦海中的也是梁啟超。梁氏的國民思想在問世之後，馬上引起極大的影響。章士釗（一八八一——一九七三）在一九〇三年說：「近世有叫號於志士，旁魄於國中之一絕大名詞，曰國民云云。」【二】從一八九九年以後，梁氏開始大量使用「國民」一詞。梁氏的「國民」思想有兩個源頭。第一，在「國家」意識覺醒之後，跟隨而來的是「國民」意識的覺醒。前面所引梁啟超論國家思想的文章中常常也同時討論「國民」，並再三強調「國民」與「部民」之不同即是一證。第二是受到當時日本思想界，尤其是德富蘇峰（一八六三—一九五七）的影響。一般同意，一八八〇年代後期的日本是「國家」、「國民」思想大盛之時，當時日本知識分子認為如果沒有「國家」，人民無所附着，仍是「非國民」，並且認為要將一個日本人變成「國民」是一個非常複雜的過程。【三】而德富蘇峰對日本「國民」思想的形成出過很大的力氣。他於一八八七年創《國民之友》雜誌，一八九〇年創提倡平民主義的《國民新聞》，他的主要著作則是《近世日本國民史》，從這些標題可以看出德富氏的國民思想之一斑了。而一般都認為梁啟超受德富氏的影響最大，甚至說他抄襲德富蘇峰的文章。【四】總之，在梁啟超流亡日本期間，日本思想界的「國民」思想早已風起雲湧十餘年了，他本人的「國民」思想應該受到這一股思潮的啟迪。

梁氏在一八九九年九月的〈近世國民競爭之大勢及中國前途〉中說：

> 中國人不知有國民也……國民者，以國為人民公產之稱也，國者積民而成，舍民之外，則無有國。以一國之民，治一國之事，定一國之法，謀一國之利，捍一國之患，其民不可得而侮，其國不可得而亡，是之謂國民。【五】

在同一年寫的〈愛國論〉一文中，梁氏說：

【一】收入張枬、王忍之編：《辛亥革命前十年間時論選集》（北京：生活．讀書．新知三聯書店，一九七七），第一卷，上冊，頁一八〇。

【二】轉引自張佛泉：〈梁啟超國家觀念之形成〉，頁二四。

【三】Carol Gluck, *Japan's Modern Myth* (Princeton: Princeton University Press, 1985), p. 23, 25, 39.

【四】馮自由：《革命逸史》（臺北：臺灣商務印書館，一九七八），頁二六九—二七一。

【五】梁啟超：〈論近世國民競爭之大勢及中國前途〉，收入《飲冰室文集》，第二冊，頁五六。

彼其國民，以國為己之國，以國事為己事，以國權為己權，以國恥為己恥，以國榮為己榮。我之國民，以國為君相之國，其事、其權、其榮、其恥，皆視為度外之事。【一】

從上面可以看出「國民」與「國家」意識之密切關係。而從上述引文中也可以看出，梁氏談「國民」時至少有如下幾種意義：第一，帝室不是「國家」的擁有者，「國民」全體才是國家真正的擁有者。因為擁有所有權，所以對於國家有參與感與責任感，對國家的休戚榮辱產生像自己一家的休戚榮辱那樣的聯屬感。同時因為自己是擁有者，所以有「愛國心」，一旦國家發生任何危機，能奮起為之犧牲。他們認為「愛國心」是過去那些不覺得擁有國家的人所不能想像的。第二，他們認為過去的老百姓因為還沒有「國家」的觀念，所以並不曉得在他們上面有一個更大的整體，做任何事情時，不會時時從整體的利益出發。梁啟超的〈論國家思想〉這樣說：

……則必人人焉知吾一身之上，更有大而要者存，每發一慮、出一言、治一事，必常注意於其所謂一身以上者。【二】

「國民」因為自知自己屬於更高的整體的一分子，所以做任何事情都把「自然」的只關心一己的想法提升到「有意識」地以國家之利益為利益。

第三，因為自己是國家的擁有人之一，所以要盡種種的責任和義務，要時刻關心這個全體，並盡自己的力量來維持它。所以過去那種完糧納稅便可以一切不管，或是「日出而作，日入而息，帝力於我何有哉」的觀念不應該存在，「國民」應該永遠參與、永遠關心自己的國家，就像呵護自己的家業一般。

第四，「國民」是自由的、平等的，在「國民」之上，不應該有任何不平等的階級或特權存在。當時梁啟超等立憲派並不主張推翻君主，所以人們想像的是「一君萬民」的格局，在這「一君」與「萬民」之間沒有任何壟斷性的力量，而且「君」也只是受人民委託的總管性質的工作。【三】

【一】梁啟超：〈愛國論〉，收入《飲冰室文集》，第二冊，頁六九。

【二】梁啟超：〈論國家思想〉，收入《飲冰室專集》，第三冊，《新民説》，頁一六。

【三】梁啟超寫於一八九七年的〈論君政民政相嬗之理〉説，中國遠古有多君之害，因孔子提倡「大一統」，變多君為一君，又説「凡由多君政而入民政者，其間必經一君之政乃始克達」（《飲冰室文集》，第二冊，頁七——一一）。當時還出現另一種意見認為，傳統中國的政治其實是「無治」，政府並沒有真正的力量可以有所作為，所以像麥孟華便鼓吹要擴大君權使國家能辦事，而人民有權而且平等（麥孟華：〈論中國宜尊君權抑民權〉，收入鄭振鐸編：《晚清文選》〔上海：上海書店影印，一九八七〕，頁四八九—四九一）。這些看似相牴觸的思維，其實是有一些共同的方向。

除了「國家」與「國民」之外，還有「群」與「社會」的觀念。晚清思想界談「群」時是指一般人「有意識」地集合，「社會」則是指有組織的人群而言。當時人心中認為「社會」比「群」更進一步，要群居之民有其同守之約束，也有其共蘄之境界，才稱為「社會」。關於這個問題，我曾在另一篇文章中討論過【一】，此處不贅。

「群」與「社會」二詞在古書中都出現過，但與近代中國所認定的意義不同，所以應該被視為新的概念。【二】在當時一些里程碑式的史學文獻中，「群」也是一個相當關鍵的概念。它大抵是指一個人群關係的龐大叢結，或者是指一個互動的體系。嚴復對「群」的概念有開闢之功【三】，梁啟超則對「社會」一詞的流傳有過較大的影響。【四】不過「群」與「社會」二詞出現有先後，「社會」流行較晚，它在梁氏撰寫〈新史學〉時還未廣用。「群」與「社會」意義也有所不同，從「群」到「社會」中間也有一個遞嬗的痕跡。但無論如何，當時援借這兩個概念的史學家都想指陳一種概念：歷史不是以個人或個人意識為主體，少數人的主觀能動力量並不能左右歷史的發展，所以專寫帝王將相的歷史已經過時，應該代之以描述一群人整體發展的史學。歷史描述的單位不應只是個人，而應該是一群一群的人。同時，人們也認為傳統史學只記單人的事蹟，不成一個系統。史學應記載複數的人及社會內部所存在的有機的、錯綜交互的關係，並且發現其中的因果規律。

三

以上三種概念：「國家」、「國民」、「群」對新學術影響最大，它們促使人們廣泛地評估傳統，甚至反省過去所從事的學問究竟是不是可以稱得上是學問。當時廣被爭論的「君學」與「國學」之分便是一例。人們爭論過去兩千年的學問是屬於君主的學問還是屬於國家的學問。鄧實（一八七七—一九五一）在〈國學真論〉中說：

痛夫悲哉，吾中國之無國學也。夫國學者，別乎君學而言之。吾神州之學術自秦漢以來一君學之天下而已，無所謂國學，無所謂一國之學。何也？知有君不知有國也。近人於

【一】王汎森：〈清末民初的社會觀與傅斯年〉，《清華學報》，第二五卷四期（一九九五年十二月），頁三二五—三四三。
【二】同上。
【三】嚴復在〈原強〉中說，「其始也，種與種爭，群與群爭」，「惟群學為最難」，「一群之成，其體用功能無異生物之一體」，「化學原質，自然結晶，其形製之窮巧極工，殆難思議，其形雖大小不同，而其為一晶之所積而成形，雖折〔析〕之至微，至於莫破，其晶之積面隅幕，無不似也」，「惟群學明而後知治亂興衰之故」。見嚴復：《嚴幾道文鈔》（臺北：世界書局，一九七一），頁二五—三〇。
【四】王汎森：〈清末民初的社會觀與傅斯年〉，頁三二五—三四三。

政治之界說，既知國家與朝廷之分矣，而言學術則不知有國學君學之辨，以故混國學於君學之內，以事君即為愛國，以功令利祿之學即為國學，其烏知乎國學之自有其真哉？是故有真儒之學焉，有偽儒之學焉。真儒之學祇知有國，偽儒之學祇知有君。知有國，則其所學者上下千載，洞流索源，考郡國之利病，哀民生之憔悴。……若夫偽儒，所讀不過功令之書，所業不過利祿之術……【一】

照鄧實說來，「國學」是有了「國家」觀念以後才有的，「君學」則是秦以下兩千年的學術；「國學」與「君學」是「真」學與「偽」學之分，是「真儒」與「偽儒」之判；「國學」所涵蓋的是全體國民之學，故「考郡國之利病，哀民生之憔悴」，「君學」則只是服務帝王一家的一姓之學。鄧實的文章顯然是「國家」意識下的產物。

「國家」與「國民」思想深刻地影響着當時人的歷史研究。在進入這個主題之前，必須先強調，梁啟超這一代新史家與傅斯年他們不同：傅斯年這一代的史學家希望歷史不要成為道德教訓的工具，不要讓仁義道德干擾歷史研究的客觀性，同時也要把歷史與現實政治的關係切斷【二】；而梁啟超、章太炎（一八六九—一九三六）這一輩的史家，其改造舊史的主要目的就是為了現實，就是為了鼓舞人民愛國、救國之心。梁啟超認為今日的任務是要自結其國族以排其他國族，所以新史學的目標是要能使人們覺悟到要自結其國族，不把國家當做歷史的主體則不足以激勵愛國心，不把人民寫進歷史也不足以激勵國民，所以史學之良窳與國勢的強弱可以劃上等號。梁啟超在〈新史學〉中這樣描述新的歷史：

> 國民之明鏡也，愛國心之源泉也。今日歐洲民族主義所以發達，列國所以日進文明，史學之功居其半焉。然則但患其國之無茲學耳，苟其有之，則國民安有不團結，群治安有不進化者？【三】

他又說：

> 今日欲提倡民族主義，使我四萬萬同胞強立於此優勝劣敗之世界乎？……史界革命不起，吾國遂不可救。【四】

【一】《國粹學報》，第二七期（一九〇七），頁一。
【二】傅斯年：〈歷史語言研究所工作之旨趣〉，收入《傅斯年全集》（臺北：聯經出版事業公司，一九八〇），第四冊，總頁一三一四。
【三】梁啟超：〈新史學〉，收入《飲冰室文集》，第四冊，頁一。
【四】梁啟超：〈新史學〉，收入《飲冰室文集》，第四冊，頁七。

他在〈三十自述〉中又立志說：

> 欲草一中國通史，以助愛國思想之發達。【一】

梁氏自然不是孤立的例子。嚴復《群學肄言》的〈砭愚〉篇便批評前史體例，說它們「於帝王將相之舉動，雖小而必書；於國民生計風俗之所關，雖大有不錄」，而他這樣批評的原因是閱讀前史，「一群強弱盛衰之故，至為難知」，而歷史惟有令讀者知一「群」，而不是一家一姓的故事，才能讓國人通曉盛衰強弱之故。【二】誰是歷史的主人？誰是歷史命運的承擔者？「新史學」是以「國家」、「國民」為主體，要脫離舊史「萬種腐敗範圍」，寫出新的歷史承擔者「國民」在過去的歷史。【三】

從上述可以知道為何梁氏在〈新史學〉中會痛批舊史為「君史」，而以新史學為「國家」及「國民」的史學。梁氏認為兩千年來史學之病源有四端，其中第一、二點與本文有關：第一是「知有朝廷而不知有國家」，認為從來作史者，都是為朝廷君臣而作，沒有一部為國家及國民而作的歷史。那是因為不知「朝廷」與「國家」之分別，以為捨朝廷外無國家。第二是「知有個人而不知有群體」。他說歷史貴在能敘「群」相交涉、相競爭、相團結之道，以及一群人所以休養生息同體進化之狀，「使後之讀者，愛其群、善其群之心油然生焉」。【四】而當時西方的史學都是講述整個國家全體國民的史學，都是講整個「國民系統」之所由來，及其發達、進步、盛衰、興亡之原因與結果，那是因為西洋「民有統而君無統」。中國則完全相反，「以國之統而屬諸君，則固已舉全國之人民視同無物，而國民之資格，所以永墜九淵而不克自拔，皆此一義之為誤也」。【五】梁啟超的〈新史學〉從「國家主義」出發，批評舊史書之斤斤置辯於「正統」。他說「統」應該在「國」不在「君」，在眾人而非在一人：

> 然則正統當於何求之？曰：統也者，在國非在君也，在眾人非在一人也。舍國而求諸君，舍眾人而求諸一人，必無統之可言，更無正之可言。【六】

【一】梁啟超：〈三十自述〉，收入《飲冰室文集》，第四冊，頁一九。

【二】此文先於一八九七年至一八九八年間刊於《國聞匯編》。見嚴復譯：《群學肄言》（北京：商務印書館，一九八一），〈砭愚〉，頁八。

【三】此時也有人提倡文明史、探索人群進化現象以求得歷史中的公理公例，這種寫法偏重歷史發展過程中一步一步向上進化的現象，使得讀者得到一種印象，認為這即是人類的公理公例。譬如呂思勉說他讀歷史才知人類社會有進化的道理。

【四】梁啟超：〈新史學〉，收入《飲冰室文集》，第四冊，頁三。

【五】同上，頁二一。

【六】梁啟超：〈新史學〉，收入《飲冰室文集》，第四冊，頁二五。

對於史書中的「褒貶」，梁啟超在〈新史學〉中也有新的看法。他認為不能只褒貶一人，而應褒貶整個團體，否則「群治」不能進步：

而中國史家，只知有一私人之善焉、惡焉、功焉、罪焉，而不知有一團體之善焉、惡焉、功焉、罪焉。以此牖民，此群治所以終不進也。【一】

他又說舊史中所稱道或譏貶的人物，所持的標準也是從這個人對君主一姓之效忠與否出發，不是立足於國民公義。〈新史學〉說：

然所謂敢諫者，亦大率為一姓私事十之九，而為國民公義者十之一，即有一二，而史家之表彰之者，亦必不能如是其力也。【二】

他認為應該「褒貶一民族全體之性質」【三】，而不是褒貶某人對一家一姓之忠誠與否。而他評斷傳統史家之優劣時，也是以他們的著作中是否有國家及國民思想為判準。【四】他所嚮往的新歷史著作要能讀後有感動，是以必「激勵其愛國之心，團結其合群之力，以應今日之時勢而立於萬國者」。【五】他甚至說如果「史界革命不起，則吾國遂不可救」：

今日欲提倡民族主義，使我四萬萬同胞強立於此優勝劣敗之世界乎？則本國史學一科，實為無老、無幼、無男、無女、無知、無愚、無賢、無不肖皆所當從事，視之如渴飲飢食，一刻不容緩者也。然遍覽乙庫中數十萬卷之著錄，其資格可以養吾所欲、給吾所求者，殆無一焉。嗚呼，史界革命不起，則吾國遂不可救。悠悠萬事，惟此為大！【六】

〈新史學〉中的這些言論是大家耳熟能詳的，而如果沒有梁氏所一再提倡的「國家」、「國民」思想，是不會有這種史學觀念的。

至於「群」對新史學的影響，前面已提到過一些。「群」的觀念在梁啟超的〈新史學〉中

【一】同上，頁二七。

【二】同上，頁二八。

【三】同上，頁二九。

【四】「細數二千年來史家，其稍有創作之才者惟六人：一曰太史公，誠史界之造物主也，其書亦常有國民思想；……二曰杜君卿，《通典》之作，不紀事而紀制度。制度於國民全體之關係，有重於事焉者也。」（同上，頁五）

【五】同上，頁六—七。

【六】同上，頁七。

有清楚的反映，他責備舊史「知有個人而不知有群體」的論點，對清末民初的一些歷史著作也有很大的影響，下面在討論「有史」、「無史」的爭論時所徵引的材料中也會隨時看到。「群」被有意識地用來作為思考史事的不少，譬如夏曾佑（一八六一——一九二四）在《中國古代史》中的〈諸侯之大概〉一節寫道：大禹塗山之會時，執玉帛而會者有萬國，到商湯時有三千，到周武王時還有一千八百，至入春秋時代，國之見於史書者，只有一百四十餘，而且大半無事可記，其可記者十餘國，「蓋群之由分而合也，世運自然之理，物競爭存，自相殘賊，歷千餘年，自不能不由萬數減至十數」。【一】這是充分運用「群」與「物競天擇」的觀念去推測古代歷史的情狀，也是以「群」的觀念作為考慮古史的一個重要範疇。「社會」在新史學中的分量比「群」要輕，它在提倡新史學的文章中出現的頻率也不像「國家」、「國民」、「群」那樣高，可能因為它是一個比較後起的觀念。不過，像黃節就曾抱怨中國的舊史不能見「社會得失之故」，說「吾四千年史氏有一人之傳記而無社會之歷史」【二】，便是一個值得注意的例子。

四

梁氏的〈新史學〉從一九〇二年二月八日起便在《新民叢報》上斷斷續續地連載着【三】，一直到該年十一月十四日才刊完。他那些富含刺激性的話，很快地在知識界引起震盪，一九

○二年到一九○三年間，便有不少文章回應他的論點。受他影響的人急着爭論中國過去究竟是「有史」還是「無史」。梁啟超的文章像是開動了一個機括，提醒人們思考「什麼是歷史」這一個根本問題，人們爭論歷史應該是什麼，不應該是什麼。在歷史不應該是什麼這一點上，大家的意見相當一致，但是在歷史應該是什麼時，看法便有一些分歧了。他們的文章大都充滿着一些論證簡單，但又對立鮮明的概念。鄧實在一九○二年八、九兩個月所撰的〈史學通論〉就是一個很好的例子。鄧氏在文章一開頭便說他讀三千年來的史書，「淵淵焉而思，睊睊然而憂，曰，史豈若是邪？中國果有史邪？」【四】「史豈若是邪」——這是多麼激烈的語氣，鄧氏不承認他所讀到的史書是歷史，他懷疑「中國果有史邪」，然後說他自己受到「新史氏」（梁啟超）的影響，了然於「史者，敘述一群一族進化之現象者也」。他說：

> 蓋史必有史之精神焉。異哉，中國三千年而無一精神史也！其所有則朝史耳，而非國史，君史耳，而非民史，貴族史耳，而非社會史，統而言之，則一歷朝之專制政治史耳。

【一】夏曾佑：《中國古代史》（臺北：臺灣商務印書館，一九六八），頁三五。

【二】黃節：〈黃史〉，頁二—三。

【三】分別見於《新民叢報》，第一、三、一一、一四、一六、二○期。

【四】鄧實：〈史學通論〉，收入氏輯：《光緒壬寅政藝叢書》（臺北：文海出版社，一九七六），頁七一四。

若所謂學術史、種族史、教育史、風俗史、技藝史、財業史、外交史，則遍尋乙庫數十萬卷充棟之著作而無一焉也。【一】

從上面這一段引文看來，鄧實認為「國史」是歷史，「朝史」不是歷史；「民史」是歷史，「君史」不是歷史；「社會史」是歷史，「貴族史」不是歷史。此外，學術史、種族史、教育史、風俗史、技藝史、財業史、外交史都是歷史，但他說在數十萬卷傳紀史書中找不到上面這些東西。

在「有史」與「無史」的爭論中，最常被提到的是「君史」與「民史」的對立。一九〇二年十月，有署名「樵隱」的人寫了〈中國亟宜編新民史以開民智〉一文，強調要有民史，才能啟迪百姓的智慧，所以應該要編農史、工史、商史，才能開啟農、工、商的智慧。【二】鄧實也說君史是「一代人之君即一代之史也」，而民史則是一群人的歷史，「民史之為物，中國未嘗有也」。他又說：

夫世界之日進文明也，非一、二人之進，而一群之進也，非一小群之進，而一大群之進也。【三】

歷史的行動者是複數的，不是單數的，所以「歷史者即其一大群之現象影響也」。「夫民者何？群物也，以群生，以群強，以群治，以群昌。群之中必有其內群之經營焉，其經營之成績則歷史之材料也；群之外必有其外群之競爭焉，其競爭之活劇則歷史之舞台也。是故舍人群不能成歷史。」【四】從上面這些引文中，可以看到「群」的概念如何改變一代史學的方向。

陳黻宸（一八五九—一九一七）的〈獨史〉於一九〇二年九月發表於《新世界學報》。他這一篇文章反覆嘆息中國「無史」，譬如說：「於乎，中國之無史。」又說：「吾觀於南北朝之時，而益不能嘆息痛恨於中國之無史也。」又說：「於乎，我中國之無史久矣。」【五】他主要針對「史權」這一個觀念來談。他說「史權」不是褒貶予奪，因為那是一人私斷而不是「公言」：

> 然我謂予奪褒貶，非所以伸史家之獨權也。史者，天下之公言；而予奪褒貶者，一人

【一】鄧實：〈史學通論〉，頁七一四。

【二】同上，頁七二四—七二五。他又說二十四史中，除了《史記》以外，「先後一揆」，「一號曰儒，不辨菽麥，不諳生計，不知農工商業為發達世界之極點」（頁七二五）。作者認為當時的中國必須有新的歷史，才能啟迪農、工、商民，在新的世界經濟競爭中站住腳步。

【三】鄧實：〈史學通論〉，頁七一七。

【四】同上。

【五】陳黻宸：〈獨史〉，收入陳德溥編：《陳黻宸集》（北京：中華書局，一九九五），頁五六六—五六八。

之私斷。[一]

談「史權」則理想上應該讓史家掌管一個機構，收集中央政府的各種史料，而且要在各直省府州廳遍設史館，收集各地人民之史料，且由史家發揮獨立精神，撰寫充分關照人民歷史的史書。他說：

我觀於東西鄰之史，於民事獨詳。……夫歐美文化之進，以統計為大宗，平民之事，纖悉必聞於上。是故民之犯罪者、自殺者、廢疾者、婚嫁者、生者、死者、病者、有業者、無業者，每年必為平均分數，而以其所調查者比而較之。比較既精，而於民人社會之進退、國家政治之良窳，析薪破理，劃然遽解，斯所謂彌綸一代之巨作矣。[二]

陳氏似乎受到英國史家巴克爾（H. Buckle, 1821–1862）《英國文明史》（*History of Civilization in England*）的影響，他心目中之歷史必須充分解析「民人社會之進退，國家政治之良窳」。他說西洋人之所以能寫出這類史書，是因為他們花費很大的力氣在統計民事，那是因為「泰西民與君近，呼吸相聞」，「故史得資以核其見聞」。中國自秦以後「民義」已衰，不看重老百姓，所以像歐美統計民事的工作也就不可能了。

在「有史」、「無史」的爭論中，也涉及「公史」、「私史」之分。一九〇二年十月，在一篇沒有作者、署名為「星架坡天南新報」所寫的〈私史〉中，作者一開始便責備舊史只重朝代的興亡、強弱、沿革，把歷史與一人一家之譜系劃上等號，他稱之為「私史」，相對立的則是「公史」。「私史」不是歷史，「公史」才是歷史。「公史」的內容是：

一切英雄之運動，社會之經練（緯），國民之組織，教派之源流……【三】

他認為這些皆不見於舊史，故浩嘆説：「甚矣！中國之無公史也。」舊史「是一家之史，非全國之史也；一時之史，非萬世之史也。……以是為史，謂之無史可也」。【四】

當然也有一些史家主張應該對傳統史學具有同情的理解，他們開始反省如果中國真的「無史」，那麼為什麼會「無史」。他們傾向於劃分古代為兩個時期：神史—君史。神史時代，其史學好言天道、鬼神、災異、卜筮之事，史官所學皆神事，其歷史記載也泰半帶神話性質。君

【一】同上，頁五六七。
【二】同上，頁五六二—五六三。
【三】〈私史〉，《新民叢報》，第一九號（一九〇二），頁九九。
【四】〈私史〉，頁九九、一〇〇。

史時代，一切隨君主而轉移，故歷史也只記載君主一家一姓之事。他們隱隱然要說，如果對歷史具有同情的理解，就不會去責備中國無「民史」，因為「民史」是人類發展到第三階段的產物，而西方事實上也沒有太久的「民史」。【一】

不過也有人不那麼含蓄。一九〇二年十月及十二月，馬敘倫在《新世界學報》連載〈中國無史辯〉，顯欲對「無史」論者加以痛擊。從目前看到的一些片段，可以看出馬氏不滿意國人過度崇拜西洋而輕忽「國粹」。他提出司馬遷（約公元前一四五—公元前九〇）的《史記》與鄭樵（一一〇四—一一六二）的《通志略》為例，來反擊中國無史論者，表示「然則中國之學術何嘗不及泰西，中國又何嘗無史？嗚呼，恫哉！恫哉！」【二】一九〇八年，《東方雜誌》上有一篇署名「蛤笑」所撰的〈史學芻論〉，說「無史」論者認為二十四史「可以為二十四朝君主之譜牒，不可以為二千餘年民族之紀載。又其甚者，且謂吾國自古迄今，尚未有史學，嗚呼，何其夷國之甚也耶！」可是他的論證也相當有意思。他說：「若夫吾民族千百年來，所以屢受外界之侵淩，而究能獲最終之戰勝，與夫禮俗、學問、美術、技藝、文教、武功之稱雄於東亞者，非官書曷由知之？」【三】他認為可以從舊史書來證明中國「有史」的「禮俗、學問、美術、技藝」，無一不是新史學的標準。他堅持中國「有史」的論點顯然暗受反對派的影響，所以用來證明「有史」的標準竟與主張「無史」的人差不多。又如黃節是反對中國「無史」的，但是他所提出的證據也很有意思：

吾觀夫六經諸子，則吾群治之進退有可以稱述者矣。不寧惟是，史遷所創，若河渠、平準與夫刺客、游俠、貨殖諸篇，其於民物之盛衰、風俗道藝之升降，靡不悉書。至如范曄之傳黨錮，謝承之傳風教，王隱之傳寒儁，歐陽修之傳義兒，是皆有見夫社會得失之故，言之成理，為群史獨例。概以謂吾國四千年舊史皆一家一姓之譜牒，斯言也，毋亦過當與！【四】

文中所提到「群治之進退」等，都是「新史氏」認為舊史欠缺的東西，而黃節卻用它們來證明中國無史論者主張之不適當，不免讓人覺得他對「什麼是歷史」這個問題所持的立場已經非常不傳統了。到了這個時候，「有史」論者和「無史」論者其實都同意「歷史」應該是國史，是民史，是一大群人之歷史，是社會的歷史，同時歷史敘述應該從宮廷政治史解放出來，而以宗教史、藝術史、民俗史、學術史作為它的主體。

值得注意的是，儘管有人出面堅持中國「有史」，但整體而言，「無史」論的一派仍然佔上

【一】鄧實：〈史學通論〉，頁七一五。
【二】《新世界學報》，第九期（一九〇二），頁一四。按：此文係劉龍心小姐見贈。文缺前半，即刊於第五期者。
【三】此文見《東方雜誌》，第五卷六期（一九〇八年六月），頁九〇 九一。
【四】黃節：〈黃史〉，頁二。

風。最有代表性的一篇文章是〈中國史的出世辭〉，主張中國過去「無史」，一直到國民史學出現，才是中國史的「出世」。作者「橫陽翼天氏」（曾鯤化）在這篇文章中說：

> 不佞為四萬萬同胞之國民一分子，願盡四萬萬之一之義務，為我國民打破數千年腐敗混雜之歷史範圍，掀拔數千年根深蒂固之奴隸劣性。特譯述中國歷代同體休養生息活動進化之歷史，以國民精神為經，以社會狀態為緯，以關係最緊切之事實為系統……尋生存競爭優勝劣敗之妙理，究枉尺直尋小退大進之真相……以為我國自古以來血脈一統之龐壯國民，顯獨立不羈活潑自由之真面目。【一】

他又說：

> 浸假而地球獨立自營大國民之鼻祖，其單刀直入，開闢中華之手段，史筆削之矣；浸假而揮斥八極，亭毒全球氣魄，史筆削之矣；浸假而雷霆萬鈞，震驚大空之勢力，史筆削之矣。吁嗟！吁嗟！其尚得曰：中國有歷史乎？何配談有中國歷史乎？余一人朕天子之世系譜，車載斗量；而中國歷代社會文明史，歸無何有之鄉。飛將軍、大元帥之相斫書，汗牛充棟；而中國歷代國民進步史，在烏有子之數。【二】

他還寫下這樣一段祝辭：

中國歷史出世，謹祝我偉大中國燦爛莊嚴之文明國旗出世於今日，謹祝我中國四萬萬愛國國民出世於今日，謹祝我四萬萬愛國國民所希望理想之自由、所馨香禱祝之獨立出世於今日。【三】

由新的歷史出世，可以聯繫到四萬萬愛國國民之「出世」，乃至於四萬萬愛國國民所希望之理想自由出世，足見他賦予新史學的現實任務之巨大，同時也可以看出晚清新史學與政治之間的密切關係。

結論

以上是我對晚清政治概念與新史學的一個反思。過去探討這個問題時，大多就史學論史學，而事實上，史學以外的政治、社會思潮對史學的變化產生了莫大的作用。在這篇文章中，

【一】曾鯤化：〈中國史的出世辭〉，收入蔣大椿編：《史學探淵：中國近代史學理論文編》（長春：吉林教育出版社，一九九一），頁五九六—五九七。

【二】曾鯤化：〈中國史的出世辭〉，頁五九六。

【三】同上，頁五九七。

我主要是以「國家」、「國民」、「群」與晚清新史學的關係為主進行討論，它們開啟了一個以國民的活動為主體的歷史探討空間，以及一種對複數的、而非一元的歷史行動者的關懷。同時，在它的影響之下，也形成了中國「有史」、「無史」的爭論。在中國這樣的一個史學傳統深厚的國家爭論「有史」、「無史」，意味着人們意識到歷史似乎不應該是傳統定義下的歷史，人們開始關心「歷史是什麼」。從本文中所徵引的材料也可以看出，不管國粹派或立憲派，不分「無史」論者或「有史」論者，他們到了最後都隱然認定歷史應該是「民史」，是「公史」，是「社會史」，是群體的歷史，這對後來的史學發展產生了相當關鍵的影響。不過，二十世紀初期的新史家們基本上主張從舊史關注的範圍中解放出來，放寬歷史的視界，至於二十多年後，以胡適、傅斯年為代表的另一波新史家，則重視新史料、新方法、新工具。這兩波史學革命之間，關懷的重要點顯然有所不同，然而它們對近代史學的發展都有重大的影響。

本文原發表於《學術史與方法學的省思：中央研究院歷史語言研究所七十周年研討會論文集》（臺北：中央研究院歷史語言研究所，二〇〇〇），頁一二五—一四六。

近代中國的線性歷史觀

——以社會進化論為中心的討論

一、前言

十九世紀末以來，中國傳統史學的語言、方法、思維、史料等方面都經歷了重大的改變，線性歷史觀是其中非常重要的一環，經過這一番洗禮，任何想模仿傳統史家的寫作方式都變得幾乎不可能。

「線性歷史觀」是一個西方的概念，要清楚地定義它並不容易。某種意義上的線性歷史在傳統中國當然曾經出現【一】，不過，無意間符合某種意義的線性歷史觀，與有意識地受一種歷史觀念引導的歷史寫作，仍然有所不同。

此處所謂「線性歷史觀」是一個比較寬泛的觀念，相對於循環式的或退化式的歷史觀，它認為歷史發展是線性的、有意志的、導向某一個目標的，或是向上的、不會重複的、前進而不逆轉的。

從晚清以來，思想界紛然雜陳，線性歷史觀的源頭較多，不過以下幾種學說是比較有關係的，但它們之間往往雜糅附會，不容易清楚劃分：（一）康有為所闡發的公羊三世說。它把歷史發展分成據亂世→升平世→太平世三個階段，是較早的一種似帶線性意味的思維，不過因為當時三世說主要關心的是政治，所以在史學方面的實際影響較小。【二】（二）各式各樣帶有目的性的、評價性的歷史分期，如上古、中古、近世的劃分。【三】（三）最初起源於歐洲的基佐

（François Guizot, 1787–1874）、巴克爾（Henry T. Buckle, 1821–1861）等的「文明史」。它後來傳入日本，再由日本傳給中國士人。（四）進步觀及「社會進化論」。關於第（一）點一般了解較多，本文不贅；此處要針對第（二）及第（三）略作解釋，然後再透過第（四）點的進步觀及「社會進化論」導入本文的主題。

首先，關於「歷史分期」，鄺兆江有一篇討論近代中國線性歷史觀的文章，提到在嚴復（一八五四—一九二一）譯《天演論》及梁啟超（一八七三—一九二九）提倡新史學之前，薛福成（一八三八—一八九四）、王韜（一八二八—一八九七）、鄭觀應（一八四二—一九二二）、陳熾（一八五五—一九〇〇）等人都提出過某種分期觀，它們提供一些架構，說明中國歷史是由一個階段向上發展到另一個階段，過去的、現在的與未來的，都可以安排進這

【一】如今文家之公羊三世說。李約瑟（Joseph Needham, 1900–1995）甚至認為中國古代的歷史觀基本上是線性的，參見 Luke S. K. Kwong（鄺兆江），“The Rise of the Linear Perspective on History and Time in Late Qing China *c.* 1860–1911,” *Past and Present*, No. 173（Nov. 2001）, pp. 165–166。

【二】參考吳澤：〈康有為公羊三世說的歷史進化觀點研究——康有為史學研究之一〉，收入《中華文史論叢》，第一輯（上海：中華書局上海編輯所，一九六二），頁二二九—二七四。

【三】章太炎《訄書》所附〈中國通史略例〉中，便注意到西方作史，多分時代。章氏主要是受日本史家如桑原騭藏等的影響，見章太炎：《訄書》（臺北：世界書局，一九六三），頁一九八。

個軌道中。【一】我們現在尚難評估上述諸家對當時歷史寫作的真正影響；我們比較可以確定的是，在晚清，日本史家桑原騭藏（一八七一—一九三一）的《東洋史要》將中國歷史分為上古、中古、近古、近世四期，當時中國出版的歷史教科書多以其書的分期為準，故而產生很大的影響。不過，我們也不能忽略，在桑原的書之外，當時有許多從日文譯成中文的歷史書籍也有類似的分期，一樣造成影響。

「文明史」的影響也相當之大。日本在一八七〇年代從西洋翻譯了一批史書，譬如基佐的《歐洲文明史》（*Histoire générale de la civilisation en Europe*，一八七二年譯）、巴克爾（Henry Thomas Buckle, 1821-1862）的《英國文明史》（*History of Civilization in England*，一八七五年譯），它們與中國及日本原先的歷史撰寫方式相當不同，對於當時日本史學界產生莫大影響，被稱為「文明史」（the History of civilization），福澤諭吉（一八三五—一九〇一）、田口卯吉（一八五五—一九〇五）等都是「文明史」的領導人。「文明史」強調一種充分注意因果關係的歷史敘述，而且批判過去史學只重君王而忽略人民，只重政治、軍事而忽略生活、宗教、藝術、習俗的弊病。他們認為西方歷史提供了一把表尺，人類各種族的歷史都將循西方文明的歷史定律而發展。他們把日本放在西方文明史的表尺下衡量，認為當時的日本只是「半文明」。田口卯吉用文明史的體裁寫《日本開化小史，一八七七—一八八二》，該書的安排深受基佐及巴克爾之影響，是日本「文明史」的里程碑之作。【二】然而，如果不是希望與西方國家並駕齊驅的強烈慾望，日本及中國的史家恐怕不會這麼容易以西方文明史為表尺來衡量自己，而又同時以現代西方作為歷史進化的最終目的。在「文明史」最流行的十五年，有許多號稱「文明史」的書事實上只是擷取古代的編年史書及史料當中與文化有關的部分，再加上「文明史」的標題而已。

清末「文明史」的來源是多元的。俞旦初等人有關近代中國「文明史」的研究顯示，對基佐、巴克爾的譯述與介紹有好幾家，並不只限於梁啟超而已，而且清末所譯史料談到「文明史」的也不限於基佐、巴克爾的著作。在晚清中國人的觀念裡，「文明史」強調「史理學」，認為治史時要知其然，也要知其所以然；要講人類歷史發展之普遍「公理」與「公例」，要研究各國宗教、政治、學術、制度、風土、人情「如何變遷，如何改良，與夫列邦進步之因」。【三】

上述各種思想資源對梁啟超都有影響。梁氏早歲即受其師公羊三世說之影響，接著又受到

【一】Luke S. K. Kwong, "The Rise of the Linear Perspective on History and Time in Late Qing China *c.* 1860–1911," pp. 157–190.

【二】參見 E. G. Pulleyblank and W. G. Beasley, "Introduction," *Historians of China and Japan*（London: School of Oriental and African Studies, University of London, 1971）, p. 15。

【三】俞旦初：〈二十世紀初年中國的新史學〉，收入氏著：《愛國主義與中國近代史學》（北京：中國社會科學出版社，一九九六），頁五六—六一；李孝遷：《西方史學在中國的傳播》（上海：華東師範大學出版社，二〇〇七），第二章。

日本明治思想界流行的社會進化論的啟發【一】，而且早在一八九〇年代末期就開始熱切使用「文明」一詞，使得當時人產生「自由」、「文明」是康梁所獨有的印象。譬如一八九九年梁啟超的《飲冰室自由書》將人類文明分成「野蠻→半開化→文明」三個階段，三者循序而升。【二】在一九〇〇年代初期梁啟超寫了幾篇有關新史學的里程碑文獻，例如〈中國史敘論〉、〈新史學〉等，它們都提示一種由一個階段進化到更高階段的歷史觀念。一九〇二年的〈新史學〉說，「歷史者，敘進化之現象也」，「吾中國所以數千年無良史者，以其於進化之現象見之未明也」，「歷史者敘述人群進化之現象而求得其公理公例者也」。【三】〈中國史敘論〉則分上世史、中世史、近世史【四】，又說歷史像一條長線，由上古跨越中古，一路發展到近世。〈論中國學術思想變遷之大勢〉則大談「進化之公例」，並用來解釋學術興衰，譬如說孔學所以獨大是因為「殆教競君擇，適者生存，亦天演學公例所不可逃也」；又說「人類初起，皆自草昧而進於光華」，「人類進化第一期，必經神權政治之一階段，此萬國之所同也」，彷彿一切都可以安排在一個線性向上的歷史架構中。【五】上面這幾篇文章對新史學的發展起了極重要的宣示作用，也是形塑線性歷史觀的一個最重要的源頭（詳後）。

不過本文想強調的是，在討論近代史學典範的改變時，應該分成「理念」與「實作」兩個部分，前者注重一些里程碑式的文獻（如梁啟超的〈新史學〉），後者則要注意到許多未必有名的書籍在各個角落發生的實際影響。史學實作的變化，顯然不是在幾篇里程碑文獻出現之後，就一齊俱變的。里程碑文獻當然掀動一時之人心，不過講到實際變化，則要兼顧不同時間、不同場合，受各式各樣書籍或範例影響的情形。所以我們要兼顧兩面，一方面是里程碑式文獻，另方面是在各種場合模仿、套用成書，習得各種新的書寫範式的歷程。當時有不少既不標榜史學方法、甚至不提新理論，而是直接模仿、類比、套用翻譯或各種成書的例子；而類比、套用是一種新說深入擴散的重要基礎。從二十世紀初年以來，以進化論的觀點撰寫歷史是最時髦的口號【六】，當時聲明自己是以進化觀念寫史，或是在著作中表現出某種進化觀念

【一】討論這方面的文章很多，如張朋園：〈社會達爾文主義與現代性——嚴復、梁啟超的進化觀〉、手代木有児：〈梁啟超——「史界革命」と明治の歴史学〉，收入佐藤慎一編：《近代中国の思索者たち》（東京：大修館書店，一九九八），頁八〇—八八。

【二】以上參考石川禎浩：〈梁啟超與文明的視點〉，收入狹間直樹編：《梁啟超．明治日本．西方—日本京都大學人文科學研究所共同研究報告》（北京：社會科學文獻出版社，二〇〇一），頁九五—一一九。

【三】梁啟超：〈新史學〉，收入氏著：《飲冰室文集》（臺北：中華書局，一九六〇），第四冊，頁七、八、一〇。

【四】梁啟超：〈中國史敘論〉，收入《飲冰室文集》，第三冊，頁一一。

【五】梁啟超：〈論中國學術思想變遷之大勢〉，收入《飲冰室文集》，第三冊，頁一二、四〇、一一、六。

【六】譬如章太炎《訄書》所附〈中國通史略例〉中要求史學要「令知古今進化之軌」，「使一事之文野，一物之進退，皆可以比較得之」，即是一種代表性的宣言。

的史著不少，即使思想保守人士也不例外【一】，但是宣稱要怎麼做比較容易，能熟練地用「進化」觀點來寫作歷史卻不簡單【二】，人們往往是靠類比、套用各種範本才成功轉入新的解釋架構。故本文以社會進化論與近代中國的線性歷史觀為主軸進行討論，同時特別提嚴譯《社會通詮》【三】（*A History of Politics*）為例說明這類書在「實作」中所起的範本作用。

我並不準備再費筆墨談進化思想如何傳入中國，這裡只提供一些簡單的背景。大體而言，在嚴譯《天演論》面世之前，中國已經有一些粗鬆的進化思想成分。譬如英國地質學大家賴爾（Charles Lyell, 1797–1875）《地學淺釋》（*Principles of Geology*）的譯本早在一八七〇年代已經出版了，其中含有不少進化觀念；晚清介紹西方思想的文章中也常常簡單地提到進化論。進化論對大自然的一些觀點甚至出現在李鴻章（一八二三—一九〇一）給學生的一份考卷中，其中一位學生鍾天緯（一八四〇—一九〇〇）的回答目前還可以看到，由於他對進化論的把握相當準確，因而得到李鴻章的讚賞。【四】但是那時進化論主要被當作是自然史的知識來吸收，沒有牽涉到社會政治層面，所以並未引起震動。我認為嚴譯《天演論》之所以震盪人心，主要是因為它不只關心自然史，同時把它擴展到人事、政治的層面，最後還與國家的危亡密切結合在一起，簡明和突出地標舉「物競天擇，適者生存」這類口號，才引起莫大的震撼。

嚴譯《天演論》對歷史撰述的直接影響較小【五】，這大概是因為要把抽象理論直接運用到歷史書寫本身並不容易。雖然優勝劣敗、自然淘汰等觀念確實成為此後歷史解釋常用的概念。

對當時的歷史寫作最容易產生影響的是像賴爾的《地學淺釋》（將古歷史的發展區分為石刀期、銅刀期、鐵刀期），《斯賓塞爾文集》，嚴譯《群學肄言》、《社會通詮》，及十九世紀末到二十世紀初的一批社會學譯本等。【六】

【一】像近代中國第一本文學史——林傳甲的《中國文學史》，即是一例，收入陳平原輯：《早期北大文學史講義三種》（北京：北京大學出版社，二〇〇五），頁一——二三八。

【二】以林傳甲《中國文學史》為例，全書除了個別例子，還有使用幾個「進化」之詞外，實際上沒有多少是符合他所宣稱的目標。

【三】甄克思（Edward Jenks）著，嚴復譯：《社會通詮》（臺北：臺灣商務印書館，一九七七）。

【四】James R. Pusey, *China and Charles Darwin* (Cambridge: Harvard University Press, 1983)；鄒振環：《影響中國近代社會的一百種譯作》（北京：中國對外翻譯出版公司，一九九六），頁七〇——七四、一一六——一二〇；汪子春：〈達爾文學說在中國初期的傳播與影響〉，《中國哲學》，第九輯（北京：生活·讀書·新知三聯書店，一九八三），頁三六五——三八七。

【五】譬如《天演論》出版之後，劉師培有讀後詩兩首，內容完全不涉及歷史解釋的問題，所關注的主要還是「優勝劣敗」的道理。他的歷史研究風格大幅改變，是接觸到《社會通詮》之後的事。

【六】以劉師培為例，他在二十世紀初期的幾種運用演化論撰寫的歷史著作中，往往宣稱他受社會學影響最大，主要便是指《社會通詮》及《斯賓塞爾文集》。

二、《社會通詮》與社會進化論

十九世紀末到二十世紀初輸入中國的一批帶社會進化論意味的社會學譯本，尤其是與斯賓塞（Herbert Spencer, 1820–1903）有關的部分，對歷史研究產生了不小影響。這批譯本分別是章太炎與曾廣銓（一八七一——一九三〇）合譯的《斯賓塞爾文集》（分期連載在《昌言報》）、章太炎譯岸本能武太（一八六六——一九二八）的《社會學》、麥鼎華（一八七六？——一九一五）譯有賀長雄（一八六〇——一九二一）的《社會進化論》、嚴復譯斯賓塞的《群學肄言》（*The Study of Sociology*）等。這些譯本多少都展示了以社會進化的眼光看人事、歷史、社會等面相[一]，直接給予歷史研究者啟示。前述諸書的影響，過去討論者較多，相比之下，在各種譯本中，《社會通詮》一書對歷史研究的影響甚大，而過去卻未被特別注意，故本文要以它出發進行討論。

史華慈（Benjamin Schwartz, 1916–1999）說《社會通詮》是一本不知名的小書（obscure little work），出自甄克思（Edward Jenks, 1861–1939）之手[二]，使人覺得《社會通詮》是一種泛泛之作。甄克思生於一八六一年，逝於一九三九年，可以說是嚴復同時代的人。他並不是籍籍無聞之士[三]，出版《社會通詮》一書時，已是牛津大學的教授（reader），一九三〇年被選為英國學術院院士。[四]然而比起嚴譯其他著作的作者，如赫胥黎（Thomas Henry Huxley,

1825–1895）、孟德斯鳩（Baron de Montesquieu, 1689–1755）、亞當·斯密（Adam Smith, 1723–1790）等人而言，他確實只能算是一位出色的學者，而非大師。

《社會通詮》在晚清曾引起巨大的政治爭論。[五] 由於該書日譯本相當成功，嚴復說不定是受到影響才決定動手翻譯這本書。《社會通詮》提供了一套非常便於搬用的線性進化式時間架構，使得人們可以不大費力地套在中國歷史上，後來中國史學家最常用的「圖騰社會→宗法社會→軍國社會」的模式，大多是從該書學來的。事實上從十七世紀以來，這一類階段劃分的方式在英法的著作中是屢見不鮮的；我們從甄克思的英文原書看不出任何獨創之處，而且他也從

【一】譬如《斯賓塞爾文集》中討論「進境之理」，見〈《斯賓塞爾文集》卷之一〉，《昌言報》，第一冊（一八九八年七月），頁一—三。

【二】Benjamin Schwartz, *In Search of Wealth and Power: Yen Fu and the West*（Cambridge: Belknap Press of Harvard University Press, 1964）, p.157.

【三】詳細一點的生平，見王憲明：《語言、翻譯與政治——嚴復譯社會通詮研究》（北京：北京大學出版社，二〇〇五），頁三四—三五。

【四】甄克思逝世後，Robert Warder Lee 在英國學術院宣讀其生平，講稿於一九四一年印成一本二十七頁的小冊子。見 Robert Warder Lee, *Edward Jenks, 1861–1939: Proceedings of the British Academy*（London: Humphrey Milford, 1941）, pp. 399–423。感謝劍橋大學 David McMullen 教授為我影印了這份文件。

【五】譬如在清末提倡種族革命者曾受到反對種族革命者引用《社會通詮》的有力批評。關於這個爭論，王憲明前引書中的討論甚詳，請參看該書，頁一九〇—二〇七。

未宣稱自己新創了這個敘事架構。

十七世紀以來西方的進步史家們，如康多塞（Marquis de Condorcet, 1743–1794）、孔德（Auguste Comte, 1798–1857）等早已使用這種「漁獵→遊牧→農耕」的階段，或區分更多階段，並步步向前發展的單線進化歷史架構。【一】有關進步史的名著，柏雷（John Bagnell Bury, 1861–1927）的 *The Idea of Progress: an Inquiry into Its Origin and Growth* 早已指出，在進步觀的第三個階段，也就是在十九世紀後半葉進化論大行其道之時，前述那種線性進步觀與進化論的思想合流，斯賓塞的社會進化論便是一個代表。【二】

《社會通詮》事實上只是一本極暢銷的政治史教科書，所以它並不標榜特殊的理論。當時的一篇書評指出，該書令人印象比較深刻的是「圖騰、宗法、軍國」之演進的劃分，認為該書雖有武斷之處，但還是一本好書。【三】中國讀者對它印象最為深刻的是社會進化論的部分——「據天演之公例，以考社會之階級，臚陳殊俗之制，以證社會之原理」【四】——該書並不強調進化，連演化（evolution）一詞都極少使用。不過，嚴復的翻譯每每為它加入「天演」之類的觀念，使得中國的讀者以為它是一本講社會進化論的書。【五】《社會通詮》明確展示了西方歷史由「圖騰社會→宗法社會→軍國社會」進化的歷史觀，由於寫作形式安排得宜，表現手法又能夠吸引讀者，故清末民初崛起的新一代史家很常提到它。

三、「公例」與線性歷史觀

近代中國線性歷史觀之形成，最初恐怕不是出自史學本身的因素，而是一種現實的渴求。因為渴求成為像近代西方國家那樣的強國，所以採取一種當時相當流行的觀點，認為西方歷史發展的歷程是世界的「公例」，只要中國望着西方歷史的「公例」發展，最後也可能發展成像西方一樣的強國。外在的因素帶動學術的變化，他們把中國歷史套入西方的線性歷史架構中（公例），有樣學樣地把中國歷史拉成一條線性發展的軌道，使得中國人從原來那種「古」「今」不分、或是一心一意想回到理想「古代」的想法，經過一番徹底的洗禮，「古」「今」的時間鴻

【一】Jean Starobinski, "The World Civilization," *Blessings in Disguise, or, The Morality of Evil* (Cambridge: Harvard University Press, 1993), pp. 4–5.

【二】J. B. Bury, *The Idea of Progress: an Inquiry into Its Origin and Growth* (London: Macmillan, 1920), pp. 334–349.

【三】W. F. Trotter, "Review on Edward Jenks, *A History of Politics*," *International Journal of Ethics*, vol.12 no.2（Jan., 1902）, p. 269.

【四】《東方雜誌》第一期〈新書介紹〉欄，轉引自王憲明：《語言、翻譯與政治——嚴復譯社會通詮研究》，頁一八七。

【五】如嚴譯《社會通詮》之頁九六「制度皆天演漸成」，原書為"is the result of historical growth"；如頁九六「故國家宗法度為產業演進中之最大因」，原書頁一一一只是"a theory grew up that"。

溝變得大到難以跨越。「古」、「今」的差異極大化形成了一種新的時間意識，使得歷史想像與歷史解釋出現種種新的可能。此下我會陸續列舉二十世紀初的一批史家如何擁抱「公例」的思想，而一步步套用西方線性歷史觀的情形。

而《社會通詮》之類的書籍，無疑是展示世界發展「公例」的範本，把歷史發展變成一條刻度清楚的計算尺。史家所面臨的問題是一道簡單的填充題，在援用西方歷史的線性架構來重新詮釋中國歷史時，只要按着計算尺上的刻度把中國方面的內容填進去，便得到一幅嶄新的歷史圖像。

在中國，這套填充題有幾個面相：第一、歷史是一條由原始到文明進步的直線，這條直線過去可能是捲曲的，進化論把它拉直了，把兩端拉直之後，特別是對遠古及未來的想像，產生了劇烈的變化。第二、所有事物都有一個進化的歷程，正如包默（Franklin Baumer, 1913–1990）所說的，是由 being 到 becoming 的過程。【二】過去視為是一個定點的事物，像是一團纏在一起的線團，拉開之後，呈現線性進化之跡；在三代的名物制度方面，便隨處出現了「化經成史」的變化。第三、西方歷史發展的進程是「公例」，是普世的歷程，全世界各地文明的歷程無不與之相同，所以對比西方文明這個計算尺上的刻度，一眼便可以看出各個文明目前在什麼階段；即使是目前尚不清楚的歷史過程，也可以依西方文明之歷程而「比例」得之。第四、整個歷史進化過程是前後環環相扣、嬗衍遞變而來，一代有一代之事物，層層變化【三】，歷史的進程基本上不是人為設計所能主導，而是由各種「力」互相作用而成。

更進一步說，晚清的「公理」、「公例」等觀念，在思想世界中扮演着不可忽視的角色。它們改變了人們一個模糊卻有力的想法，即中國歷史文化始終是獨特的想法，經由「公理」、「公例」等概念強而有力的灌輸，人們轉而認為西方歷史文化具有普遍性，連中國也不例外。「公理」、「公例」成為當時人論證或辯論最有力的武器之一，晚清的新歷史著作中便常常出現「公例」之類的措詞。事事皆有「公例」，而所謂「公例」也者，往往就是歸納近代西方的經驗所得的一些原則，人們認為它們是放諸四海而皆準的。【三】在歷史研究方面，「公例」有時候是指由進化歷程所歸納出的一些原則（譬如事物進化是「由簡而繁」），有些時候是指「進化之大理」——指全人類各文明所必然經歷的過程，不一而足。

在二十世紀初期，進化之「公例」為一批新史家提供了一個方便可用的模型。他們發現只要把中國史事往這個線性架構中的空格一擺，許多原先看來並無頭緒的史實，便可以形成清

【一】Franklin L. Baumer, *Modern European Thought: Continuity and Change in Ideas, 1600–1950* (New York: Macmillan, 1977), pp. 140–159.

【二】其影響所及，如王國維主張「凡一代有一代之文學」即是，見袁英光、劉寅生：《王國維年譜長編（一八七七—一九二七）》（天津：天津人民出版社，一九九六），頁九一。

【三】如林傳甲：《中國文學史》，頁一二五、一三七、一四一。

楚的理路。當時常見的分期如「石刀期→銅刀期→鐵刀期」，「圖騰社會→宗法社會→軍國社會」，「『行國→居國』、『漁獵→畜牧→耕桑』」等【一】，此外，孔德的三段論也非常流行。譬如梁啟超說「國家」之形成必須經過四個階級：野蠻自由時代→貴族帝政時代→君權極盛時代→文明自由時代，「此數種時代，無論何國何族，皆循一定之天則而遞進者也」【二】，或說「人群進化第一期，必經神權政治之一階級，此萬國之所同也」。【三】

有些公例是比較局部的，譬如認為「自塞趨通」是人群進化的公例【四】；或說競爭乃能進化，故國家太早統一是不利的【五】；或是說能「群」才能進化等，不一而足。有些「公例」是各說各話，有人說「人類進化由簡而繁」，也有人說「其實（文字）日趨簡易者，人群進化之公例」。【六】但無論如何，人們往往認為自己所認識的「公例」，具有獨一無二的真理價值。

這些「公例」，在當時被認為是天下萬國所必經歷。梁啟超說「此歷代萬國之公例也」【七】，「凡天地古今之事物，未有能逃進化之公例者也」。【八】夏曾佑（一八六三—一九二四）說「此為萬國各族所必歷，但為時有遲速」。【九】陳介石（一八五九—一九一七）說「此天下萬世之通例公理而無可易者也」。【一〇】呂思勉（一八八四—一九五七）說「以上所述，都是社會學家的成說，返觀我國的古事，也無乎不同」。【一一】

因為萬國各族發展有「公例」，人類的歷程是普世的、固定的，可以分成特定的「階段」（或「階級」），而任何文明都會經歷其中的每一個「階段」或「階級」，所以史家要從紛繁的歷史材料中，找出它們究竟應該放在何「階段」或「階級」，並加以適當的詮釋。

而且在進化歷程中有種種必歷之「階級」，不可跳躍。如梁啟超說「此進化之一定階級也」【一二】，又說「何謂進化，其變化有一定之次序，生長焉，發達焉，如生物界及人間世之現象

【一】梁啟超：〈論中國學術思想變遷之大勢〉，頁一二。

【二】梁啟超：〈堯舜為中國中央君權濫觴考〉，收入《飲冰室文集》，第三冊，頁二五——二六。

【三】梁啟超：〈論中國學術思想變遷之大勢〉，頁六。

【四】呂思勉：《中國通史》（無出版資料），頁五。

【五】梁啟超：〈論中國學術思想變遷之大勢〉，頁三九。

【六】同上，頁一四。梁氏又說：「凡符號之優劣有一公例……故凡野蠻時代之符號，必繁而雜，凡文明時代之符號，必簡而整。」參見梁啟超：〈中國史敘論〉，頁七。

【七】梁啟超：〈中國史敘論〉，頁一〇。

【八】梁啟超：〈中國專制政治進化史論〉，收入《飲冰室文集》，第四冊，頁五九。

【九】夏曾佑：《中國古代史》（臺北：臺灣商務印書館，一九九四），頁八。

【一〇】陳介石：《京師大學堂中國史講義》，收入陳德溥編：《陳黻宸集》（北京：中華書局，一九九五），下冊，頁六七九。

【一一】呂思勉：《中國通史》，頁一一。

【一二】梁啟超：〈中國史敘論〉，頁九。

是也」【一】，「人間世無時無地而非過渡時代，人群進化，級級相嬗」【二】，「凡人群進化之階級，皆有一定……此數種時代（按：野蠻自由時代，貴族封建時代，君權極盛時代，文明自由時代），無論何國何族，皆循一定之天則而遞進者也。……凡國家必經過此四級時代而後完全成立，缺一不可焉」。【三】

章太炎（一八六九—一九三六）在《訄書》的〈中國通史略例〉中也是同調，不過比較有所保留，他說「亦有草昧初啟，東西同狀，文化既進，黃白殊形，必將較同異，然後優劣自明」，但接着又說「若夫心理社會宗教各論，發明天則，烝人所同，於作史尤為要領」【四】，章太炎仍然認為在心理、社會、宗教等方面，全人類的發展條理是一樣的。這篇文章後來在《檢論》中被刪去，表示他的見解有所改變。

既然人類的歷史經歷都是一樣的，則各國歷史皆可以用「比例」來類推。以史前史為例，二十世紀初期中國考古學尚未發達，地下遺存未被發掘，但是依西方歷史的軌跡「比例」推測之，也可以得知大致的情形。史前史如此，歷史時期亦然。梁啟超認為，「中國雖學術未盛，在下之層石，未經發見，然物質上之公例，無論何地，皆不可逃者也，故以此學說為比例，以考中國有史前之史，決不為過。」【五】劉師培（一八八四—一九一九）則說：「況近代以來，社會之學大明，察來彰往，皆有定例之可循。……此《古政原始》所由作也。」【六】

依這些「公例」、「比例」求之，新一代史家得以用填空法作出許許多多新的歷史研究。劉師培在二十世紀初期快速寫出幾本膾炙人口的名著《中國歷史教科書》、《古政原始論》等，多是把古代的禮俗（如冠、昏、喪、祭）或制度，放在「漁獵→遊牧→耕桑」或「圖騰→宗法→軍國」這一類線性進化的架構中重新解釋。梁啟超說殷商之多遷是因為當時尚未成為定居性的農國【七】；夏曾佑說黃帝是木刀期，蚩尤是銅刀期【八】；柳詒徵照着進化的「公例」說，「以進化之律論之，夏之社會必已大進於唐虞之時」【九】，不一而足。

另外，還有一些常用的措詞，如「過渡」、「嬗」、「相嬗」、「禪聯寓伏」、「因果聯屬」，它們是指歷史進化的過程中前前後後環環相扣，後者取代前者，後者優於前者，最後形成一條線性發展的軌跡。

【一】梁啟超：〈新史學〉，頁七。
【二】梁啟超：〈過渡時代論〉，收入《飲冰室文集》，第三冊，頁二七。
【三】梁啟超：〈堯舜為中國中央君權濫觴考〉，頁二五—二七。
【四】章太炎：〈中國通史略例〉，收入《訄書》，頁二〇一。
【五】梁啟超：〈中國史敘論〉，頁九。
【六】劉師培：《古政原始論》，收入《劉申叔先生遺書》（臺北：華世出版社，一九七五），第二冊，頁七九三。
【七】梁啟超：〈論中國學術思想變遷之大勢〉，頁一二。
【八】夏曾佑：《中國古代史》，頁一四。
【九】柳詒徵：《中國文化史》（臺北：正中書局，一九六四），上冊，頁九九。

四、重新發現「古代」與一種新時間觀

前面已經說過，「古」「今」成為極長的時間鴻溝，不可跨越，「古」、「今」面貌的差異極大化形成了一種「距離」感，「距離」使得人們對古代的想法產生了劇烈的變化。達爾文（Charles R. Darwin, 1809–1882）的演化學說透過嚴譯《天演論》及其他有關的文字進入中國，引發了許多新的歷史想像。譬如人是由猿猴變來的；人類歷史的演化過程，由原始野蠻到文明，經歷過非常長的時間等，使得這條歷史的直線往起源的一端拉得非常之長。而且許多過去在儒家古史觀中認為謬悠不可信的古史或非正統材料，在這條直線上找到了一個適當的位置，它悄悄地改變了人們對中國古代的歷史想像，這可稱之為「上古史的重新發現」。它包括幾點：第一、古代歷史極長（史前史成為重要的論題）；第二、古代歷史極為樸陋，愈帶有人類學意味的古代史愈真實，愈倫理化或儒家化的古史愈不真實；第三、古代神話中一些半人半獸的「神話」被重新審視，被認為是歷史的一部分，即使是反對人由猿猴變來者，也不敢輕輕繞過這個主題：人類學意味的古代。

首先是「古史極長」的觀念，漢代讖緯每每有這方面的記載，但過去並沒有受到重視。而梁啟超在提倡「新史學」的里程碑文章〈中國史敘論〉中提到，《春秋緯》認為自人類開闢至於孔子西狩獲麟計有三百二十七萬六千歲，梁氏的評論很有意思：「其荒誕固不足道，而要之

必有悠遠之時代，無可疑也。」【一】章太炎則說「然自大古生民近者二十萬歲」【二】，陳介石的《京師大學堂中國史講義》也說「生人遠當在百萬年，近亦當在二十萬年」【三】，足見這是當時很流行的一種看法。黃帝至今不過五千年【四】，以五千年跟幾萬年或幾十萬年相比，不過是一個零頭而已。「古史極長」的新時間觀使得「古」、「今」的時間距離無限拉大，為文物的進化歷程提供巨大的想像空間。不過，在受社會進化論影響的思想家當中，也有人主張人類歷史只有五千年左右（如康有為），稍後我會談到。

古代歷史可能是人獸雜糅的，「荒誕的」才是「歷史的」，看起來符合現代歷史心性的，反而是後人加工的結果。愈野蠻、愈樸陋，愈像是這一條線性歷史的前端。於是史家開始正視一批原先被認為「不雅馴」的文獻或史事，如《山海經》。此外，晚清以來甚囂塵上的中國文化

【一】梁啟超：〈中國史敘論〉，頁九。這一方面的言論突然很頻繁地出現，在夏曾佑的《中國古代史》、劉師培的《中國歷史教科書》、柳詒徵的《中國文化史》等皆提及。

【二】章太炎：《訄書》，頁三七。

【三】陳介石：《京師大學堂中國史講義》，頁六八三。

【四】同上。

西來說，與新的歷史時間觀不是全無關聯。【一】過去認為三代已經是極古，但現在認為三代之前可能至少有幾十萬年之久，這種時間觀為遠古時代的異地想像提供了一個可能性。如果華夏民族在中土之外度過一段很長的歷史，並逐步往來遷徙，也不是全然不可想像的（當然不是所有受進化論影響者皆信西來說，如夏曾佑）。

中國文化西來說倡自拉克伯里（Albert Terrien de Lacouperie, 1845–1894）。日人白河次郎（一八七五—一九一九）、國府種德在一九〇〇年出版之《支那文明史》宣揚其說，一九〇三年上海競化書局將該書譯成中文，在晚清造成極大影響，章太炎、蔣智由（一八六六—一九二九）、劉師培等人皆服膺其說。不過除了上述源頭之外，我們不得不佩服劉師培在展現西來說時，對古籍的嫻熟及天才的想像。他的《中國歷史教科書》巧妙地結合《春秋命歷序》、《山海經》之類的文獻，勾勒出一幅華夏族由西亞一路往東遷移的圖像。他縱橫於一堆原先沒人當一回事的文獻，巧妙地編織成一個恐怕需要幾萬年以上才能完成的歷程——華夏族由西至東，在某處停留一萬幾千歲，再到某處停留一萬幾千歲。【二】因為題旨所限，我不擬詳細介紹其說，在這裡只援引劉師培的幾段話為例：「伏犧以前……以西方為祖國，以中國為殖民地……中國與西方分立，始於黃帝之時」，「上古之時，君長或居中土，或居西方」，夏禹以後，中西交通之途為西戎所據，而漢族之居中國者安土重遷，故中西交通漸絕。【三】

五、怪物成為中國人的祖先

對於晚清的中國人而言，進化論最震人心弦的是猴子變成人類這個說法。它使得古往今來關於「人」的論述（如「天地之性人為貴」），以及建立在人禽之分的道德哲學，都因為這個說法而一下子全出了問題。當時反對這個說法的人很多，如在歐洲待過很長時間的陳季同（一八五二—一九〇七），他的《學賈吟》中就有一首長詩，一方面敘述達爾文的人獸雜糅理論，一方面徵引法國學者人與獸相交不能生子的理論而嚴加反駁。【四】

但是，清末對新思潮比較敏感的人卻認為，這是一個重新理解中國古代歷史的機會。原本

【一】晚清以來，「中國文化西來說」影響力非常大，《國粹學報》派的學者們尤其熱衷其說，劉師培即有〈思祖國篇〉，抒發他對西方「祖國」的憧憬。為何相信華夏西來，解釋不一，最重要的原因是在白種文明的壓力之下，宣稱漢族源自西方，是以一種曲折的方式表示漢族與白種人同源，藉此保持自身的優越性。黃節的〈黃史〉、〈種族書〉中說塞種西行開泰西文明，東行開泰東文明，即表示漢族與白種同源，見《國粹學報》第一期、續第一期（一九〇五），〈黃史〉，卷一，〈種族書第一〉，「種別第二」，收入《國粹學報》（揚州：廣陵書社，二〇〇六），第三冊，頁四〇九—四三四。

【二】劉師培：《中國歷史教科書》，收入《劉申叔先生遺書》，第四冊，頁二四六五。

【三】同上，頁二四七一、二四七三、二四七四。

【四】陳季同著、錢南秀整理：《學賈吟》（上海：上海古籍出版社，二〇〇五），〈盤瓠〉，頁八二—八四。

「縉紳先生」所不能接受、不「雅馴」的史事，那些在古代圖書分類系統中可能被歸到小說類而不是歷史類的文獻，乘着新思潮的浪頭而一下子活了起來，甚至被認為可能更符合古代的事實。雖然人們對這類文獻的看法仍存有很大的歧見，但至少改變了過去一提到就視它們為荒誕不經的態度。

晚清革命派劉師培很興奮地指出，《山海經》裡那些謬悠的怪物其實才是中國最遠古的祖先。劉氏的短文〈山海經不可疑〉認為，「考西人地質學謂動植庶品遞有變遷，觀《山海經》一書，有言人面獸身者，有言獸面人身者，而所舉邦國草木，又有非後人所及見者，謂之不知可也，謂之妄誕不可也。夫地球之初為草木禽獸之世界，觀漢代武梁祠所畫，其繪上古帝王亦人首蛇身及人面龍軀者，足證《山海經》所言皆有確據，即西人動物演為人類之說也。觀西國古書多禁人獸相交，而中國古書亦多言人禽之界……則上古之時，人類去物未遠，亦彰彰明矣。《山海經》成書之時，人類及動物之爭仍未盡泯」；又在文末的夾註中說：「上古之時，人能勝物，即優勝劣敗之公例，故野蠻民族又為文明民族所征服也，觀西人達爾文之書，其理自見。」【一】林傳甲（一八七七—一九二二）於一九〇四年刊印的《中國文學史》也赫然出現類似的說法。他說讀赫胥黎之《天演論》，知道動植物演化之故，並對於《山海經》中人首有尾的時代，結合地質變遷，發了一大通議論，認為「安知不如彼所云乎」。【二】章太炎不無諷刺地說當時學者，「而反考證三代以上古史如《山海經》等孳孳不休」。【三】

上古之時人去動物未遠之說，還在劉師培的其他文章裡一再出現（如《中國歷史教科書》）。連夏曾佑的《中國古代史》也鄭重道及炎帝「人身牛首」【四】，夏氏未必真的如此相信，但認為這是一個值得注意的問題。這個心態上的轉變很值得注意。後來呂思勉的《中國通史》雖然反駁說「猿猴也是人類祖先的旁支，而非其正系」，「而反說人類的邃初，必與猿猴一樣，實未免武斷偏見了」【五】，然而，呂氏還是同意了人與猿猴的某種親近性。漢代讖緯之書裡面所描述的古史觀以及往往兼有人獸特質的古代聖人的長相，在過去被認為是迂怪難解，到了十九世紀末二十世紀初期，卻每每被賦予正面的歷史解釋。

敏感的人們馬上發現古代中國存在着兩種歷史心性：一種是原始的歷史心性，另一種是儒家化的歷史心性；這兩種心性之間的矛盾，表現在對古書的批判與懷疑。梁啟超說歷來儒者對

【一】劉師培：〈山海經不可疑〉，收入《劉申叔先生遺書》，第四冊，頁二二一一。

【二】林傳甲說：「人首而有尾者，大抵皆猿類也。大荒以外，傳聞歧異，且滄海桑田，變遷已甚。地質家謂日本古昔毗連亞陸，英倫古昔毗連歐陸，火山裂之，海水撼之，自然地理，亦有變矣。然則猿世界之際，《山海》情狀，安知不如彼所云乎？」參見林傳甲：《中國文學史》，頁一二五。

【三】章太炎：〈論今日切要之學〉，收入馬勇編：《章太炎講演集》（石家莊：河北人民出版社，二〇〇四），頁九三。

【四】夏曾佑：《中國古代史》，頁一〇。

【五】呂思勉：《中國通史》，頁九。

《周禮》的懷疑，是因為《周禮》有太多荒謬野蠻的記載，故為士人所懷疑。他認為古代不應是如此，「近儒多攻《周官》為偽書……蓋有二弊：一由過崇教主，視孔子以前之文明若無物焉；二由不通人群進化之公例，見其中有許多制度不脫蠻野思想習俗者，便以為古聖人豈當有此」【一】，又說《左傳》一書不斷遭到懷疑，也是因為《左傳》言卜筮、休咎、占驗、災祥者十居七、八，「後人不知人群初進時之形狀，詫其支離誕妄，因以疑左氏之偽託」。【二】

前面提到，受社會進化論影響者都宣稱歷史發展的過程有一些公例，其中最有力量的兩種版本，一是認為人類社會都經歷過石、銅、鐵三個時期，二是認為所有社會的進化過程都經過圖騰社會、宗法社會、軍國社會三個階段。在這兩個「公例」的影響下，人們發現一些過去視而不見的歷史陳跡產生了全新的歷史意義。一九〇七年，劉師培在《國粹學報》上發表了〈中國古用石器考〉一文，他提醒讀者，中國遠古時代一如非洲原始人一樣廣泛用石器、木器。劉氏不是從出土文物立說，而是從一些自古以來人們非常熟悉的文獻（如風胡子的話）立論，過去人們對這些記載或視而不見，或以謬怪視之，或是無法將它們擺在確定的歷史位置。劉師培表示，「近世以來，西人言社會學者考社會進化之次序，分為三級，一曰石器時代，二曰銅器時代，三曰鐵器時代。推之殊方異俗，莫不皆然。或謂中國古籍鮮言石器，實則不然。觀《說文》一書所舉石名，以十百為計……豈非古代重石之徵乎？厥後舍石用銅，而石器之用日稀，故古籍詳之石類，亦多古有而今無，此則社會進化之秩序也」。【三】《國粹學報》的成員每每傾向於用這樣的觀點思考中國遠古歷史【四】，他們宣稱古代人其實不過是原始部落的酋長，過的是非洲原始人的生活。章太炎的〈原變〉便引風胡子的話：「軒轅神農赫胥之時，以石為兵；……黃帝時，以玉為兵；禹穴之時，以銅為兵。」【五】

無限拉長的時間，無限擴大的距離感，使得看起來荒怪樸陋的古代歷史，在進化的歷程中找到位置。一種人類學的眼光充斥在受到社會進化論影響的作品中，他們不憚煩瑣地發掘古代歷史最樸陋、最原始、最帶有人類學意味的部分。譬如講堯、舜、禹過的是原始部落的生活，游牧之制至三代猶存，殷代仍是游牧、耕稼並重【六】；講古代為母系社會，夏殷以降，始由女統易為男統【七】；又如由酒來論述古代政治權威的來源等等。【八】

【一】梁啟超：〈論中國學術思想變遷之大勢〉，頁五。
【二】同上，頁九。
【三】劉師培：《左盦外集》，收入《劉申叔先生遺書》，第三冊，頁一八六二。
【四】鄭師渠：《晚清國粹派》（北京：北京師範大學出版社，一九九三），頁七九—九〇、一八六—一八九。
【五】章太炎：《訄書》，頁五九。
【六】劉師培：〈游牧之制至三代猶存〉，《讀書隨筆》，收入《劉申叔先生遺書》，第四冊，頁二二〇九。
【七】劉師培：《古政原始論》，頁七九四。
【八】同上，頁七九五。

不過，相信社會進化論而反對前述論點者相當多【一】，相信社會進化論而主張疑古的人也所在多有。同樣受進化論影響，康有為採取相當不同的態度。康有為可能受到基督教的部分影響，一再堅持洪水之後人類才誕生，所以人類歷史甚短。他這方面的言論很多，譬如說「現考人類之生，未過五千年，總之去洪水不遠，或者洪水以前之人，皆為洪水所滅，以歷國史記考之，人皆生於洪水以後，計自洪水至孔子二千年」，「荒古以前生草木，遠古生鳥獸，近古生人，人類之生，未過五千年」，「凡地球各國之人物，開在洪水之後，堯舜年間」，「洪水後方有人，無五千年以上死人骨」，「地球之生約四萬年」等。【二】康有為受達爾文學說影響很大，故說「中國之猩猩能言，西藏之沙烏那盪，能結屋，與人相近之類也」。【三】

劉師培等人認為歷史極遠，故傾向於相信古代歷史文獻中的記載。康有為（一八五八—一九二七）認為地球只有四萬年，人類只有五千年，距孔子只有兩千年，所以他對經書中記載三代文物之粲然大備，認為是不合進化之理，故大起懷疑，說「凡太古之事宜傳疑」【四】，因而推斷三代原極荒陋，經書中之三代乃實無其事，皆孔子所造，所以都是假的。【五】不管是歷史極長或歷史極短，經過進化思維的洗禮，都對古史的書寫造成巨大的震盪。由此可見，同受進化論的影響，而各各形成競爭性的歷史觀點。

六、化經為史

社會進化論看任何事物皆認為有一個長期的進化歷史，梁啟超說，「是故凡人類智識所能見之現象，無一不可以進化之大理貫通之，政治法制之變遷，進化也；宗教道德之發達，進化也；風俗習慣之移易，進化也」。【六】這個觀點對二十世紀初年的史學影響最大，把過去認為是一時一人製作之事物拉成一條逐步進化的軌道，把並時性的拉成是縱貫的、歷時性的。我們很難想像，那些原本習慣於三代名物制度都是聖人製作的學者，如何轉變他們的思維模式。

劉師培寫《中國歷史教科書》時，標榜自己與其他著作之不同點，就是要弄清「社會進化

【一】反對中國文化西來說的很多，像夏曾佑《中國古代史》、柳詒徵《中國文化史》等，柳書對劉師培《中國歷史教科書》的一些論點有繼承也有批評。

【二】分別見康有為講述、黎祖健恭錄、蔣貴麟校訂：《南海康先生口說》（臺北：臺灣商務印書館，一九八〇），上卷，頁一—二、二四、二九、三一、三三。

【三】同上，頁三九。

【四】同上，頁三一。

【五】可參考王汎森：《古史辨運動的興起》（臺北：允晨文化實業股份有限公司，一九八七）。

【六】梁啟超：〈論學術之勢力左右世界〉，收入《飲冰室文集》，第三冊，頁一一四。

之階段」，「庶人群進化之理可以稍明」。【一】所以討論任何禮俗、宗教、道德問題時，劉氏不再只當作某一特定時期聖人製作之物，而是配合着歷史環境之變化來觀察它們的進化。值得注意的是，如果只有社會進化論，史家似乎還不知道怎麼着手，反倒是前述《社會通詮》等社會學譯本揭示了「圖騰→宗法→軍國」等等之類的歷史「公例」，適時提供了一個穩定的敘事架構（即「進化之階段」）。既然這類「公例」是「萬國各族」所共歷的——「故凡今日文明之國，其初必由漁獵社會以進入遊牧社會」，「天下萬國，其進化之級莫不由此，而期有長短」，「亦為進化所必歷之階級」【二】——則經書中的文物制度也不例外，他們可以用填空的方式將中國的經書內容填進各個階段。【三】

當中做得最突出的工作，是對經書中的名物、制度、風俗等方面的研究。劉師培《古政原始論》、《倫理教科書》等著作中，大量討論冠禮、昏禮、喪禮、祭禮、士相見禮，乃至文字、宗教、族制、氏姓，其特色都是展現從某一階段逐步進化到另一階段的過程，勾劃出一幅歷史變遷的歷程；而且往往幫這些後人看來莊嚴的禮制，找到「漁獵→游牧→耕稼→宗法」的發展歷程。即便在討論儒家有關朋友、君臣、兄弟、夫婦的道德觀點的形成時，也是以逐步進化的方式拉出一個由原始到文明的線性歷程，完成了化「經」為「史」的工作。

以「經」的態度看待道德、禮法、制度事物，跟以進化的觀點看待它們相比，有一個根本的不同。以「經」的態度看來，那些道德、禮法、制度、事物是古代聖人有意構作而成的，然而若以進化的眼光看待，則它們都有一個形成的過程，是複雜歷史背景下演化的產物，是各種勢力交互作用的結果，而且往往出於極不合理的社會力量，是歷史之不得不然，而且不一定有正面的道德意義。夏曾佑在敘述華夏禮俗之形成時，發現它們是古代極其不合理的種族劃分的產物時，感嘆地說，「及後則種族淆而禮俗存，至今乃為社會之大礙也」。【四】

因此，黃節（一八七三—一九三五）、劉師培、夏曾佑等人接觸到這種新的處理方式時，態度顯然是既新奇又興奮。此處僅舉劉師培《古政原始論》講婚禮為例，劉師培直接把《社會通詮》中講西方古代剽掠婦女相習成風的一段，移過來講《儀禮》的昏禮。他說古代人一開始是剽掠他族婦女，繼而剽掠本族婦女，及伏羲之世，知剽掠易啟爭端，乃創「儷皮之禮」，即買賣婦女，《儀禮．士昏禮》中可以見到此制之遺存，「中國前儒以財昏為夷虜之俗，豈知古代之民亦盛行財昏之俗哉」！歷代禮家則以「禮物」講「儷皮之禮」。昏即婚，婚禮何以在黃昏之時舉行？劉師培說，「其行禮必以昏者……劫婦必以昏時」【五】，「且據〈士昏禮〉篇觀之，

【一】劉師培：〈凡例〉，《中國歷史教科書》，頁二四六三。
【二】夏曾佑：《中國古代史》，頁八—一一。
【三】夏曾佑說「此為萬國各族所必歷」。同上，頁八。
【四】參見夏曾佑：《中國古代史》，頁一八。
【五】劉師培：《古政原始論》，頁八一〇。

則劫掠婦女之遺義至周亦存，婿行親迎，必以從車載，從者，此古助人奪婦者也」。值得注意的是，劉氏在此處夾註中表示，「《社會通詮》曰：歐俗嫁娶，為夫婿儐相者稱良士，此古助人奪婦者也，為新婦保介者曰扶娘，此古助人捍賊者也。以此制證之，《儀禮》適與相符」，「其行禮必以昏者，則以上古時代用火之術尚未發明，劫婦必以昏時，所以乘婦家之不備，且使之不復辨其為誰何」。【一】

《古政原始論》把每一種制度拉成一條進化的線加以剖述。以「宗法」為例，劉氏說宗法之成立有兩個時期，一是「種人之宗法，乃游牧時代之制度也；一為族人之宗法，乃耕稼時代之制度也」。【二】以「姓」為例，劉氏說古代為母系社會，帝王大抵從母性，夏殷以降才由女統易為男統；又因母系社會不知有父之故，先祖所自出不明，故舉行禘禮以祖配天。【三】又如「君長」制，劉氏說圖騰社會有巫無酋，君主即教主，君權兼握神權，「及洪荒以降，易巫為酋」，「酋」、「酒」二字同源，「酋也者，即能以酒食餉民者也」，古代「酋」即是「豪」，故傳統士人以為「酋豪」乃外夷君長特有的稱呼是錯誤的。自「酋豪」以降，君長之制漸成，合立法、行政之權言之，才稱之為「君」。【四】由上可知，人們看古代世界的眼光變了，巫、酋、舞、酒等人類學視野的景象，一幕又一幕掠過。

類似這樣的看法，後來在民國時期柳詒徵（一八八〇——一九五六）和夏曾佑等人的著作上也可得到印證。柳氏的《中國文化史》中【五】，到處求索冠服製作的進化之跡；他又說《世本・

作篇》記載古代器物時，有時記載某一器物前後迭作者，由此可以看出器物由草創到改良一步一步往前進化之跡。【六】夏曾佑在討論漢代今古文之爭時，即明白宣稱他的方法論與清代經師有異。談到今文學在嘉慶之後崛興時，他說他的《中國古代史》是尊今文的，但其命意與清代經師不同，即他是以進化的觀點講史，故「凡經義之變遷，皆以歷史因果之理解之，不專在講經也」。【七】

【一】劉師培：《古政原始論》，頁八〇九—八一〇。但歷代注釋者是如何講「昏禮」的呢？賈公彥《儀禮注疏》引鄭玄《三禮目錄》說昏禮一名之由來是因「士娶妻之禮，以昏為期，因而名焉。必以昏者，取其陽往而陰來，日入三商為昏」。參見（漢）鄭玄注、（唐）賈公彥疏、彭林整理：《儀禮注疏》（十三經注疏整理本）（北京：北京大學出版社，二〇〇〇），卷四，〈士昏禮第二〉，頁六八。

【二】劉師培：《古政原始論》，頁七九七。

【三】同上，頁七九四—七九五。

【四】同上，頁七九五—七九六。

【五】柳詒徵的《中國文化史》講稿從一九二五年起在《學衡》雜誌上逐期發表，一九二六年結集成書。

【六】柳詒徵：《中國文化史》，上冊，頁二六、五七—六一。

【七】夏曾佑：《中國古代史》，頁三四〇。

七、歷史與倫理

討論社會進化論與線性歷史觀，不能忽略它們的倫理意涵。

首先，因為線性歷史觀認為歷史是一把計算尺，尺上每一個清楚的刻度（「階段」）是世界萬國所必歷，所以進化本身有它的意志與目的。梁啟超說是「若或主之，莫或主之」，好像有一個意志在指導，又好像沒有，然而從整個歷程看，又有一個目的性。演化的軌跡是可以量測的，以當時西方的歷史演進過程為標尺，演化愈深愈好，故其歷史解釋常使用「淺演」、「深演」之類的措詞，道德水準的優劣，往往由「淺演」或「深演」所取代。演化遵循「力」的原則，是暴力、私心，在《社會通詮》中，一切天演善法每因戰爭及相關兵器而起，故有「兵固凶器……不乏善因，為群演之託命者」。【一】

其次，歷史人物的意志與目的有道德的優劣，人物的意志與目的有時候與這個巨大的進化歷程「體合」，但也有許多時候是分開的，這就形成了梁啟超所謂的「二義」，在道德倫理方面有一種弔詭性的意涵。

就人物或事件本身評價其優劣，是古來史家所熟悉的，而在進化的大歷程中評價優劣，則是傳統史家所不熟悉的。人物或事件本身可以是極惡劣的，但如果在進化的線性歷程中扮演一個往前推進的作用，則其價值反而是美善的。嚴復在譯《社會通詮》時所施加的案語，主主強調這種道德「二義」性，譬如他說，「讀此乃悟，商鞅、李斯，其所造福於中國之無窮也。……抗懷三代之治者其知之」。【二】又如夏曾佑講到夏禹時，講傳子之制至禹乃確定，接着說「蓋專制之權漸固，亦世運進步使然，無所謂德之隆替也」。【三】依演化之公例，人類是由圖騰社會、宗法社會演變為專制軍國社會，故以此為評準，則「世運進步」與「德之隆替」是兩種標準，道德評價隨之分裂。夏氏講秦始皇時，一方面是對秦始皇個人的評價，故他痛斥始皇之暴虐無道【四】，另方面則是在進化全景中的評價；夏氏以秦於十五年之間掃除古來之遺法，創導後世之治術，故評斷說中國之教，得孔子而後立，「中國之政，得秦皇而後行」。【五】可見夏曾佑也出現這種道德評價的「二義」性。

梁啟超的歷史著作也常常出現道德評價的「二義」觀。他討論到貴族及專制時，總是主張

【一】甄克思著、嚴復譯：《社會通詮》，頁六〇。

【二】同上，頁九一。

【三】夏曾佑：《中國古代史》，頁二四。

【四】夏曾佑說：「自始皇以來，積二千餘年，國中社會之情狀，猶一日也。社會若此，望其乂安，自不可得，不惟此二千年間所受之禍，不可勝數而已，即以秦有天下十五年間言之，其變亦慘矣。」參見夏曾佑：《中國古代史》，頁二三四。

【五】同上，頁二三二、二三五。

以今日眼光看來，貴族與專制應該被鄙棄，但是它是原始社會進化到文明社會所必歷之階段，促發貴族、專制，有功於進化，所以它們又是好的。譬如從〈堯舜為中國中央君權濫觴考〉一文字裡行間微妙的論調裡，就可以看出梁氏分裂的歷史評價，第一種評價是針對貴族與專制本身的價值而發的，第二種評價是針對它們在進化的軌跡中所扮演的角色而發的；第一種評價是不好的，第二種評價是美善的。

只要談論到「文明」、「公法」等觀念，梁啟超無不表露出這種「二義」性，對「文明」（近代西方文明）本身是一種評價，但是從「文明」在「優勝劣敗」的進化之局所佔之地位來看，梁氏對它又是另一種評價。第一種評價是有保留的，因為近代西方文明的特質之一是以權力滅人之國，所以既是文明的、也是極野蠻的。第二種評價是正面的，因為「文明」是進化歷程中必然要達到的。兩種評價放在一起，形成了一種「不得已」。梁氏在〈滅國新法論〉中討論西方近代文明之國用種種機巧的新方法滅人之國時，便表露這種「不得不」的感慨，「滅國者，天演之公例也」，「滅國之有新法也，亦由進化之公例使然也」。[一] 所以他個人雖然不贊成滅國，但是衡諸進化之歷程，人們所厭惡的現代強權，「雖非公理而不得不成為公理」。[二]

受到社會進化論的影響，近代中國史家廣泛運用「優勝劣敗」、「適者生存」的原則來解釋歷史，而「優」與「適」並不代表任何道德上的必然性，反而是強而有力、野蠻而不道德者。所以優者、勝者，本身每每是野蠻無恥之輩，但在進化歷程的倫理格局中卻具有正面地位，這

種「二義」式的道德評價隨處可見。【三】

八、「民未開化」或「黃金古代」

社會進化論衝擊了中國的「黃金古代」，而「黃金古代」是道德倫理系統很重要的一部分。「黃金古代」始終是一個相當複雜甚至有點含混的觀念，值得深入探究。我個人認為它有一種物質、道德的二重性。在古代中國，人們想像黃金古代時側重道德面，較少提到物質面。

【一】梁啟超：〈滅國新法論〉，收入《飲冰室文集》，第三冊，頁三二。

【二】梁啟超：〈國家思想變遷異同論〉，收入《飲冰室文集》，第三冊，頁二〇。梁啟超在〈滅國新法論〉頁三九又言：「近二百年來，所謂優勝人種者，其滅國之手段、略見一斑矣。……由是觀之，安睹所謂文明者耶？安睹所謂公法者耶？安睹所謂愛人如己、視敵如友者耶？……恒以權力為道理，此乃天演所必至，物競所固然，夫何怪焉？夫何懟焉？」

【三】這一把利刃不但對傳統的倫理是非常不利，即使對近代西方的種種政治思想，如「天賦人權」也非常具有破壞性。在「物競天擇，優勝劣敗」的進化之局下，而致認為全然是空想。梁啟超說：「自達爾文出，然後知地球人類，乃至一切事物，皆循進化之公理，日赴於文明。前人以為天賦人權，人生而皆有自然應得之權利。及達爾文出，然後知物競天擇，優勝劣敗，非圖自強，則決不足以自立。」參見梁啟超：〈論學術之勢力左右世界〉，頁一一四。嚴譯《社會通詮》出版之後，一般認為它對晚清流行的盧梭《民約論》之「天賦人權說」造成極大的阻扼作用，當然不是沒有道理的。

以清代擁有眾多讀者的《綱鑒易知錄》為例，一開卷講到人們所熟悉的古代聖人時，往往與極原始的物質條件聯繫在一起。[一] 翻開《路史》、《繹史》[二] 這些大量輯錄古代史料的書，得到的印象也是一樣的。但是即便如此，清末學者接觸到石刀期、銅刀期、鐵刀期的劃分時，依然非常吃驚。人們似乎在腦海中保留一個模糊的空間，來處置這個物質上的實況。許多信仰往往保留一個模糊而不刻意以理性去覺識的空間，對「黃金古代」的物質面，亦復如此。當然除了保留模糊不去覺識的空間之外，歷代儒者常運用哲學化的詮釋等方式，去處理這方面的疑難。譬如以古代聖人「純樸」來說明古代遺物何以如此樸陋；或是認為落後簡單的名物都是古代聖人以仁禮等道德心跡為出發點，而「刻意落後化」；或是將簡單的名物賦予道德上、哲理上的豐富象徵意義。

以清代考證學為例，清代考證學者親眼目睹許多古物，發現它們是異常簡陋的，譬如阮元（一七六四—一八四九）目睹三代兵器時，發現它們非常短小，阮元如何解釋這個現象呢？他在〈商周兵器說〉中說，是古代聖人故意不把兵器塑造得太具殺傷力，「戈之存於今者甚多，以今尺橫度之，不過數寸。其柲長古尺六尺六寸，僅與中人之身等耳。……古劍今存者，運肘度之，首與肘齊，末與指齊，亦甚短矣」，接着又說「先王之制兵，非不能長且大也。限之以制度，行之以禮，本之以仁，故甚短小也」。[三]

有的儒者是在極簡單的器物中發現極高遠的哲理，如《尚書·禹貢》中的「泗濱浮磬」，原只是取水中浮石作為樂器，但顧炎武（一六一三—一六八二）在《日知錄》卻說「先王之製樂也，具五行之氣。夫水火，不可得而用也；故寓火於金，寓水於石；鳧氏為鐘，火之至也；泗濱浮磬，水之精也；用天地之情以製器，是以五音備而八音諧矣」。【四】

在物質與道德的二元架構中，人們對道德的「黃金古代」是堅定而清楚的，而且往往忽略物質而強調道德。社會進化論打破了物質的「黃金古代」，非常清楚地指出，按照人類進化的軌跡，中國的「黃金古代」也不能例外地是一個原始的石器時代、木器時代或銅器時代。更重要的是社會進化論同時打破了道德的黃金古代。這裡不能不再回到《社會通詮》，因為這本小書提供了西洋歷史的範例，並以肯定的語氣，為西方近代所熟悉的許多風俗習慣、政法制度，勾劃出由最原始的部落一步一步向前演化的清晰圖景。《社會通詮》明示了幾種歷史解釋的原則，而古代道德體系必須放在極原始、極野蠻的背景下被檢視，那些在後人看來很莊嚴隆重的道德禮法、政教制度，不是任何賢人秉其高貴的心志所規劃或設計出來的，而是原始部民在長

【一】（清）吳乘權等輯、施意周點校：《綱鑒易知錄》（北京：中華書局，一九六〇），第一冊，卷一一二。

【二】《路史》是南宋人羅泌（一一三一—？）所輯，共四十七卷；《繹史》是清人馬驌（一六二一—一六五九）所輯，共一百六十卷。

【三】（清）阮元：〈商周兵器說〉，收入《積古齋鐘鼎彝器款識》（清嘉慶九年刻本），一〇卷，卷首，頁六。

【四】以上兩例皆見於陳登原：《中國文化史》（臺北：世界書局，一九六二），上冊，頁二九—三〇。

時間演化過程中，在慾望、爭鬥及各種社會力的作用下逐步形成的。故所有道德、禮法都是歷史演進的產物，而且還一直在演化中。

嚴復的譯文或按語中，這類話語俯拾皆是：「然而社會之變，錯綜萬端，往往一制之立，其所欲為者或不成，而其所不欲為者，反得此而大濟」，「又有無數因緣，為之用事」，「蓋一以見社會產業法制，非人力一曙所能為。……將其物有無數因果之相生」，「往往良法勝制，緣於凶虐而後興」，「蓋治化之天演，常主於繼續而光明，不得為一曙之決驟也」。【一】對於古人的道德素質及生活狀況，嚴復的評價很低，「人言太古熙熙，於事實適得其反」，「此特學士意中之境而已也」，「是初民者，世間至苦之生類也」。【二】嚴復對於古代政治的自私本質則盡情揭露，如說「而謂養民扶世，治人者乃求有以利所治之人，則初民之主，其能達此義者寡矣」，「古之人君，非公制也，私人而已」，並認為常常夢想慨歎於揖讓推選之制不復行的人，是一批「烏托邦之政家」。【三】

對一百多年前滿腦子聖道王功的士人而言，上面那些見解對他們震撼之大可想而知。而對「聖道王功」的不同理解，是新一代史家與清儒最大的歧異。清儒其實已經發掘許多經義的原始面目，可是在「聖道王功」這一點上仍然相當堅持。受進化思維影響的史家一方面把三代原始部落化，另方面以「演化」的觀點看禮樂制度的形成。他們不再相信聖人有意地制禮作樂；在釐清演進的軌跡之後，他們指出沒有明君聖王偉大製作的事情，禮樂制度是各種力量交湊演

化的過程所形成的，一切都是過程，進而發出「無識陋儒」樂道前王之製作，「毋亦未之深考矣」之類的嘆息。【四】

劉師培的《古政原論》說「後世不察，目為厚俗淳風，豈知民未開化，其風俗習尚，莫不皆然，何得以之為美哉。惟其事簡，故發明事物，必賴人君，惟其識卑，故迷信鬼神，篤於信教」【五】，而能有這樣的發現是因為近代社會進化論大明，「察來彰往，皆有定例之可循，則考跡皇古，豈迂誕之辭所能擬哉」。【六】劉氏往往把「民未開化」與「厚俗淳風」等同起來，「上古之民識卑而事簡，觀古籍所言，則東戶氏之時，垂精拱默，九寰承流，几蘧氏治天下，不治不亂，民徇耳目外，心知不求不譽，晝則旅行，夜則類處。女媧氏不設法度，虛無純一，其民顛顛瞑瞑，各得其和，莫知所由生」。【七】他研究人種進化與倫理之密切關係後，指出「五倫

【一】以上見甄克思著、嚴復譯：《社會通詮》，頁一一八、一二五、九六、一一四、一〇七。
【二】同上，頁七、一二。
【三】甄克思著、嚴復譯：《社會通詮》，頁七八、七一。
【四】劉師培：〈田制原始論第五〉，收入《古政原始論》，頁八〇〇。
【五】劉師培：《古政原論》，收入《劉申叔先生遺書》，第二冊，頁七七八。這段引文也出現在劉師培：《中國歷史教科書》中，頁二四八八。
【六】劉師培：〈總敘〉，收入《古政原始論》，頁七九三。
【七】劉師培：《中國歷史教科書》，頁二四八八。

非天所設」【一】；研究古代田制的演化歷程後，說「無識陋儒樂道前王之田制，毋亦未之深考矣」。【二】

線性進化式的歷史思維，有程度不同的信從者，而且即使是信從者，也不一定是完全主張前述的論點。比較徹底的信從者還希望進一步證實，在中國古代的思想中早已出現過進化的思想，胡適在這方面最為努力。

胡適應該是最積極援用進化論來撰寫中國哲學史、文學史的人，而且獲得前所未有的成功。許多年輕人讀過他以進化論為骨幹所梳理的古代哲學史之後，異常嘆服，覺得在裡面找到了一把開啟秘密的鑰匙。【三】在〈先秦諸子的進化論〉、《中國古代哲學史》等著作中，胡適努力地想要以《物種原始》的理論來套用於古代哲學思想，廣泛地尋找先秦諸子究竟是否出現過類似的思想，結果孔子等都有一些，「溫故知新」也被說成是某種進化思想。他很興奮地從《莊子》、《列子》裡面找到一種生物進化論的思想，像《莊子．寓言篇》說凡天下「萬物皆種也，以不同形相禪」，胡適認為這是一種由種子逐漸適應環境而進化成不同、最後進化為人的思想。胡適後來放棄了他對《莊子》的解釋。

九、「性質」或「程度」

不過這種歷史思維也遭致相當激烈的反對——儘管反對者仍然某種程度地運用它。反對者通常認為極端的進化思維模糊了中國歷史的「性質」，於是產生了一種相當突出的論辯——國史與西史、現代中國與現代西方，究竟是「性質」的不同，還是「程度」的不同。

中西歷史既然有共歷的階段，一方面是振奮的，另一方面則是感傷的。振奮的是總有一天中國也將與西方相同，所以爭論點是中國目前究竟處於哪一個階段；感傷的則是不能一蹴而就。

杜亞泉（一八七三——一九三三）是一位五四時期的文化保守論者。他認為中西文化是「性質」的不同，而不是「程度」的差異【四】，即是對前述那種建立在西方經驗的線性進化歷史觀的不滿。梁啟超的後期著作對早先的堅持顯然已經有所軟化，他在一九二五年寫成的《中國文

【一】劉師培：《倫理教科書》，收入《劉申叔先生遺書》，第四冊，頁二三〇一——二三〇二。

【二】劉師培：《古政原始論》，頁八〇〇。

【三】顧頡剛：《顧頡剛日記》（臺北：聯經出版事業公司，二〇〇七），第一卷，〈一九一九年〉，頁七三。

【四】杜亞泉：〈靜的文明與動的文明〉，收入田建業等選編：《杜亞泉文選》（上海：華東師範大學出版社，一九九三），頁二四二。

化史》中這樣問道：「此階級是否為人群所必經？……今尚未得完證。」【一】錢穆（一八九五—一九九〇）則刻意突出「性質」與「程度」的不同，他在《國史大綱》的〈引論〉中不斷藉着音樂會與網球賽來比喻中西歷史文化演進是「軌轍」不同、「性質」不同，而不應該以一套線性進化史觀來衡量其「程度」上的差異。他反覆説道，「寫國史者，必確切曉瞭其國家民族文化發展個性之所在」，「網球家之生命，不能於音樂史之過程中求取。乃不幸今日之治國史者，竟蹈此弊」。《國史大綱》講「變」、講「演進」，但不太講進化，尤不講「公例」，批評「又輕以中國自來之文化演進，妄比之於西洋之中古時期，乃謂非連根剷除中國以往學術思想之舊傳統，即無以萌現代科學之新芽」。錢穆説「中國已往社會，亦儘可非封建，非工商，而自成一格。何以必削足適履，謂人類歷史演變，萬逃不出西洋學者此等分類之外」，又説「人類歷史之演進，常如曲線形之波浪，而不能成一直線以前向」，他反對以「一時之進落，為彼我全部歷史之評價」。【二】錢穆力主中國文化可以是物質的、科學的，但又與西方文明不同，這與他對「性質」與「程度」之區分是分不開的。【三】在《國史大綱》中，我們看到錢氏如何力圖實踐這方面的主張。

柳詒徵則代表一種比較折衷的態度，即社會進化的思維是可取的，但中國有自己的進化軌轍。他既服膺社會進化的歷史思維，但同時強調「然有一語，須先為學者告者，即吾中國具有特殊之性質，求之世界，無其倫比也」，「欲知其共同之軌轍，當合世界各國家各種族之歷史，以觀其通；欲知其特殊之蛻變，當專求一國家一民族或多數民族組成一國之歷史，以覘其異」，「一以求人類演進之通則，一以明吾民獨造之真際」。【四】從柳氏的《中國文化史》裡，處處可以看到他在調和之中又加以新說的努力。

十、代結論：線性歷史觀的影響

前面已經提過，線性進化的歷史觀之所以能迅速佔得優勢，有其時代的背景。清末以來的中國在列強環伺之下，經歷了空前的挫敗，同時也對西方文明產生了前所未有的欣羡，創造了一個非常肥沃的土壤，使得西方的線性歷史架構對現實政治的走向具有極強的說服力。這個歷

【一】梁啟超：《中國文化史》（臺北：中華書局，一九七六），頁一。

【二】以上引文分見錢穆：《國史大綱》（臺北：臺灣商務印書館，一九八四），上冊，〈引論〉，頁九、二〇、二一、二四。

【三】王汎森：〈錢穆與民國學風〉，《燕京學報》，新二一期（二〇〇六年十一月），頁二五三—二八七。

【四】柳詒徵：《中國文化史》，上冊，〈緒論〉，頁一—二。《中國文化史》便是兩者結合之作，故對前述劉師培、夏曾佑之論上古史事既有贊成，亦有批評。此外，對三代聖人製作多持肯定態度，又認為是因緣湊合而成，而且常常提醒人們對上古某些史事，如禹治洪水，「實合全國人之力……非徒恃一二人之功」（頁八一）。對於古代人民則持「事皆先公而後私，其民風之淳樸」（頁一〇二）。

史架構設定了現在及未來的歷史進程，使得欣羨西方文明而又急於為當時中國尋找出路的人，馬上在這個架構當中發現一條新的道路。尤其值得注意的是，在這種歷史觀中，「未來」的性質有一個革命性的改變：「未來是可知的」或「未來是已知的」，未來的路都已經指引好了，要緊的是接着應該怎麼做。對於史學工作者而言，他們也很容易為自己在這個大方案中，找到自己的積極角色。以下我想舉例說明線性歷史觀在政治、學術、思想、文化、社會等各方面的一些影響。

線性歷史觀是了解近代中國政治變動的鑰匙。它最直接的影響是讓人們相信歷史發展是一個有確定方向、確定階段、確定任務的歷程，所以必須循這個歷程毫不猶豫地前進。歷史本身有一個意志、趨勢、潮流，不必要的保守，會使得「進化的前途，被其阻礙了」[一]，故當時人最常質問自己的一個問題是，自己的國家是不是在進化的歷程中「未到終點」。[二]

在晚清，最有影響力的一種歷史發展的大方案，是認為人類的共同歷程為「圖騰社會→宗法社會→軍國社會」[三]，因為中國進入宗法時期特別早，但離開宗法時期又特別晚，所以現階段的任務是脫離宗法社會、邁向軍國社會。梁啟超則一再呼籲「民族主義」、「民族帝國主義」是社會進化的美善目標，而西方許多國家已經完成了上述的「階段」，所以他信誓旦旦地說，「凡國而未經過民族主義之階級者，不得謂之國」，「由民族主義而變為民族帝國主義，則成人以後謀生建業所當有事也」。[四]又說因為「民族帝國主義」是公理，不可違抗，史家的任務便是引導國民向此目標推進，否則「此種美德，將為白種所壟斷」。【五】他把進化的過程視為小孩成長為大人的過程，並指出沒有到達像西方普魯士等民族帝國主義則不能算是「成人」。

由於標準尺是由西方所提供的，所以當西方的主流思潮改變時，中國讀書人往往亂了方寸。五四前後社會主義大為流行，「軍國社會」成為批判的對象，在這樣重大的改變之下，柳詒徵寫於一九二五年的《中國文化史》便宣稱「軍國之義，已非今世所尚」【六】，言下之義是既然軍國主義非今世所尚，則現階段「進化」的目標便得作出相應的調整。在五四前後，人們往往宣稱世界最新的「潮流」、最新的「趨勢」，最為進化的境界是無政府主義、社會主義。

這方面的文章很多，此處僅舉傅斯年的一篇〈社會革命——俄國式的革命〉為例。他說近世史的精神，全在思想自由，文藝復興之後，此思想自由一現於德意志諸邦的宗教改革，再現

【一】呂思勉：《中國通史》，頁八。

【二】梁啟超：〈新史學〉，頁一〇。

【三】值得注意的是，甄克思的原書是「savage society → patriarchal society → modern (political) society」，不過是嚴復直截了當地將「現代社會」譯為「軍國社會」，鮮明地強調，在甄克思的人群進化圖景中，最好的狀態是「軍國社會」。

【四】梁啟超：〈堯舜為中國中央君權濫觴考〉，頁二二。

【五】梁啟超：〈國家思想變遷異同論〉，頁二二；〈堯舜為中國中央君權濫觴考〉，頁二五。

【六】柳詒徵：《中國文化史》，上冊，頁一一四。

於法國之政治革命，「凡此二種運動，皆文明史上應有之階級，凡為此試驗之兩國，進化之先鋒也。今步此二種運動之後，更待改革者何事乎？社會而已」，而擔負起第三次革命，也就是進化之下一「階段」者，是俄國式的革命，「從此法國式的革命——政治革命——大半成了過往的事；俄國式的革命——社會革命——要到處散佈了」。【一】

這種向上階段論思想的沃土，為後來馬列主義的五階段論準備了流行的條件。事實上，《社會通詮》的作者甄克思在該書的開頭便提及自己受到摩爾根（Lewis H. Morgan, 1818–1881）《古代社會》（*Ancient Society*）的影響【二】，所以在接受摩爾根影響的這一點上，甄克思與馬克思主義者是同源的。從一九二〇年代、三〇年代開始，五階段論：「原始公社→奴隸社會→封建社會→資本主義社會→社會主義社會」以一種更大的勢頭在中國發揮影響力。關於這五階段是否完全適用於中國，有過不少爭論，但整體而言，五階段論在政治與學術上發揮了無與倫比的支配力。【三】

前面說過，線性進化的歷史觀使得「未來」由「不可知的未來」變為「可知的未來」及「已知的未來」。因為未來是可知的、已知的，所以史學與史家有特定的任務。梁啟超的〈中國史敘論〉、〈新史學〉即以重新定義史家之任務開始，史家一方面應以進化的觀點重新撰寫歷史，另方面則應從中發現「公理」、「公例」之所在，作為國民精神之指引。【四】史家是研究者、發現者，也是指導者，這幾重身份缺一不可，否則梁氏不會一再發出「史界革命不起，則吾國遂

不可救」這樣的豪語。【五】

歷史是有「義務」的，史家的任務貴在指出「義務」是什麼。「而進化之理不能明，歷史之義務不能盡」【六】，史家要發明「公例」，然後就此「公例」加以提倡之——「雖曰天演日進之公理，不得不然，然所以講求發明而提倡之者，又豈可緩耶？」【七】事實上，這也是所有研究者共同的任務。胡適在《白話文學史》的幾段話也把史家的「義務」說得相當明白——「我要人人都知道國語文學乃是一千幾百年歷史進化的產兒」，所以他寫白話文學史，正是要弄清楚「這個歷史進化的趨勢」。今天的任務是要發揮過去開路先鋒們所沒有做完的事業，加以「有意識」的提倡。胡適認為「歷史進化有兩種，一種是完全自然的演化；一種是順着自然的趨勢，

【一】傅斯年：〈社會革命——俄國式的革命〉，《新潮》，第一卷一號（一九一九年一月一日），頁一二八——一二九。

【二】Edward Jenks, *A History of Politics* (London: J. M. Dent & Co., 1900), p. 7。嚴譯《社會通詮》，頁六。

【三】參見 Arif Dirlik, *Revolution and History: the Origins of Marxist Historiography in China, 1919–1937* (Berkeley: University of California Press, 1978), chapter 6。

【四】梁啟超：〈中國史敘論〉，頁一——一二；〈堯舜為中國中央君權濫觴考〉，頁二五；〈新史學〉，頁一——三二。

【五】梁啟超：〈新史學〉，頁七。梁氏區分新舊史家的標準之一，即是舊史家不能發明「公例」指導國民之精神，「前者史家不過記載事實，近世史家必說明其事實之關係，與其原因結果」。參見梁啟超：〈中國史敘論〉，頁一。

【六】梁啟超：〈堯舜為中國中央君權濫觴考〉，頁二三。

【七】梁啟超：〈國家思想變遷異同論〉，頁一二。

加上人力的督促」，史家要做的就是在發明歷史的趨勢之後，加以人力的督促。【一】

線性歷史觀帶來一些思維方式的影響，譬如人們分析政治現況時，往往要問「過去是什麼？現階段是什麼？下一個階段應該是什麼？最高的哪一端是什麼？」對政治任務的認識往往也帶着「二義」性：第一義是在歷史的階梯上爬升時，依進化的理想最後應該到達的目標；第二義是在現實上現階段應該完成的目標。現階段應如何？理想上應如何？兩者往往兼存於一人心中，表現的方式隨個人而各有差異，同時也受時代環境的影響而有倚輕倚重的不同。它多少解釋了許多人同時是民族主義的，又是社會主義的、世界主義的。前者是現在的目標，後者是進化的最高境界，但因現在這一個階段不能越過，所以現階段應盡力發達民族主義，以求將來進化到更高的社會主義、世界主義。

「二義」的狀態有時又表現為區分「歷史的意志」與「個人的意志」兩條軌道，或是一種我稱之為「複式背景」的思考方式。譬如我們常常看到一種格套化的敘述，說某人或一群人默察人類進化之大勢，為了祖國之日進文明，而後決定在當下採取某些行動。或以下類方式責備他人，「邱吉爾謀國不為不忠，然昧於世界大勢，徒為人類進化之絆腳石」。【二】這種「複式背景」的思考方式，不只出現在政治上，也表現在思想、文化、學術活動等細微不自覺之處，如陳獨秀說「吳（稚暉）先生中國文字遲早必廢之說，淺人聞之雖必駭怪，而循之進化公例，恐終無可逃」【三】，即是一例。

對當時人而言，線性史觀是學術研究的利器，一種著作是否新穎動人，往往決定於是否採用了線性的書寫架構，但它也產生了一些盲點。人們往往在找到一個合理的高點之後，再以它為出發點倒溯回去選取相關的史料，構成一部進化史。以胡適的《白話文學史》為例，胡適為了提倡白話，設定白話為文體進化之頂點，再倒溯回去選取有關的材料來形成這個進化的系譜。線性歷史觀也造成了一種影響，在有意無意之間認為只有在這一條主線的歷史過程中能被安排一個適當位置的，才有功能、有地位，值得被記載、被討論，因而往往忽略了其他各色事相的存在。

因為最進化的是唯一的，所以在現實或研究上也常常形成一種排他性的思考。胡適在論斷中國文學進化的趨勢時，斷言白話文與其他文體的關係是前者取代後者，白話文是唯一的、最進化的文學。胡適的批評者梅光迪（一八九〇—一九四五）當時便敏感地發現，胡適的文學主

【一】胡適：《白話文學史》（臺北：信江出版社，一九七四），〈引子〉，頁一—五。

【二】夏承燾：《天風閣學詞日記》（杭州：浙江古籍出版社，一九九二），第二冊，頁六九五。

【三】陳獨秀：《獨秀文存》（上海：亞東圖書館，一九二四），卷三，〈通信〉，〈四答錢玄同（中國今后之文字問題）〉，頁一七七。「複式背景」的思考方式，又如葉德均（一九一一—一九五六）引浦江清（一九〇四—一九五七）語說，「現在對於一切古文學是一個總清算的時代，而研究理解也只有從歷史的演化上着眼，別無其他的途徑可尋……故難挽昆曲命運。」參見葉德均：《戲曲小說叢考》（北京：中華書局，一九七九），頁四八四。

張含有這種唯一的、排他的、後派興而前派即絕跡的特質【一】，所以胡適不認為白話文是在眾多文體中新增一種，而認為白話文興起則其他文體即應絕跡。

以胡適在新文化運動時期震動一時的幾篇有關文學改良的文章為例，從標題到內容，都體現了這種唯一性及排他性。譬如〈文學進化觀念與戲劇改良〉一文說，戲劇的進化也有一定的軌跡，到了現代有一種排除樂曲的「最進化」的戲劇。他說「西洋的戲劇便是自由發展的進化，中國的戲劇便是只有局部自由的結果」，「中國戲劇進化小史的教訓是，中國戲劇一千年來力求脫離樂曲一方面的種種束縛」，「所以在中國戲劇進化史上，樂曲一部分本可以漸漸廢去」。【二】

一個較進步的取代前一個的思維，無處不發生影響力。如傅斯年在〈歷史語言研究所工作之旨趣〉中說，「中國文字學之進步，正因為說文之研究消滅了汗簡，阮吳諸人金文之研究識破了說文，近年孫詒讓、王國維等之殷文更能繼續金文之研究」【三】，暗示被消滅或被取代者是沒有解釋效力的。但是近來關於出土簡帛的研究，卻每每藉助於被「消滅」的《汗簡》。

單線進化的歷史思維既規定了「公例」，又定下了進化的「階段」或「階級」，彷彿每一個階段皆需經歷，不可跳越，形成了柏林（Isaiah Berlin, 1909–1997）所說的「歷史的不可避免性」（the inevitability of history）。所以史家往往太過注意這些必經的「階段」，而忽略了歷史可能以各式各樣想像不到的方式在發展。因為預設一個較進步的取代另一個較不進步的，故一方面可能安排了一條原先不存在的前後扣聯關係，而忽略了不一定是一個扣一個、下一個取代上一個，或歷史現象可能多元並存、多元各自扣聯，或各分子交互扣聯，或有的前後扣聯有的互不相干等各式各樣的狀態，也常忽略了歷史發展中可能出現進而復退，退而又進，進、退交雜的現象。

線性歷史觀在近代中國影響極大，在各種領域中都留下了深刻而微妙的刻痕，其樣態非常之多，本文不能盡述，詳細闡發將是另一篇文章的工作。

本文原為二〇〇七年六月四日—七日在荷蘭萊頓大學（Leiden University）舉行的研討會（Conference on the Writing of History in 20th Century East Asia: Between Linear Time and the Reproduction of National Consciousness）而寫，謝謝黃克武及施耐德（Axel Schneider）兩位先生的寶貴意見；原發表於《新史學》第一九卷二期（二〇〇八年六月），頁一—四六。

【一】梅光迪在〈評提倡新文化者〉中說：「若古文白話遞興，乃文學體裁之增加，實非完全變遷，尤非革命也」，「文學進化，至難言者，西國名家，多斥文學進化論為流俗之錯誤……」，「一若後派必優於前派，後派興而前派即絕跡者」。參見梅光迪：《梅光迪文錄》（臺北：中華叢書委員會，一九五六），頁一—二。

【二】胡適著、季羨林主編：《胡適全集》（合肥：安徽教育出版社，二〇〇三），第一冊，頁一三七—一五〇。

【三】傅斯年：〈歷史語言研究所工作之旨趣〉，收入《傅斯年全集》（臺北：聯經出版事業公司，一九八〇），第四冊，頁三〇六。

從經學向史學的過渡

——廖平與蒙文通的例子

蒙文通（一八九四—一九六八），名爾達，字文通，四川鹽亭人，是近代中國的傑出學者，他一生的學術成果非常豐碩，不能盡述，我在這篇文章中主要討論其中的兩個重點，一個是「古史多元論」，一個是「大勢變遷論」。古史多元論的提出，對一個自來相信華夏歷史一脈相承的古老文明來說是震撼人心的新說，而「大勢變遷論」則是蒙氏歷史著作的一個主幹。

「古史多元論」這樣的新說決不是平地突起，它牽涉到一段複雜的學術背景之變，尤其與廖平（一八五二—一九三二）有關。

一

王國維（一八七七—一九二七）在〈沈乙庵先生七十壽序〉中說：「國初之學大，乾嘉之學精，道、咸以降之學新。」[1]道光、咸豐以下的學問確實與先前不同，即以經學而論，它也可以說是一種新經學。而「時勢」與「學問」間的競走，也就是在時勢的逼迫下，學問調整方向與內容，使得它與先前之學相比呈現「新」的面相。一九一九年，一位敏感的青年說：「在這一百年裡頭時勢的變遷太速，學問總是追趕不上。」[2]在那一百年中，時勢變遷確實太快，學問並非不追趕，但確實「追趕不上」。當時敏感的學者不斷地在中國古代傳統中劃分、重組，國粹學派的儒者們區分「國學」與「君學」之不同即是一例，而今文家廖平是另一個例子。

但是廖平的經學不應化約為只是「追趕」時勢的產物，他的學問也與晚清經學的發展有關。

晚清經學的面相非常繁複，不能輕易論斷，但廖平綜合了其中兩個特色：

一是超越個別名物度數或一部一部經典，對各經之間相互關係作跨文本的綜覽與比較，綜觀整個經學的輪廓，同時特別重視還原家法、條例，努力弄清楚某書究屬何派，而某派學術在不同時代持說究竟有何不同。這其實是一種相當具有學術史眼光的工作。清季今文經學家中，特別是陳壽祺（一七七一—一八三四）、陳喬樅（一八〇九—一八六九）父子的工作是例證。

二是為了以經學回應世事之需求，使經學意識高高地凌駕在史學意識之上，反對把經書本身的內容當成古史來研究。

廖平一方面接收了綜覽全局式的經學研究的成果，提出以禮制分今、古之學，一方面又發展出極強的用世意志，把前者放在一個哲學的框架上重新加以解釋。

廖平的思維非常奇特，難以名之，我稱之為「反模仿」西方現代性的保守主義。

廖平充分吸收了西方的進化論，所以認為上古時代非常野蠻樸陋，不是黃金時代，他把

【一】王國維：《觀堂集林》，卷二三，收入氏著：《王觀堂先生全集》（臺北：文華出版社，一九六八），第三冊，頁一一四七。

【二】顧頡剛：〈中國近來學術思想的變遷觀〉，收入顧潮編：《顧頡剛年譜》（北京：中國社會科學出版社，一九九三），頁五〇。

中國思想的黃金時代放在孔子之時。在早年，他傾向於「反模仿」現代西方文化中他認為有價值的部分，認為它們都是孔子早已提出過的，問題出在孔子以後的無知陋儒不能繼承孔子的本意；到了後期，「反模仿」的方式似乎更進一層，用進化論的框架否定西方的進化成績，即認為西方近代的種種在中國春秋以前已經存在了，但孔子撥亂反正，拒絕了這些卑陋的東西，提出道德綱常等偉大的道理，並流傳了兩千餘年，故中國早在兩千年前就已拒絕西方現代文明，而孔子之道及兩千年來的東西與今天的西方相比，仍然是優勝的。【一】

為了吸收西方的現代性來壓倒西方，他對古代文獻進行分組，一一判別某些是真的、某些是假的、某些是要變法的、某些是落伍的；不管是分今、古，分小、大，分天、人，優勝的一方是「真正的」孔學，則孔子或是改革者（古、今），或是全世界之規劃者（中國）。用李源澄的話說，廖平「惟為時代所限，囿於舊聞，故不免尊孔過甚，千溪百壑皆欲納之孔氏」。【二】

廖平認為自己是一位哲學家，他的哲學體系建立在經學研究上，為了追趕時勢，他不斷地變造這個體系，所以出現了所謂的「六變」，只要我們稍稍留意便會發現這「六變」大抵對應西方文化不同階段的挑戰，廖平每次調整他的體系幾乎都是在回應他所認識到的危機【三】，並以改造古代學術體系來維持孔子之學的相對優越性——不只優於中國各家各派，也優於全世界。但是因為他的調整幅度太大，即使是同一部經典，也是一下子肯定，一下子否定，忽高、忽低，對古代學術所作的解釋縱橫出入、高下隨心，尤其是在他的所謂「二變」學之後，人們人人都對古代經典的客觀性產生高度的不安，當然也對廖平本人的學術信用產生懷疑。

廖平的「一變」之學對蒙文通影響最大。在這個階段的代表作《今古學考》中，他從前人累積的經學研究成果之中，慢慢地發現古代經學並不是一個有機的整體，它們之中至少有兩個相異的系統，以至於同一個禮制，往往出現至少兩種不同的說法。廖平最大的創發就在於掌握住今、古文家在禮制上的不同，並用《周官》（古文）、〈王制〉（今文）來統攝這兩個系統。用蒙文通先生的話說：「（廖平）確定今、古兩學之辨，在乎所主制度之差，以〈王制〉為綱，而今文各家之說悉有統宗，以《周官》為綱，而古文各家莫不符同。」問題是如何解釋這兩派禮制的形成。廖平是這樣說的：「於今文一家之學立齊、魯兩派以處之。古文一家所據之經，奇說尤眾，則別之為《周官》派、《左傳》派、《國語》派、《孝經》派以處之。而總之曰今文為齊、魯之學，古文為燕（當作梁）、趙之學。……於是立齊、魯、燕、

【一】廖平：《倫理約編》，收入《六譯館叢書》（成都：存古書局刊本，一九一四），頁一——一五。

【二】引自蒙文通：〈廖平先生傳〉，《經史抉原》，收入《蒙文通文集》（成都：巴蜀書社，一九九五），卷三，頁一四四。

【三】可參考廖平：《經學五變記》（臺北：長安出版社，一九七八）。陳德述、黃開國、蔡方鹿：《廖平學術思想研究》（成都：四川省社會科學院出版社，一九八七）。

趙以處之。」【一】他把長期以來爭訟不決的今、古之分換成齊、魯與燕、趙學問之異，把經學主張的不同化為地域的差異。

因此從廖平的《今古學考》問世之後，古代經學遺產已經開始裂解了。但是廖平與大部分的經學家一樣，想在紛亂的史實上面加上一個系統，加上一個提綱絜領的綱宗，使得看來已經裂解的東西仍然能夠「統之有宗，會之有元」，而這個綱宗便是孔子。廖平在「一變」階段，為了解釋前述的學術與地域上的分裂狀態，提出一種說法，認為那是因為孔子早年、晚年學說重大的變化，不同階段的學生所聞不一樣的緣故，而這些學生來自不同的地域，所以各地所傳的孔子學說出現了重大的差異。來自燕、趙地區的是早年的學生，所聞的是孔子早年的學說，所傳的是後來稱為「古文」的學問；來自齊、魯的是晚年的學生，所聞為孔子晚年成熟的今文經學，而晚年之學優於早年，故今文學優於古文學。【二】早年的孔子遵循周制，而晚年的孔子是一個變法改革者，想要對周制進行變革，所以在禮制上有了種種新說。我懷疑，廖平區分孔子早、晚年學說不同及學生聞見之異，大概是受到天台智顗（五三八—五九七）將佛在世說法分成五個時期，也就是所謂「五時八教」，或類似學說的影響。【三】

簡單地概括廖平早期的想法，大約有兩點：第一、經學系統不是一個完滿的有機體，它的內部有許許多多的差異與矛盾。第二、這些差異可以分成一些派別，這些差別先是可以用孔子[illegible]

生大的影響，從此對古代文獻產生不同看法，並對這些不同加以解釋成一種時學。以當時的古文經學大師劉師培（一八八四—一九一九）為例，他在有意無意之間即受到廖平的影響，他在《西漢周官師說考》等書中說古學為西周之制，王制為東周之制；又說明堂之所以有今、古兩說，乃是一為豐鎬之制，一為雒邑之制；又說古代疆里之所以有今、古兩說之異者，一為西周疆里，一為東周疆里。【四】他也免不了要立「綱宗」，即不管兩者如何不同，它們都是周制。

王國維雖然不受他們影響，可是如果我們細讀《殷周制度論》，也會發現他與廖、劉一樣，既發現了三代禮制之不同，並劃分為殷與周兩個群組，同時他還是忘不了要為它們尋找一個系統，所以說殷、周皆是帝嚳之後，藉着帝嚳把分裂的體系又黏合起來。

【一】蒙文通：〈井研廖師與漢代今古文學〉，《經史抉原》，收入《蒙文通文集》，卷三，頁一二〇—一二九。

【二】廖平：《今古學考》（臺北：長安出版社，一九七四），頁八三、八八。

【三】牟宗三：《佛性與般若》（臺北：學生書局，一九七九），頁六一九—六二四。

【四】蒙文通：〈廖季平先生傳〉、〈井研廖季平師與近代今文學〉、〈井研廖師與漢代今古文學〉，收入《蒙文通文集》，卷三，頁一四二、一一〇、一二一。

二

廖平的經學深深影響了他的弟子蒙文通，但此處所說的影響是相當曲折的，是一種既「揚」又「棄」（aufheben）的關係。

蒙文通在一九一二年至一九一三年於四川國學院從學於廖平、劉師培。這時候清廷已經滅亡，廖平六十一歲至六十二歲，早已過了學術影響力的高峰【一】，儘管如此，廖氏的學問對蒙文通的影響仍然很深。蒙氏最早的兩篇文字，一九一五年的〈孔氏古文說〉及一九二三年的《經學導言》，雖然論旨與老師有所不同，但問題的延續性則清晰可見，尤其是以地域把古代儒家學術分成幾個群組這一點上。【二】

〈孔氏古文說〉及《經學導言》兩篇文字並不曾改變以「地域」講學問起源之不同，大致仍以齊、魯與三晉區分今文、古文之不同【三】，但他在《經學導言》中已隱隱然表現出與老師有些不同，他指出南方也有一系，以楚國為主。在這篇文字中，他提到三晉的學問和孔子背道而馳，三晉史家信任古史傳記，故以古史傳記疑議六經【四】，但是他仍然說：

> 孔子的學術，除一個嫡派魯學之外，又有兩個支派，一個便是齊學，一個便是晉學。孔子的學說，從鄒魯漸漸的流往各處，就有魯、齊、晉三大分支。【五】

通所提出的這道論題，主要是想論證中國立國開化之早，非東西各民族所能及，「凡我國人，皆足以自榮而自勉也」；一如他早年運用各種論證來維持孔子的優勝地位一般，此時他希望維持中國在世界各古老文明的優越地位，注意力已經由一人轉到一國。

廖平的這一道問題，其背後有一定的時代背景。廖平對清末盛傳一時的「中國文明西來說」顯然有所了解並且深深感到不滿，認為它傷害了中國歷史文化的尊嚴，所以他要蒙文通論證華夏立國開化之久遠，來抵擋中國文明西來之說。他特別提到「少昊為黃帝之子」可能是五行說的產物，似乎又顯示他想破除少昊與黃帝一系相承的關係，而晚清喧騰一時的「西來說」正是主張黃帝從西向東移，破除黃帝與少昊的父子關係，即等於說明在西來的一系之外，還有東邊

【一】但這並不表示他已經放棄經學，這可以從他在《古史甄微》之後，接着改寫《經學導言》為《經學抉原》看出，他之成為一個純粹的史學家是後來的事。用他自己的話說，是四十以後才開始，而且摸索十年，才漸知史學如何研究。見蒙文通：《古史甄微》，〈序〉，《蒙文通文集》，卷五，頁一。

【二】但這三者是獨立發展而成，唯一可能的是徐炳昶可能受到過蒙文通影響，蒙文通到後來才知道徐炳昶的論點，見蒙季甫：〈文通先兄論經學〉，收入蒙默編：《蒙文通學記》（北京：生活・讀書・新知三聯書店，一九九三），頁六五。

【三】蒙文通：《古史甄微》，〈序〉，收入《蒙文通文集》，卷五，頁一。

本土的一系。【一】所以他要解構「祖孫父子一系」之舊說，提出「帝各為代，各數百千年」之論。值得注意的是，「帝各為代，各數百千年」一語出自緯書，而強調讖緯正是晚清今文經學的特色。廖平提出的這一道習題意味深遠，既延續他一貫的多系說，又將注意力往上拉到古史的源頭。

三

清初理學家張履祥（一六一一—一六七四）說「讀史只以驗經而已」，它代表一種最常見的以經綰史的態度。清代經學如日中天，經學意識高漲，但清代考證學的許多工作其實就是考證古代名物度數的歷史，故柳詒徵說乾嘉諸儒「治經實皆考史」【二】，況且清儒的歷史研究工作也始終不曾間斷。綜合前述，我們應該說經學意識與史學意識始終是清學中的兩脈，或者應該說是一體的兩面，但無論如何，經學畢竟是主、史學是從，經學是優先的、史學是從屬的，經學所蘊涵的價值體系會隱然支配學術工作，深刻地影響選題、詮釋、價值判斷，或想在研究中尋求經學式的恆常道理。到了廖平，他想在時勢的迫壓之下，更積極地維護或創造經學式的恆常道理，故用最權宜的手法攪亂了大量的文本。廖平一方面是史學的，另一方面是哲學的。他為他們講家法、重條例，比較能夠忠實地重建古代文獻的歷史層次，從某種角度說，即是比較重視學術史的還原。但這並不表示廖平是位史學家，他不安於停留在史實的層面，而是要提高一個層次來調動、安排，在真實與虛構的離合之間，建立一套義理系統。故他基本上反對以經為古史，他這方面的言論很多，又如〈尊孔篇〉中說：「故六經者非述古，乃知來」，「以經為古史，則疵病百出」【三】；如〈大成節講義〉的〈舊說以經為史之敝十條〉：「凡史事成跡，芻狗糟粕，莊列攻之，不遺餘力，孔經新，非舊經，非史」，「經說若主退化……須知經言退化，實行經意則為進化也」，「經先文後野，先大同而後小康，其說顛倒」【四】，六經與歷史時間的序

【一】「中國文明西來說」在清末得到章太炎等名學者的信從，如章氏《訄書》（臺北：世界書局，一九七一），〈序種姓上第十七〉說：「宗國加爾特亞者，蓋古所謂葛天，地直小亞細亞南……然始統一加爾特亞者為薩爾宮一世，當共和紀元以前二千九百六十年，其後至亞拉伯朝，以巴比倫為京師，當共和紀元前七百四年，其後二百五十年，為小亞細亞滅之。薩爾宮者，神農也……先薩爾宮有福巴夫者，伏戲也，後薩爾宮有尼科黃特者，黃帝也，其教授文字稱蒼格者，蒼頡也。」（頁四〇—四一）章太炎可能從日文本（白河次郎、國府種德：《支那文明史》〔東京：博文館，一九〇〇〕）得知此說，也可能是讀到中譯本。該書中譯本於光緒二十九年（一九〇三）由上海競化書局以《支那文明史》書名印行，其中第三章為「支那民族從西亞細亞來之說」，此章說黃帝自西亞來，其名為「奈伊譯渾古底」，是自西亞細亞移往中國之酋長，征服鄰邦之人民。見《支那文明史》，頁四四、五〇、五四。

【二】柳詒徵：《中國文化史》（臺北：正中書局，一九六四），下冊，頁一一九。

【三】廖平：〈尊孔篇〉，收入《四譯館雜著》（成都：存古書局，一九二一），頁一六、一八。

【四】廖平：〈大成節講義〉的附錄，收入《四譯館雜著》，頁一八、二五。

列是顛倒的，所以它是哲學，不是歷史。他不只反對把六經當作史料處理，而且處處以六經與當時所謂之西方「公法通例」相通，他認為苟非如此，則六經對於現在及未來即無任何價值可言。如果不了解廖平處理經學與史學的特殊手法，我們很難了解廖平何以始終批評古文家是史學、是要不得的，但又相當注意一些特定的史學問題。

但是「經」與「史」的地位在近代發生了激烈的轉變。廖平與蒙文通是兩代人（前者出生於一八五二年，後者出生於一八九四年），兩人相差四十餘歲，兩代人的薰陶、培養、心態也都不同。晚清到民初，正是經學與史學互為消長的時代，蒙氏向廖平問學已在民國初年，《古史甄微》則成稿於新文化運動之後，辛亥革命與新文化運動兩大事件都對經學及經學家的地位產生了劇烈的挑戰。

辛亥革命成功之後，用胡適的話說，連皇帝都可以不要了，有什麼不能改變的。[二]辛亥革命使得舊知識分子失勢，被另一群對經學不再看重的新人所取代，古文、今文之爭已經不再時髦，人們關心的焦點是「革命的」或「反革命的」，「新的」或「舊的」。一九一二年，教育部宣佈廢止尊孔讀經，其影響固然不可過度誇大，但亦不可小看，建制性的規定畢竟產生大規模的影響，讀經已經不再成為知識分子的前提。而一九一七年以後的新文化運動更對經學所蘊含的價值體系施予最有力的抨擊，「覆孔孟，劃倫常」的口號，影響異常深遠，古來相傳的種種正統觀念徹底動搖了，劃分知識群體的標準是「傳統的」或「反傳統的」，「中國的」或「西方的」。另一方面，隨着新學制的建立，學術分科化，大學中的經科已成為眾多人文學科之一，其任務與傳統經學不同，它不再是生命的學問，而是成為眾多學問領域的一種。從辛亥以來經過十多年，至少在主觀的層面上，人們覺得自己與「過去」應該是斷裂的，不應該是延續的，斷裂產生了距離，距離使得「審視」傳統成為可能，當時雖然仍有一群研讀經書的人，但是他們的取徑變了，是以「觀察」、「研究」者而非傳統文化參與者的方式在閱讀經典。經學沒落，尋求恆常道理的經學式思維之沒落，只有辛亥革命以後的一代才能體會，起而代之的是歷史式的思維——那便是一切都在變，一切都會變，一切的變都合理，恆常的世界破壞了，變成以人事證恆常之道理或以人事替代恆常的道理。

經學衰退、史學地位之高漲幾乎同時發生。從晚清以來，國粹學派認為國粹即等於歷史，愛國必須先知歷史，史亡即國亡。當時學術界以學問能否經世作為高下之判，人們愈來愈認為經學不足以經世，而史學可以經世。從晚清科舉廢八股改試策論之後，士子閱讀史書的分量便大幅增加了，到了廢科舉之後，在正規的學習中，經的分量便愈來愈淡薄，而史的分量愈來愈加強。學問世界漸漸地由康有為所說的「史學大半在證經，亦經學也」，轉變成經學淪為史學

【一】Hu Shih, "Broadcast, New York World's Fair, October 10, 1939," 收入周質平編：《胡適未刊英文遺稿》（臺北：聯經出版事業公司，二〇〇一），頁一一〇。

之附庸——用周予同（一八九八—一九八一）的話說是「史由附於經，而次於經，而等於經，以至現在經附於史」，他又說要能「不循情地消滅經學，用正確的史學來統一經學」。經史之消長如此劇烈，故一九二三年，當蒙文通到江南訪問耆舊討論經學時，即發現「故老潛遁」，「講貫莫由」。【一】

四

因為材料的限制，對於一九一五至一九二七年之間蒙氏思想學術的軌跡無從深入了解，但是我們可以確定，在這一時期，他逐步發展出經是經、史是史，這兩種不同性質的問題，要用不同方式處理的態度。用蒙文通自己的話來說，即是「經、史截分為二途，猶涇清渭濁之不可混」。【二】用蒙季甫轉述堂兄蒙文通批評廖平的話說，則是廖氏「但以尊孔過甚，且不知史學，不能用歷史方法以史實核漢師禮制，不知孰為西周舊制，孰為禮家新制」。【三】事實上廖平並非不了解歷史，從《今古學考》中若干條可以看出，他對古代文獻已經有相當程度的歷史層次感。從他給蒙文通的題目也可以看出那是一道歷史的習題，但是因為他自居為經學家、哲學家，要拉拔到更高的層次來調遣史事，所以他沒有興趣進一步探索，這種價值的輕重先後，也是經學思維與史學思維之分歧點。而蒙氏最大的突破之一便是用歷史的思維處理廖平這位經學家所提出的問題。

依我的觀察，清代經學研究的成績，有不少被民國時代的古史家所繼承，而由經學到史學的轉變，大多與五個環節有關：第一是分別經是經，史是史。第二是丟掉今、古文之爭的老問題，代以古代史的問題。第三是分出時間的層次，漢是漢，先秦是先秦，而且各個層次的意義是一樣的，不因時代先後而有別。第四是用歷史研究的方法分辨出古代文獻內容中「理想」與「事實」的區別。第五是接受十九世紀西方史學的影響，尤其是種族、地理兩種因素。在蒙文通從經學到史學的轉變的過程中，以上五個環節大抵清晰可見。

首先要討論蒙文通如何放棄今、古文之爭的老問題。在一九二〇年代，我們見到一種既繼承，又丟掉今、古文之爭的新發展。前面已經提到過，晚清的今、古文之爭鬆動了對古代經典的許多既成之見，一方面覺得其中隱藏着許多問題，一方面是擊碎了古來的間架，開啟了將碎片重新拾起、重新架構的可能性。一九二〇年代的兩個古史大論述都與它有關，但是一個走向空間的（蒙文通的地域多元說），一個走向時間的（古史辨運動中顧頡剛（一八九三—

【一】以上引自羅志田：〈清季民初經學的邊緣化與史學走向中心〉，收入氏著：《權勢轉移：近代中國的思想、社會與學術》（武漢：湖北人民出版社，一九九九），頁三〇二—三四一。

【二】蒙文通：《古史甄微》，〈序〉，收入《蒙文通文集》，卷五，頁三。

【三】蒙季甫：〈文通先兄論經學〉，收入《蒙文通學記》，頁六八。

一九八〇」的層累造成說）。【一】

上述兩種重構古史的工作的前提都是打破今、古文的舊問題。晚清今、古文兩派爭鬥太久，太過激烈，不斷互相攻擊的結果，使兩派的缺點完全暴露在世人眼前，在不再篤守經學家法的新一代人看來，覺得兩派都有問題，有的人主張向上追求古代的真相，有的人主張將今、古文「一齊撕破」。我們應還記得在古史辨運動初起之時，錢玄同（一八八七——一九三九）如何為年輕的顧頡剛指出一個方向。錢玄同對顧說，古文是假的，今文是口說流傳而失其真相的，所以今文家攻擊古文經偽造是正確的，古文家攻擊今文家不得孔子的真意，也是站得住的，「我們今天，該用古文家的話來批評今文家，又該用今文家的話來批評古文家，把他們的假面目一齊撕破，方好顯露出他們的真相」。【二】

當蒙文通在四川國學院讀書時，事實上他也處在今、古兩陣營對峙的高度張力中。當時四川國學院中同時有今、古兩派的廖平及劉師培，雖然劉師培受了廖平影響而有所轉變，但是在許多問題上仍然爭持不已，蒙文通自己在《經學抉原》的〈序〉中說他「朝夕所聞，無非矛盾」：

> 文通於壬子、癸丑間，學經於國學院，時廖、劉兩師及名山吳師並在講席，或崇今，或尊古，或會而通之。持各有故，言各成理。朝夕所聞，無非矛盾，驚駭無已……雖無日不疑，而疑終莫解。【三】

對兩家之說「無非矛盾」，錢玄同的反應是「一齊撕破」；蒙文通則走向另一條路，他主張用史學的研究去解決這一個過氣的老問題。《經學導言》提供了一個過渡的樣本，它一方面繼承了廖平的說法（如六經歷秦火之後不殘缺，如區分齊、魯與三晉之學），但同時又想掙脱開來，要跳開漢代今、古文之爭，直接「還六國面目」【四】，用他自己的話說是：

而作《經學導言》，略陳今、古義之未可據，當別求之齊、魯而尋其根，以揚師門之意。【五】

這段話很有意思：一方面是今、古文之義未可據，一方面是別求齊、魯之真貌（即「還六國面目」）；一方面是發揚師門之意——因為廖平在《今古學考》中是有一個條目說「解經當力求

【一】楊向奎在〈我們的蒙老師〉（收入《蒙文通學記》）中說「顧先生的理論是因時間的演變而不同的歷史遂層累造成，蒙先生的理論是因地方的不同而有歷史的分野」，「他們都受有今文經的影響」。
【二】顧頡剛：《秦漢的方士與儒生》（臺北：里仁書局，一九八五），〈自序〉，頁七。
【三】蒙文通：《經史抉原》，〈序〉，收入《蒙文通文集》，卷三，頁四六。
【四】蒙文通：《經學導言》，收入《蒙文通文集》，卷三，頁三二。
【五】蒙文通：〈井研廖師與漢代今古文學〉，《經史抉原》，收入《蒙文通文集》，卷三，頁一三五。

秦漢以前之說」【一】，一方面是丟掉今、古文之爭的大帽子，也就是丟掉漢代經學的問題，改尋先秦歷史的真相。蒙文通一再強調今、古俱不可信，如說「今、古之自身，即不一致之學」，「究空說則今、古若有堅固不破之界限，尋實義則今、古乃學術中之假名」，並認為廖平中年以後已經傾向於「破毀今、古學之意也」，「皆所以召學者之應從兩漢而上探周、秦，由今、古而溯之齊、魯，求周、秦學術之家法，以易兩漢學術之家法，此固廖師之偉志也」；又說他的老師「早已輕視今、古之界而思破壞之，以探周、秦之室也」，「周、秦之學一明，而兩漢之壁壘頓破」。【二】看起來廖平確有向上轉一層的意向，但只是偶然觸及，而且最終目的顯然是要了解今、古學之究竟，而未必是了解一層一層歷史的差異。蒙文通說，侷限於今、古文以談古史，「此猶局乎孔氏一家之言……未可以上窮古史之變也」。【三】這段話表現了一種微妙的轉向，即他的主要目標是要談古史，而不是今、古文，所以主張丟掉今、古文之爭的議題，可是他在向上探求周秦之時，隱然還是繼承了《今古學考》中所指的二元論點，然而因為他是以史學的角度在處理這一份經學遺產，所以他以分別對待個別歷史事實的態度，指出周、秦時代每一書皆有每一書的面貌與地位，不能籠統歸之今、古文兩個陣營。【四】他也用歷史演進的態度看古代官制的沿革，「而又確知今、古家各據〈王制〉、《周官》以為宗者為可議」。【五】也就是以官制的歷史沿革來打破廖平以〈王制〉、《周官》兩組制度來判分今、古，把它們視為兩組不變動的禮制。

上溯周、秦，「史」的態度一旦確定，蒙文通還是常常回過頭來講漢代今、古文的要義，但那是經過歷史研究的洗滌披撿之後所產生的新認識，不管是以今、古為漢代皇帝所喜、所惡分，或是以朝、野之學分，或是以貴族階級與萬民平等兩種主張分，都是放在他新建立的周、秦、漢歷史框架下重新解釋，而不再是晚清的今、古文的舊說了。

蒙文通轉向史學的另一個環節是前面所提到過的「經是經，史是史」，處理經學問題與處理史學問題是不一樣的。他進一步從「六經皆史」的舊說解放出來，主張「六經非史」（在這一方面，他深受《史通》〈疑古〉、〈惑經〉兩篇的影響），也就是說追求古代歷史的真相時，不能以六經為範限，在六經之外，還有許許多多記載古代歷史的文獻，它們可能早已被視為非正統史料，但是其史料價值卻無減損。他在《古史甄微》中自道「自儒者以經為史，而遂古之

【一】廖平：《今古學考》，頁一一三。

【二】以上諸條分見於蒙文通：〈井研廖季平師與近代今文學〉、〈廖季平先生與清代漢學〉、〈井研廖師與漢代今古文學〉、《經史抉原》，收入《蒙文通文集》，卷三，頁一一四、一二一、一三〇、一三四、一三五。

【三】蒙文通：《古史甄微》，收入《蒙文通文集》，卷五，頁三。

【四】蒙文通：〈井研廖師與漢代今古文學〉，《經史抉原》，收入《蒙文通文集》，卷三，頁一一二。

【五】同上，頁一三五。

事，真偽莫察」。【一】由此看來，他是雙重解脱，既解脱今文家法，也解脱古文家之舊範，否則不可能發現「六經而外，異説恐多」，而《古史甄微》中也不可能運用大量經典以外的材料去揭開早已被儒家經典一元古史觀所淹沒的古史，更不可能由《楚辭》〈天問〉等文獻中發現南方一系的文明。

由經學過渡到史學的另一個環節是斬斷綱宗，丟掉經學所蘊含的正統觀念。陳寅恪（一八九〇——一九六九）的〈重刻《元西域人華化考》序〉云：「近二十年來，國人內感民族文化之衰頹，外受世界思潮之激盪，其論史之作，漸能脱除清代經師之舊染，有以合於今日史學之真諦。」【二】此處所謂「脱除清代經師之舊染」的主要內容之一便是丟掉經師的正統觀念，這種觀念所包含的範圍很廣，尊三代、尊周、尊孔、尊經、尊倫理綱常都是，這是一張無形的網，但卻是一張有力的網。

蒙文通批判廖平過度重視孔子，所以互為仇敵的今、古，大統、小統竟都同源於孔子，劉師培過重周朝，故雖然發現豐鎬（西周）、雒邑（東周）之制度不同，但仍然認為兩者皆是一王之法。【三】蒙文通受過辛亥革命及新文化運動的洗禮，他批評廖平、劉師培兩位老師過度為正統觀念所拘束而不自知，正表示他捨棄正統觀念的態度，他反對「六經皆史」，在《古史甄微》中甚至連舜、湯武、文王、周公都在非議之列。

前一代用一條繩子勉強綰住各個異質的分子，但繩子卻在一九二〇年代的弟子手中斬斷了，以致碎片遂散落一地的現象，在當時相當常見。以王國維（一八七七—一九二七）的《殷周制度論》為例，他雖然已經區分殷、周兩套制度之不同，但仍然受正統心態的左右，主張兩者的祖先同出帝嚳，故仍然屬於一個系統。然而這樣的觀點被他們的下一代丟掉了。王國維於清華國學研究院的弟子徐中舒（一八九八—一九九一）在〈從古書中推測之殷周民族〉一文中便把兩者拆開，認為殷、周種族不同，言語不通，風俗不同。【四】

在丟掉經學的題目，丟掉經史不分、經等於古史的舊觀念，去除正統觀念的束縛之外，現代史學的薰陶是不可忽視的一環。

十八世紀歐洲啟蒙史家關心的是從歷史中尋找出人類普遍的通則，但十九世紀則注重個別歷史事實之差異性【五】，而「種族」與「地理」是形成差異的兩個要素【六】，這並不是說此前

【一】蒙文通：〈天問本事〉，《經史抉原》，收入《蒙文通文集》，卷三，頁三四六。

【二】陳寅恪：〈重刻《元西域人華化考》序〉，收入氏著：《陳寅恪先生論文集》（臺北：九思出版社，一九七七），頁六八四。

【三】蒙文通：〈井研廖平季與近代今文學〉，《經史抉原》，收入《蒙文通文集》，卷三，頁一一〇。

【四】參考我的〈一個新學術觀點的形成——從王國維的《殷周制度論》到傅斯年的《夷夏東西説》〉，收入拙著：《中國近代思想與學術的系譜》（石家莊：河北教育出版社，二〇〇一），頁二六三—二八二。

【五】Carl Becker, *The Heavenly City of the Eighteenth-Century Philosophers*（New Haven: Yale University Press, 1969），pp. 71–118.

【六】如 James W. Thompson, *A History of Historical Writing*（New York: The Macmillan Company, 1942），v. 2, p. 442。

的史書不談種族與地理，但它們是十九世紀史家的擅長。這一特色也影響了二十世紀初期中國的一群新史家。晚清的革命派對「種族」非常注意，他們所提倡的種族革命即足以提醒人們「種族」的重要性，國粹學派中不時可以見到這方面的言論。而變法派的梁啟超在一九〇一年以後陸續所寫的文章，像〈中國史敘論〉第五節中講人種、地勢，〈新史學〉中論「歷史與人種之關係」、「地理與文明之關係」，還有一九二一年所寫的〈中國歷史上民族之研究〉，對當時學者不可能沒有一點提醒作用。王國維在一九一五年所寫的〈鬼方昆夷玁狁考〉、〈古胡服考〉則在提醒人們古代中國民族之複雜性。一九二〇年代至三〇年代的一群史學家，像傅斯年（一八九六——一九五〇）、陳寅恪，也無不有這方面的意識。傅斯年在新文化運動期間早已主張「歷史一物，不過種族與土地相乘積」【一】，他一生的志願是寫成《民族與古代中國史》，所關心的是種族、地理。陳寅恪的歷史著作中，更是處處圍繞着「種族—文化」一環。由於他們的工作，使人們對古代歷史有了一些革命性的看法：在看似一元的歷史格局中發現了多元種族對立及互動的複雜關係，在所謂中國歷史文化之中看出異民族的成分。「地理」的影響則傾向於把歷史現象空間化、地域化，考慮到不同地區之差異及互動。這樣的發展使得在歐洲留學七年多，於一九二七年歸國的傅斯年，一旦接觸到當時國內史學論著時要發出這樣的歡呼——「知國內以族類及地理分別之歷史研究，已有如〈鬼方玁狁考〉之豐長發展者！」【二】

蒙文通顯然也受到種族、地理觀之影響。他所接觸到的可能只是一些零散的訊息，但對一位天資高朗、領受力特別強的學術工作者而言，已經足夠打開一扇天窗。在《治學雜語》中，蒙氏自道「寫《古史甄微》時，就靠讀書時學過些西洋史，知道點羅馬、希臘、印度的古代文明，知道他們在地理、民族、文化上都不相同」【三】，我們如果留意上述談話中「地理、民族、文化」這三個環節，便可了解蒙氏當時史學觀點之一斑了。

我推測蒙文通在形成「民族、地理、文化」多元觀的過程中，可能還受到日本思想界有關「風土」的新學說的影響。《古史甄微》中說：「海東學者每言，印度以天產極豐，可不勞而活，故有印度之文化發生，歐洲土地磽薄，非勤勞無所得食，故自然科學不興於東方，不成於智力卓絕之印度人，惟歐洲人獨能創之，則地理關於文化之重要如此。茍推此以究中國上古之文化，亦正相同。」他又說：「海東學者以希臘文明之發生，以其國小多山，土地磽瘠，食物不豐，故多沿海行商於小亞細亞，歐式文明之源，實肇於此。」【四】此處所謂「海東學者」究竟是誰，已經很難考出，在這裡附帶一提的是日本哲學家和辻哲郎（一八八九—一九六〇）在昭

【一】傅斯年：〈中國歷史分期之研究〉，收入傅孟真先生遺著編輯委員會編：《傅斯年全集》（臺北：聯經出版事業公司，一九八〇），冊四，頁一八二。

【二】傅斯年：〈〈新獲卜辭寫本後記〉跋〉，收入《傅斯年全集》，第三冊，頁二六二。

【三】蒙文通：〈治學雜語〉，收入《蒙文通學記》，頁二。

【四】蒙文通：《古史甄微》，收入《蒙文通文集》，卷五，頁六九、七〇。

和年間發表的《風土》一書，與蒙氏前面所提到的論點有近似之處。【一】但《風土》寫作年代與蒙氏撰寫《古史甄微》大約相當，而且也沒有中譯，蒙氏應不可能受到它的影響。不過，當時日本正受德國思想影響，和辻哲郎的觀點即是從德國哲學家赫爾德（Johann Gottfried Herder, 1744–1803）的風土觀念發展出來的，赫爾德的學說在日本影響不小，日本其他學者的類似看法有可能被介紹到中國來而啟迪蒙氏。但這也只是一個推測而已。

總之，在蒙文通的歷史思維中，「種族—地理—文化」三元一體的想法相當清晰，他很早便想寫〈周秦民族與思想〉這樣一篇文章【二】，至於認真研究周秦民族則始於一九二七年冬；在後來寫成的《周秦少數民族研究》中，「種族—地理—文化」三元一體的觀念則已得到充分展現。他說種族之分，後代史家不覺，故往往昧於歷史之真相，其實「族類殊則性情異，好尚別，舉文為德教無一同」，「周秦之間，種族之變為之也」，「周秦學術之犖犖大者，即此三、四端而止耳，而皆民族之故也」，「夷夏之爭即儒法之爭」。【三】而蒙默先生將蒙文通著作的一部分編成《古族甄微》、《古地甄微》、《古學甄微》，正好概括了蒙氏史學中種族、地理、文化三個重要元素。

五

在《古史甄微》中，我們可以看到蒙氏用逆推法，由古代學術及古代史事之分為三系，上溯為古代民族三系之分。

《古史甄微》一開始便臚列了《孟子》書中的十三件古事，由各系對同一史事說法之不同推論那是起因於齊魯、三晉、楚三方學術之不同，再由三方學術之不同推論「古民族顯有三系之分」——蒙文通說「六經、《汲冢書》、《山海經》，三者稱道古事各判，其即本於三系民族傳說之史固各不同耶」。【四】而從先前的討論中可以看出齊魯、三晉、楚三方學術不同之論，正是由廖平經蒙文通一路發展而來的。

他進一步由各種史料區分出上古中國有「海岱—泰族」、「河洛—黃族」、「江淮—炎族」

【一】《風土》先在《思想》上連載，極為風行，一九三五年才整理成書出版，成為日本近代思想經典，關於兩人風土觀點相近處，見《風土》第二章。關於赫爾德思想對《風土》之影響，見該書第五章一節至四節討論赫爾德的風土學。和辻哲郎：《風土》，收入《和辻哲郎全集》（東京：岩波書店，一九七七），卷八。

【二】蒙文通：〈井研廖師與漢代今古文學〉，《經史抉原》，收入《蒙文通文集》，卷三，頁一三六。

【三】蒙文通：〈周秦少數民族研究〉，《古族甄微》，〈序一〉，收入《蒙文通文集》，卷二，頁五、七。

【四】蒙文通：《古史甄微》，收入《蒙文通文集》，卷五，頁四。

三系，而其中又以居於東方沿海的泰族為最早。他說「邃古之王者，多在東方沿海一帶」，「風姓之族先於炎、黃二族居於中國，當即為中國舊來土著之民，自東而西，九州之土，皆其所居」，後來「炎族起於西南，黃族起於西北，而風姓之國夷滅殆盡」。【一】泰族的特色是富於研究思考，留意天文、地理、物類，儼然是東方之希臘，「開發中國之文化者，胥泰族之功也」；黃族則是一個強武而優於政治組織之民族，儼然是東方之羅馬；炎族是崇幽靈、信鬼神之民族，很像是印度；而中國之文化乃泰、黃、炎三族所共建。【二】上古時代五帝各傳數十世，或數百千年，三族更互為王，互有起伏，一直到夏代才歸於和睦。【三】

蒙文通認為古代中國文化有幾個階段：第一階段起於渤海地區【四】，故說「上世華族聚居偏在東北」，「中國大陸，古代人跡始居之地，可考見者即在九河」【五】，「長江上游非先民之所至，白山黑水實漢族之故居」；漢族原在東北，「至夏定為九州，而東北遂以為廢棄」。【六】第二階段是盛於山東地區，故齊魯於上古為軍事政治商業之中心，亦遂為最古老之文化發祥地。【七】第三階段則光大於三河（伊、洛、黃河）地區。

蒙文通說上世華族聚居偏在東北，故以泰山為天下之中；後來以嵩山為天下之中者，是都三河之事；以華山為天下之中者，是周人宅豐、鎬之事也。整個過程是由東向西移，是「以次由東北而西南，非西北而涉東南」。【八】

《古史甄微》的內容很豐富，不是以上幾點所能概括的，不過前述的論點牽涉到兩個學界爭論不休的問題：中國文化發展究竟是自西至東，還是由東而西的問題。晚清以來，中國「古代文化自西而東」之說甚囂塵上【九】，但蒙文通在《古史甄微》中表示「我華族之自東而西」，日愈向西南進，而且「非惟漢族，即在夷狄，亦多自東而西」。【一〇】蒙文通之說也與古來相承的中原中心擴散論相左。自古以來，人們心中所持的多是中原中心擴散的觀點，即使到近代，錢穆（一八九五—一九九〇）於一九四〇年出版的《國史大綱》仍然認為「（中國文化）沿黃河兩岸，以達於海濱，華夏民族，自虞夏商周以來，漸次擴展以及於長江、遼河、珠江諸流域，

【一】蒙文通：《古史甄微》，收入《蒙文通文集》，卷五，頁五六—五七。
【二】同上，頁六四—六七。
【三】同上，頁五四。
【四】蒙文通說：「中國文化之起於勃海，盛於岱宗，光大於三河。」見蒙文通：《古史甄微》，收入《蒙文通文集》，卷五，頁四二。
【五】蒙文通：《古史甄微》，收入《蒙文通文集》，卷五，頁三三、六一。
【六】同上，頁五、六、四。
【七】同上，頁三九。又於頁三四及頁六八中，特別強調山東在上古歷史之地位，說「上世帝王者，多作都於魯」，「鄒魯者，既開化最早，中國文化之泉源，而又中國歷史文化之重心也」。
【八】同上，頁三三—三四。
【九】同上，頁七一。
【一〇】同上，頁三四、三六、七一。

並及於朝鮮、日本、蒙古、西域、青海、西藏、安南、暹邏諸境」。【一】但蒙文通以他的三系統證明自古以來的華夏中心擴散說是靠不住的。

而古代三系之史的不同，與三方之學不同、三方之文不同是串聯在一起的。蒙文通說縱橫、法家，乃三晉北方之學；道家如老莊，詞賦家如屈原、宋玉，都是南人，則辭賦、道家本是南方之學；六經儒墨之流，則是東方鄒、魯之學問。他又說古代文章也有三系之不同：他講西漢文章時，便說劉向、匡衡、董仲舒的文章，是源出於魯人的六經；鄒陽、枚乘、王褒之文，是出於楚人之詞賦；賈誼、晁錯、賈山的政論，是出於三晉縱橫法家之學說。故西漢文章之變，也是以此三系文化為本。【二】

在世人眼中，蒙文通是一位文化保守主義者，但是他的學術觀點往往與當時的新派思想互相參差，不能僅以「保守」或「趨新」截然劃分。在《古史甄微》等書中即處處展現出一種批判性眼光。

就史料而言，他尊信非正統史料遠過於六經，先是說三晉古史比儒家經典可信，到《古史甄微》時則說「古史奇聞，諸子為詳……而六藝所陳，動多違忤，反不免於迂隔……自足見儒家言外若別有信史可稽」。《山海經》、《楚辭》等過去認為是齊東野人之語者，實皆可信，「則謂六經之所美刺為實事者陋矣」，並說孟子所駁斥的古史比較可信，孟子所主張的古史反而不可信。在《古史甄微》一書中他大量徵引各種前人認為荒誕不經的材料，尤其是大量使用緯書——緯書對他的古史解釋起了最關鍵的作用，因為只有緯書中有五帝各數百年之說【三】，這些恐怕不是抱持傳統心態的學者所能完全同意的。

《古史甄微》拆散了古代聖王祖孫一系相傳的架構，以不同族系之間勾心鬥角的故事取代了三代聖君賢相的舊說，古代的聖君賢相多在非議之列。蒙文通說周文王「率戎以侵中國」，又批評周公對殷人過於慘刻，批評孔子為維護貴族世卿之制等，不一而足。【四】這些論點的震撼力是很大的。蒙氏自己早已覺察到這部書蘊含着前所未有的激烈意義，故形容自己是「而說此非毀堯、舜，譏短湯、武，狂悖之論哉」。【五】

《古史甄微》中有一個主旋律，即三代是「權力」角逐而非「道德」興盛的時代。它說三代之興衰皆取決於得失諸侯——「蓋五帝三代其得天下則以得諸侯，失天下則以失諸侯」，尤其是說三代之興皆得「夷狄」之助——「虞、夏禪讓，其事多疑」【六】，「虞、夏間揖讓之實，

【一】錢穆：《國史大綱》（臺北：臺灣商務印書館，一九七五），〈引論〉，頁二二。
【二】蒙文通：《古史甄微》，收入《蒙文通文集》，卷五，頁一四。
【三】同上，頁三、一〇五、一〇三、五四。
【四】同上，頁一〇四。
【五】蒙文通：《古史甄微》，收入《蒙文通文集》，卷五，頁二。
【六】同上，頁七四。

其關鍵乃在得失諸侯也」，即虞、夏君臣之間互相猜防之情是燎然若昭的。虞、夏之間，實兵戈擾壤，生民困阨，經書中所說的「百姓昭明，協和萬國，黎民於變時雍」，是一種鋪張揚厲之辭。「夫夏之中興也以東夷，商之興也以得漢南，周之興也以西戎，三代之興，胥資於夷狄也如是」。【一】從此，一個由美德築成的黃金古代碎裂了，而且恆在變化中，從此平靜的黃金古代不再平靜了。

《古史甄微》發表之時，疑古之風方盛，古史辨派對於蒙氏拆解古史一元體系，以三皇五帝為後起之說，頗引為同道，但是《古史甄微》中對古史傳說中的女媧、燧人氏、伏羲、神農、共工……等傳說非但不加以摒棄，而且賦予他們特定的歷史地位，這些都是疑古派人物所反對的。而且他處處批評古史辨派，反對輕疑古文獻，認為許多所謂「偽書」，其所據以作偽的材料不必盡偽，他有分別地大量使用《晏子春秋》、《孔子家語》等被高度懷疑的文獻，即表現出與古史辨派根本不同的態度。【二】

前面已經提到過，在近代中國，最早提出古史多元觀的是蒙文通與傅斯年，至於徐炳昶的華夏、東夷、苗蠻三集團之說，則晚至一九四〇年代。【三】蒙、傅二人一守舊，一趨新，但得出來的結論卻有若干相近之處。傅斯年的〈夷夏東西說〉等文章，雖然出現在《古史甄微》之後，但兩者並無沿襲的痕跡，若比較兩者可以發現，他們都認為渤海附近、九河故地（禹時九河應在今天山東德縣以北至天津、河北的河間一帶數百里之地）是中國大陸土地上最早的文明發源地，他們都認為山東是中國古代文明的中心，東夷是古代文明最高、最成熟之種族，他們也都同意中國文化在商、周之前源流既豐富且長久，否則無法解釋後來文明之興盛。【四】

至於華夏一元說的形成，則傅斯年偏向強調歷史記憶之塑造，他說哲學家造了一個「全神堂」，把互相鬥爭的部族和不同時期的酋長或家神都放進這個全神堂中，成為一系相傳的人物。【五】而蒙文通則反過來強調歷史記憶遺忘的過程，認為戰國以前，三系之傳說原甚分明，自呂不韋使賓客各著所聞，集論以為《呂氏春秋》，糅合眾說，號為雜家，太史公、淮南子、韓嬰、劉向等繼之，先秦舊史三系的實況於是歸於泯滅。【六】記憶與遺忘其實是一體的兩面，合記憶與遺忘，乃構成華夏一元之系譜，法國學者雷南（Ernst Renan, 1823–1892）就說過：「遺忘」是國族塑造過程中所必須的。

【一】蒙文通：《古史甄微》，收入《蒙文通文集》，卷五，頁七四、七六、九六、七五、八一。

【二】蒙文通痛斥疑古派言論者，分見於蒙文通：〈治學雜語〉，收入《蒙文通學記》，頁二九；蒙文通：《中國史學史》、〈井研廖季平師與近代今文學〉，收入《蒙文通文集》，卷三，頁二六五、一〇八—一〇九。

【三】蒙文通：《古史甄微》，收入《蒙文通文集》，卷五，頁一三—一四。

【四】參見 Wang Fan-sen, *Fu Ssu-nien: A Life in Chinese History and Politics* (Cambridge: Cambridge Univ. Press, 2000), pp. 98–125。

【五】傅斯年：〈夷夏東西說〉，收入《傅斯年全集》，冊三，頁八八三。

【六】蒙文通：《古史甄微》，收入《蒙文通文集》，卷五，頁一三—一四。

六

最後，我想談蒙文通的「大勢變遷論」。蒙文通一生大部分時間都是在現代中國新學術建置——大學中，從事歷史研究及教學的工作，他曾說自己在四十歲以後才逐漸將經學丟掉，從另一方面看，也就是說他愈來愈成為一位專業史學家。

作為一位歷史學家，蒙文通開展了一種我稱之為「大勢變遷論」的史觀。這個史觀包括兩個方面。第一、「以明變為宗」，即對任何事物，強調其發展變化之過程，及在這個過程中各種分子之間的交互關係。他強調一種類似比利時史家皮繗（Henri Pirenne, 1862–1935）所提倡的看法：歷史現象係海水般一波堆一波，越堆越高，成為波浪，波浪打着不同崎嶇的海岸，隨着地形的不同，濺起各式各樣的浪花；用蒙文通借自孟子的話說是「觀水有術，必觀其瀾」。【一】第二、任何事物，都不可以孤立地看，而必定要聯繫到社會、政治、文化等各個層面來觀察，用他的話說是「事不孤起，必有其鄰」【二】；「觀水有術，必觀其瀾」是縱向的大勢變化，「事不孤起，必有其鄰」，則是橫向的觀照全局，綜合兩者，便是蒙文通所常說的「全、變、深」。【三】

此處先談「觀水有術，必觀其瀾」，蒙文通這方面的言論很多，此處僅引幾條：

文化由層積而興。【四】

夫學安有不百年積之而可一朝偶致者耶。【五】

蒙文通的歷史解釋經常扣緊這個觀點，主張討論某一件史事時，總要往前推很長一段時間，以見波瀾是起伏曲直的歷史長流所堆疊匯聚的結果。如他對道教的解釋，充分掌握發展變化之關係；又如他說李冰作都江堰「深淘灘、低作堰」的原理，必定是長期積累經驗而成，而非李冰所能短期提出。【六】如他講朱子（一一三〇—一二〇〇）時，認為一個時代有「離心力」與「向心力」兩種力量，從南宋到元，朱子的地位特別高，並不是因為朱子學問超越古今，而是從中唐以來離心力強，到南宋向心力增強，所以經元代一直到明代，把朱子的地位抬高了。他講王安石（一〇二一—一〇八六）變法也不側重個人，而側重歷史大勢變化之必然性。【七】

【一】龔謹述：〈蒙文通先生傳略〉，收入《蒙文通學記》，頁一九一。
【二】蒙文通：〈評學史散篇〉，收入《蒙文通文集》，卷三，頁四〇三。
【三】朱瑞熙：〈文通師論宋史〉，收入《蒙文通學記》，頁一七九。
【四】蒙文通：《中國史學史》，收入《蒙文通文集》，卷三，頁二六三。
【五】蒙文通：〈井研廖季平師與近代今文學〉，收入《蒙文通文集》，卷三，頁一〇七。
【六】蒙文通：〈治學雜語〉，收入《蒙文通學記》，頁三七—三八。
【七】以上分見朱瑞熙：〈文通師論宋史〉，收入《蒙文通學記》，頁一七九—一八〇、一七七。

「大勢變遷論」的另一個附帶意旨即發展變化說。我個人特別注意到蒙文通講宋明理學時所持的一種發展變化觀點。他在〈致張表方書〉、〈致酈衡叔書〉、〈答洪廷彥〉中區分古代言性之兩派，一為「先天（預成）論」，一為「發展變化之論」。他說儒家之學，「自周易以下迄宋明，皆深明於變動之說，惟於發展之義則儒者所忽」。他說宋儒認為人之初生，性原為善，復原反本，即為聖人，基本上是對孔、孟思想的誤解。朱學末流之弊是即物窮理，王學末流之弊是滿街堯舜，而這看似相反的兩派其實都是深入「先天預成論」後所產生的毛病。他到一九五〇年代開始想着手闡發陳確（一六〇四—一六七七）以下的一派人物的思想，便是想用發展論來補救宋、明人「先天預成論」式的性善說。陳確主張應該把性想像成是種子，而不是想像成寶珠，既然是種子，則要經過種植栽培，日日發展才能成長，一如人之有賴於修養，「由晦而明，由弱而強，猶薑桂之性老而愈辣，非易其性，特益長而益完」。【一】

至於「事不孤起，必有其鄰」，我要引他的兩段意味深遠的話來說明：

> 研究歷代的兵制，要「從經濟上考察」。【二】

> 文化的變化，不是孤立的，常常不侷限於某一領域，因此必須從經、史、文學各個方面來考察，而且常常還同經濟基礎的變化相聯繫的。【三】

他深入梳理「歷史事件的互相聯繫的關係」後【四】所作的研究和論斷相當多，此處僅舉兩例。蒙文通常常談起唐代中期及明代中期兩個大變化，前者開啟宋代新儒學，後者開啟清代學術。對於前者，他說「事不孤起，必有其鄰，有天寶、大曆以來之新經學、新史學、新哲學，而後有此新文學（古文）」【五】，譬如褒貶義例編年通史之學，「在唐為異軍突起，蓋亦為新學術的反映，而與古文、經學之變同時發生」。但他強調從唐到五代，這一新學術都沒有能夠成為學術界的主流，一直到宋仁宗慶曆以後才勃然興盛，此後無論朝野都是它的天下。【六】他在討論明代中期的大變化時說：「如明代中葉正德、嘉靖以來，學術界就已逐步發生變化，產生了一個反對宋人傳統的新風氣，提出文必西漢，詩必盛唐，不讀唐以後書的口號，從文學首先發動，漫衍到經學、理學等各個學術領域。王陽明正是在這一風氣下起而反對朱學的，李贄也是

【一】以上三封信見蒙文通：《古學甄微》，收入《蒙文通文集》，卷一，頁一五五——一六四，引文見頁一五五。
【二】朱瑞熙：〈文通師論宋史〉，收入《蒙文通學記》，頁一八二。
【三】蒙文通：〈治學雜語〉，收入《蒙文通學記》，頁三三。
【四】蒙文通：〈中國歷代農產量的擴大和賦役制度及學術思想的演變〉，《古史甄微》，收入《蒙文通文集》，卷五，頁三七二。
【五】蒙文通：〈評學史散篇〉，收入《蒙文通文集》，卷三，頁四〇三。
【六】蒙文通：〈中國歷代農產量的擴大和賦役制度及學術思想的演變〉，《古史甄微》，收入《蒙文通文集》，卷五，頁三六九、三七二。

從這一風氣接下來。」【二】同樣地，這個風氣在明代未能佔優勢，到清代才成為主流。【二】

七

在討論過蒙文通的古史多元論及大勢變遷論之後，我想對其工作的價值意涵作一評估。蒙文通在民國學術界通常被歸納為文化保守主義者，他在北大執教不久即未獲再聘【三】，主要是與當時的新派在文化觀點上的重大差異，使得兩者不可能水乳交融。

不過，我們應該對「文化保守主義者」與「守成主義者」略加區分。近代的文化保守主義者並不是守成主義者，前者是多少受到近代西方文化的洗禮然後回過頭去尊儒，後者是要以傳統的見地來尊儒。故近代的文化保守主義者常常微妙地修改傳統的文化體系，一方面與新派對抗，一方面用自己的方式捍護舊的價值系統。錢穆與蒙文通顯然屬於前者。

但是由廖平到蒙文通，捍衛傳統的方式顯然是有所不同的。經學家的廖平要把「理想」與「事實」合一，要把「研究」和「應用」合而為一，要用經學指導人們未來「應該」如何。作為一位史學家，蒙文通在晚年的〈孔子和今文〉中批評他的老師廖平「雖然把理想的制度保全了，但卻把真正的三古制度搞得混亂了」。【四】從「理想」到「事實」之間，蒙文通走了漫漫長路，他的成名著作旨在呈現歷史「事實」，把一個用美德築成的黃金古代拆散了，但是作為一位文化保守主義者，他仍不忘保全某種程度的理想價值。在放棄了經學式的信仰，在菲薄聖人譏短湯武之後，他仍然回過頭來，以一位現代史學家的身份重新估定儒家的價值。

蒙氏在評價古代思想之後，仍以魯學為正宗，以儒家之學為正宗，《古史甄微》認為「《莊》、《老》沈痾，若在膏肓，荀、韓所陳，有同廢疾，思孟深粹，墨守無間，必讀而辯之，而後知東方文化中之東方文化，斯於學為最美」。【五】

對於古代歷史，他極力反對康有為的上古之世茫昧無稽之説，而主張遠古文化，既久且高，如三代文化皆甚樸陋，則春秋戰國文化不可能如此之盛。【六】

即使蒙文通逐漸放棄了經學專業，也並不表示他抹煞了經學的特色，他反對以西方學術之分類、衡量、劃分經學，故説：

【一】蒙文通：〈治學雜語〉，收入《蒙文通學記》，頁三二。

【二】蒙文通：〈中國歷代農產量的擴大和賦役制度及學術思想的演變〉，《古史甄微》，收入《蒙文通文集》，卷五，頁三七四。

【三】錢穆的《師友雜憶》中曾經對蒙文通在北大執教不久便未再獲聘書作一解釋，他説是因為蒙先生上課時學生聽不懂他的口音，又從不曾到胡適府上拜訪之故。見錢穆：《師友雜憶》（臺北：東大圖書公司，一九八三），頁一五六。

【四】蒙文通：〈孔子和今文學〉，收入《蒙文通文集》，卷三，頁一七六。

【五】蒙文通：《古史甄微》，收入《蒙文通文集》，卷五，頁一五。

【六】蒙文通：《中國史學史》，收入《蒙文通文集》，卷三，頁二六三。

自清末改制以來，昔學校之經學一科遂分裂而入於數科，以《易》入哲學，《詩》入文學，《尚書》、《春秋》、《禮》入史學，原本宏偉獨特之經學遂至若存若亡，殆妄以西方學術之分類衡量中國學術，而不顧經學在民族文化中之巨大力量、巨大成就。【二】

他心目中的「經學」非史學，非哲學，非文學，集古代文化之大成，為後來文化之先導，是具有法典性質的宏偉獨特之學。我還必須在此強調，雖然本文追索蒙氏「經學→史學」的發展歷程，但以蒙文通的整體學術而言，史學只是他的主要工作之一，而不是全部。蒙氏屬於通儒一輩，主觀上並不以專家自限，其根本關懷，還是儒學整體。

由先前的討論可以看出，在尊重傳統的大方向上，蒙文通與廖平之間並無太大不同。不過，廖平原先是為了尊孔而拆散一元的舊架構，在蒙文通則用「種族—地理—文化」的觀點把它們重構成一個非毀周、孔，譏短湯、武的古史多元論。廖平用他獨特的經學體系支撐起一個龐大的價值系統與西方對抗，但置身於現代學術社群中的蒙文通不像老師般那麼自由，他的史學工作必須在現代史學社群中受到檢驗，他只能是歷史主義式的，就歷史上的儒家在當時的歷史情狀中所值得肯定的部分加以闡發。前者可以任意建構包羅廣大的系統，後者只能守住幾根樑柱；一個是經學或哲學地肯定傳統文化，一個是歷史地肯定傳統文化。

西方基督教神學體系在逐漸被侵蝕瓦解之後，西方思想界發現他們不再有基督教神學體系所提供的那些堅確不移的大經大法作為依據，故十八世紀啟蒙史家走的是一種所謂「反歷史的歷史研究」方式，即不顧個別歷史事實，不顧實際歷史的差異性，從古往今來的歷史事件中抽離出一些普遍的通則，伏爾泰（Francois-Marie Arouet Voltaire, 1694–1778）、康多塞（Marquis de Condorcet, 1743–1794）等人的歷史著作即為顯例。【二】中國在經學思維衰落之後，隨之而來的也有一度是伏爾泰、康多塞式的，尋找普遍公理公例的啟蒙史學（如梁啟超等），不過這一史學潮流持續不是太久。從一九三〇年代起左翼史學比較帶有尋求新大經大法的意味，然而學術界裡佔主流地位的是帶有實證主義色彩的客觀史學，如何在史學中找出大經大法並不是他們主要的關懷。

大體而言，由經學到史學，在價值層面上發生深刻和廣泛的轉變。經學思維提供的是恆常不變的、確定性（certainty）的價值，但在現代史學思維中，世界恆在「變遷」中，所以，任何價值都是特定時代、特定環境下的產物，既然史學的首要任務是探求個別歷史事實（facts）的真相，而且所有東西都被「歷史地」研究，故放諸四海而皆準的通則不再是關心的重點，當然也嚴重地衝擊了「大經大法」式的思維。因此，後經學時代顯然留下巨大的價值空白，至

【一】蒙文通：〈論經學遺稿三篇〉，收入《蒙文通文集》，卷三，頁一五〇。

【二】見 Carl Becker, *The Heavenly City of the Enghteenth-Century Philosophers*, chapter 2 & 3。

少，也逼迫人們去思考是不是還可以用其他方式去重建確定的、恆常的價值系統。

歷史的思維常常左右了人們對現實生活的思考。近代的古史研究一方面質疑誰是「中國」、誰是「華夏」，一方面質疑了黃金古代，當聖君賢相揖讓而治的世界被赤裸裸的權力鬥爭所取代，人們看待人生萬物便很難再持傳統的眼光——人類是生活在一個永遠競逐、流動、變化的世界，古代如此，現代亦如此。以上種種有關價值系統的問題，是討論近代中國由傳統經學過渡到現代史學時所應該繼續探討的議題。

本文原發表於《歷史研究》，二〇〇五年第二期，頁五九—七四；修改後收入蒙默編：《蒙文通學記》（增補本）（北京：生活．讀書．新知三聯書店，二〇〇六年十一月），頁二七一—三〇二。

什麼可以成為歷史證據

——近代中國新舊史料觀點的衝突

史學史的研究至少應該包括兩個層次，一方面是研究史學意識的發展，另一方面是史家們實際上如何作研究。因為出現在史學方法論教科書上的並不一定反映在實際工作的層次。把過多的注意力放在里程碑式的宣言，而忽略了在實際研究工作中眼光及方法的轉變，其實有所缺憾。

關於傅斯年（一八九六——一九五〇）及他所創立的歷史語言研究所——中國近代歷史上第一個專業的史學研究機構——已經有相當多的研究。不過包括我自己在內，在研究傅斯年時，不知不覺地出現了一種「本質主義」的傾向，把太多注意力放在〈歷史語言研究所工作之旨趣〉（以下簡稱〈旨趣〉）一文的解析，而對〈旨趣〉一文的討論，又過度關心傅氏及他所領導的史語所究竟可以歸諸西方哪一學派。一般認為，傅斯年所倡導的是德國的蘭克史學，不過我們需要注意的是：傅斯年一生只提到蘭克（Leopold von Ranke, 1795-1886）兩三次，他的藏書中沒有任何蘭克的著作，而他留學英、德兩國，並非專修歷史；傅斯年在英、德的求學生涯，主要的精力是了解西方學術整體發展的情形，所以他的藏書幾乎包括當時西方學術的每一個方面，這使他不曾得到任何學位，但也使他可運用各種工具治史。[一]本文想探討的是他在實際領導史語所展開工作時，究竟如何實踐他所謂的新史學，還有新學術的社會條件、新學術與「國家建構」（state-building），以及新學術與晚清至民國以來政治社會問題的糾纏。

一、對舊史料觀的反省

傅斯年以「史學就是史料學」一語聞名。至今，許多人仍將他所創立的史語所稱為「史料學派」。這樣的標籤不一定正確，不過，也反映出「史料」確實在他所提倡的新史學中居相當核心的地位。討論傅氏新史料觀時必須強調幾個前提。第一，傅氏領導同時代中與他有相近史學觀點的新學者以實踐其新史學，他把這一群人從各個地方找來領導史語所的相關各組，從事「集眾式的研究」。第二，傅斯年等人所展現的一些史料觀點，先前不是完全沒人分別提到過，但是出現在討論史學方法的文章上的論述，不一定展現在史學家日常的實踐中。第三，以集體的力量搜尋新史料成了一般口號，形成了一種集體的自覺，而不僅止於是個人的嗜好，也是自此開始。第四，討論新史料觀必須了解舊史料觀是什麼，這必牽涉到兩方面的問題：一、傳統學者認為什麼是學問？知識的最後判準是什麼？包括哪些範圍及內容？二、傳統學者們認為什麼可以作為史學的「證據」？對文字資料的「迷戀」（obsession），以及學術帶有「古董化」傾向兩點，是新學者

【一】關於傅斯年藏書中無蘭克著作一事，參看 Wang Fan-sen, Fu Ssu-nien: *A Life in Chinese History and Politics*（Cambridge: Cambridge University Press, 2000），pp. 62–63。傅斯年在英留學的紀錄中並無史學方面的課程，在德正式修課的記錄，見王汎森、杜正勝主編：《傅斯年文物資料選輯》（臺北：傅斯年先生百齡紀念籌備會，一九九五），頁五三。

對舊史家的主要批評。而所謂「舊史家」常常是指清儒或是受清儒影響的學者。

相對於明儒，清儒對「知識」與「證據」的看法相當不同，心學籠罩下的知識分子基本上認為「心」才是知識最終的來源與根據，但清儒認為記載在經書上的文獻知識，才是知識的根源。此外所有相關的文獻及實物，包括子書、佛藏、道藏等，都是經學之附庸。或許它們後來獲有獨立的地位，甚至「婢作夫人」，但至少在一開始及相當長的時期內都只是經學的婢女而已。【一】所以如果以什麼是「事實」(fact)、什麼是「重要」(important) 作為判準，那麼在清代，經書的研究大抵即兼為「事實」與「重要」。

但是在經典考據學發展的過程中，也逐漸形成「求其古」與「求其是」兩派。前者以吳派為主，強調追尋最古的經典注疏。【二】因為西漢的注疏最古，最接近孔子及其弟子們活動的時期，吳派學者認為，如果能將它們好好地整理出來，可以對儒經的原始面貌有最直接的了解。另一派主張「求其是」，以皖派為代表。他們主要認為古儒家義是一個固定不移之物，故不分解與變動，他們想在各種詮釋中尋得一個最恰當的解釋。在清代，一般學者推崇「求其是」一派勝過「求其古」一派，那是因為清儒最關心的是如何對經書求得一個最合於聖人本意的了解，而不是每一代人如何了解聖人。到了民國時代，經書的神聖地位動搖了，開始有人認為，如果以歷史發展的眼光看，「求其古」一派更有勝處，因為他們至少不會將不同時代的詮釋混在一起，「求其古」之一派所整理的歷朝經解，其實即是等於歷朝的學術史料，譬如他們所輯出的漢代經解，即是漢代學術史材料。【三】也就是說，經過他們的手，一層一層的史料被梳理清楚了。

清代在惟六經三史是尚的研究典範下，所用的方法及材料偏向內循環，基本上是從文字到文字，從文獻到文獻，間有實物的研究，也是為了佐證或釐清文獻裡的記載，盡可能地將它與六經三史或與文字史料相聯繫，所以重視的是銘文、著錄之校勘，以及傳遞源流等等，而不大留意實物還可以告訴我們什麼其他的知識。在這樣一個典範中，所重的是功力，而不是理解；所重的是如何在文字證據中作考證與判斷，而不是去開發文字以外的新史料。但是，從文獻到文獻的過程中，即使下了極大的工夫，累積了極深厚的功力，許多問題還是無法得其確解。繼承山東考據學大家許印林（一七九七—一八六六）之緒餘的金石及古史家王獻唐（一八九七—一九六〇）就批評清儒是「古董式之學術」：

獻唐昔年治學，頗摭拾鄉先輩許印林先生緒餘，以音求義，又以義求音，其術殆出於

【一】關於這一點，胡適在〈《國學季刊》發刊詞〉及〈治學的方法與材料〉中已詳述。見《胡適文存》（臺北：遠東，一九九〇），第三集。

【二】傅斯年：《性命古訓辨證》，收入《傅斯年全集》（臺北：聯經出版事業公司，一九八〇），第二冊，總頁五〇一—五〇二。

【三】同上。

> 高郵，蓋印林為伯申先生弟子故也。近歲漸悟清人所治聲音訓詁，多為死音訓詁，古自古，今自今，結果只造成一種古董式之學術，供人玩賞而已。【一】

王獻唐所感嘆的，也正是後來李濟（一八九六—一九七九）等人所感嘆的——經過有清三百年，學術是「古董式之學術」。這是一群既深悉清儒的工作，又受到現代學術洗禮的新學者提出的反省。大概在一九二〇年代至三〇年代，中國一群領導性的史學家不約而同地提出新的反省，他們對史料的態度有一個革命性的變化，這些人包括胡適（一八九一—一九六二）、傅斯年、顧頡剛（一八九三—一九八〇）、李濟等。他們的文字分散各處，如果稍加比輯，可以發現一個認識論上的改變。首先，對這一代人而言，傳統的權威已經幾乎倒塌了，所以六經在他們看來都只是史料了——是供人研究的材料，而不是讓人尋求治國平天下的大道理之所在。在這個前提之下，他們同時也提倡一種歷史發展的觀點，也就是平等看待每一時代學術思想材料的價值，不再以為只有那最高點才有價值。

在歷史發展式的史料觀之下，注意力不再局限在那最高的一點。每一時代，甚至每一階層的人所留下的史料都有相等的價值，所以產生了蔡元培（一八六八—一九四〇）所形容的「平等的眼光」。「平等的眼光」有多方面的作用，它解放了以經學為正統的舊局，同時在史料的範圍及意義上也有擴充。既然是平等看待每一時代，平等看待每一階層的歷史，治史的問題及史料的範圍便前所未有地擴大了。

首先談胡適對舊史料觀的批評。胡適在一九二三年的〈《國學季刊》發刊宣言〉中表達了他對清儒經書中心主義之不滿：

他們脫不了「儒書一尊」的成見，故用全力治經學，而只用餘力去治他書。【二】三百年的心思才力，始終不曾跳出這個狹小的圈子外去！【三】他們排斥「異端」他們得着一部《一切經音義》，只認得他有保存古韻書古詞典的用處；他們拿着一部子書，也只認得他有旁證經文古義的功用。他們只向那幾部儒書裡兜圈子；兜來兜去，始終脫不了一個「陋」字！【四】

胡適也指出受清儒影響的學者有「古董家的習氣」，也就是不管任何學問，皆注意最古的東西，而忽略其餘：

【一】引自山東大學歷史系張書學等：〈新發現的傅斯年書札輯錄〉，未刊稿。
【二】《胡適文存》，第二集，頁四。
【三】《胡適文存》，第二集，頁四。
【四】同上，頁六。

近來頗有人注意戲曲和小説了；但他們的注意仍不能脱離古董家的習氣。他們只看得起宋人的小説，而不知道在歷史的眼光裡，一本石印小字的《平妖傳》和一部精刻的殘本《五代史平話》有同樣的價值……【一】

在一九二八年九月所寫的〈治學的方法與材料〉中，胡適批評清儒的史料觀，認為這三百年間的學術「方法雖是科學的，材料卻始終是文字的」，「故這三百年的學術，也只不過是文字的學術」【二】，是「紙上的學問，紙上的工夫」，「文字的材料有限，鑽來鑽去，總不出這故紙堆的範圍，故三百年的中國學術的最大成績，不過是兩大部《皇清經解》而已。」【三】紙上的材料只足以形成一種內循環——「紙上的材料本只適宜於校勘訓詁一類的紙上工作，稍稍踰越這個範圍，便要鬧笑話了。」【四】

最有意思的是，對他們形成最大挑戰的是西洋漢學家如高本漢（K. Klas Benhard, 1889–1978）。這恐怕是因為西洋漢學家所治的問題常與乾嘉諸儒相似，而以不通中國之人竟能在幾年之間勝過三百年漢學家之成就，使得他們大為驚嘆。胡適便説高本漢「有西洋的音韻學原理作工具，又很充分地運用方言的材料，用廣東的方言作底子，用日本的漢音吳音作參證」。用了幾年工夫便可以推倒顧炎武（一六一三——一六八二）以來三百年的中國學者的「紙上工夫」。【五】他的結論是向來學者所認為紙上才能解決的學問，如今都要「跳在故紙

堆外去研究了」。【六】

接着談傅斯年。傅斯年的史語所工作〈旨趣〉，年代與胡適〈治學的方法與材料〉對史料的看法幾乎一樣的，這兩篇文章看不出有互相影響的痕跡。傅斯年在這篇文章中表達對局限於紙上的文字史料的不滿，故主張要「上窮碧落下黃泉，動手動腳找材料」。他提到「一種學問能擴張他研究的材料便進步，不能的便退步」。【七】要無限擴大史料，故說「能利用各地各時的直接材料，大如地方志書，小如私人的日記，遠如石器時代的發掘，近如某個洋行的貿易冊」【八】，「近代史學所達到的範域，自地質學以至目下新聞紙」。【九】

傅氏更直接地表示說要「改了『讀書就是學問』的風氣」【一〇】，又說「西洋人作學問不是去

【一】《胡適文存》第二集，頁九。

【二】同上，第三集，頁一一一。

【三】同上，頁一一五。

【四】同上，頁一二〇。

【五】同上，頁一二〇——一二一。

【六】同上，第三集，頁一二一。

【七】《傅斯年全集》，第四冊，總頁一三〇五。

【八】同上，總頁一三〇四。

【九】同上，總頁一三〇一。

【一〇】同上，總頁一三一四。

讀書，是動手動腳到處尋找新材料，隨時擴大舊範圍」。他說「如神祇崇拜、歌謠、民俗、各地各時雕刻文式之差別，中國人把他們忽略了千百年，還是歐洲人開頭為規模的注意。零星注意，中國向來有的」。【二】他甚至宣稱「我們不是讀書的人」。【三】這大概是他那一代人對史料問題最決絕的一句話。

顧頡剛並未多討論史料問題。不過，他於一九二五年已經公開說「凡是真實的學問，都是不受制於時代的古今、階級的尊卑、價格的貴賤、應用的好壞的」，「是一律平等的」，「在我們的眼光裡，只見到各個的古物、史料、風俗物品和歌謠都是一件東西」。【三】所以他於一九二七年為中山大學圖書館所計畫搜集的東西廣及十六類，其中有許多是舊經史家決未想見的。【四】

至於李濟，他是一個考古學家。他在一九二八年十二月演講〈中國最新發現之新史料〉時，強調「就歷史這學問的立場而論，不與古董客一樣，材料不在完整大個，大小是同等價值的」。【五】李濟發現清代雖是古學最發達的時代，可是如果以現代學術的眼光去看，許多方面比宋儒還落後。他在幾十年後曾以北宋呂大臨（一〇四四—一〇九一）《考古圖》（一〇九二）的記載與清末端方（一八六一—一九一一）的《陶齋吉金錄》（一九〇八）這兩部金石學的里程碑著作相比，發現就銅器的出土地一項而言，前者遠比後者詳細。八百年來的士大夫似乎變得愈來愈不了解出土地是研究青銅器的重要材料。呂大臨所定下的一些研究吉金的基本規則逐步被忽棄，只剩下最學究味的工作，對實物的研究被題跋所取代，客觀地了解被古董趣味的欣賞

所淩駕。【六】

當以上這些新學者提出種種不滿時，其實也在批評同時代的舊學者，因為後者與清代學者的心態基本上沒有太大的不同，依然牢守幾種舊觀點：第一是經書中心主義；第二是對文字史料的過度迷戀，忽略實物，即使在面對實物時，也貴鼎彝而忽略日常使用的器具，對銘文題記的重視也代替了實物的研究，而且往往注意文字學的研究而非歷史學的研究；第三是沉迷於搜求宋版書。

新舊史料眼光之扞格，造成了一些隔膜與衝突。首先我要以和本文沒有直接關係的一則事例開始。顧頡剛於一九二七年抱着十六大類史料的目標出發前往各地購書時，他發現整個圖書

【一】《傅斯年全集》，第四冊，總頁一三〇六。

【二】同上，總頁一三一二。

【三】顧潮：《顧頡剛年譜》（北京：中國社會科學出版社，一九九三），頁一一九。

【四】同上，頁一四一。這批東西包括經史子集及叢書、檔案、地方志、家族志、社會事件之記載、個人生活之記載、賬簿、中國漢族以外各民族之文籍、基督教會出版之書籍及譯本書、宗教及迷信書、民眾文學書、舊藝術書、教育書、古存簡籍、著述稿本、實物圖像。

【五】李濟：〈中國最近發現之新史料〉，臺北《國立中山大學語言歷史學研究所週刊》，第五集五七、五八期（一九二八），頁三。

【六】李濟：〈中國古器物學的新基礎〉，收入《李濟考古學論文選集》（北京：文物出版社，一九九〇），頁六〇—六一。

界基本上仍籠罩在以六經三史為中心的史料觀中，全中國的書商與舊藏書樓「正統派的氣息」極重。【一】所以，他想買的與書商們所提供的，形成極諷刺的對比：

> 就是我志在為圖書館購書，而他們則只懂得正統派的藏書。他們心目中以為可藏的只有這幾部，所以送來的書重複太多，一也。我所要的材料，他們以為不應買，所以不肯（實在也不會）替我去搜集，使得我不能完全達到我的計畫，二也。【二】

在圖書市場上所遇到的新舊眼光之矛盾，同樣也出現在檔案的買賣以及考古發掘中。以下我便想以傅斯年創所初期主持的兩件最重要、影響最深遠的工作為例，從細微之處勾勒出兩代人史料眼光之不同及更迭的情形。有意思的是這兩件事都發生在一九二八年、一九二九年，只比顧頡剛為中山大學搜集史料的時間稍晚一點而已。

二、明清檔案

史語所初創時，傅斯年搜集史料的方式及眼光便相當引起同時代人的注意。【三】傅氏是以集團的力量到處尋找材料，這一點，在此前當然也有，譬如北大國學門便有這類活動，但大體而言，在當時中國並不普遍。史語所創所之初便派出三支隊伍，進行雲南人類學知識初步調查、泉州調查、川邊人類學調查【四】，但實際成就不大。明清內閣大庫檔案及殷墟發掘則是當時較為成功的兩件大事。

有關史語所購買明清內閣大庫檔案的過程，已有許多相關的論述作過鉅細靡遺的考論【五】，所以此處不擬再花筆墨講述整個故事。為了說明新舊兩代史料觀的不同，此處只對相關處扼要地加以敘述。

一九〇八年冬，德宗及慈禧太后相繼崩殂，宣統嗣位，醇親王監國，令大臣於內閣大庫中檢取清初攝政典禮之舊檔而不得，故上奏說庫檔無用，請求准予焚毀，並且得到准許。海寧章梫（一八六〇—一九四九）偶於庫書中得到宋人玉牒殘頁，影照以呈張之洞（一八三三—

【一】顧頡剛語，見顧潮：《顧頡剛年譜》，頁一六五。

【二】同上，頁一四三—一四四。

【三】錢穆：《師友雜憶》（臺北：東大圖書公司，一九八三），頁一四六。

【四】這三支隊伍的相關史料在史語所公文檔案中。

【五】如徐中舒（一八九八—一九九一）：〈內閣檔案之由來及其整理〉，收入《明清史料》甲編首本（臺北：中央研究院歷史語言研究所，一九七二再版），頁一—一四；〈再述內閣大庫檔案之由來及其整理〉，《中央研究院歷史語言研究所集刊》，第三本四分（一九三三），頁五三八—五七一。劉錚雲：〈史語所明實錄校勘與內閣大庫明清檔案的整理〉（兩岸古籍整理學術研討會，一九九六）。

一九〇九），張之洞遂持之請教羅振玉（一八六六－一九四〇）。羅振玉表示這即是《宋史·藝文志》所提到的文獻。羅氏認為內閣大庫是明代文淵閣故址，則其中藏書必多，請張之洞詢問其閣僚，果然發現有文淵閣所藏殘破舊書。「鄉人（羅振玉）乃以文淵閣書目進，且告文襄，宜歸部保存，備將來貯之圖書館。文襄以為然。乃委員檢查，且命鄉人時往相助。鄉人於庭中見紅本高若丘阜，結束整齊。既詢知為奏毀物，大駭。亟言於文襄，謂是皆重要史料，不當毀棄。遂與會稽司長任丘宗梓山樹楠謀，裝為八千麻袋移貯部中，已又移貯南學敬一亭」。【一】此中最可注意者，以張之洞這樣的碩學大僚，又是《書目答問》的作者，對此等史料之價值並不能了解，所以並不能察知準備毀棄的高若丘阜的紅本是重要史料。這其實相當準確地反映了清代儒者的知識觀及價值觀。

由於這批檔案是比較殘破不完整的，所以被移置午門，無人看管。在張之洞建議不要將之毀棄之後，有不少官員或因職務或因私人理由陸續前來察看。官員自然不是學者，所以他們不一定用史料的觀念來看待這堆檔案，但他們之中不乏有濃厚學術興趣的學士大夫，即使如此，來來往往的人都只注意夾雜在其中的宋版書或宋版殘頁【二】，退而求其次，也是明版書。所以一旦發現在這堆檔案中找不到上述東西時，便認為它的價值已盡，可以任意處置了。清季最有名的藏書家之一傅增湘（一八七二－一九五〇）前來踏勘之後，便因再三搜尋不再發現宋版書之後，認為它已經毫無價值。【三】總之，他們視書本文獻之價值高過一切，所以對於檔案，尤其是殘破的檔案，還不能敏感到其學術重要性。最後這堆檔案被賣到紙廠作還魂紙。

真正能以較具現代史學之眼光審視這一批檔案的，仍是在近代史料學中極具關鍵地位的羅振玉。他從紙行手上搶救了這一批檔案，並且從中擇取了一些比較重要的，刊成《史料叢刊

【一】甘孺：《永豐鄉人行年錄》（南京：江蘇人民出版社，一九八〇），頁三三—三四。

【二】宋版書的價值是多方面的。在學術上，清代嘉道年間的版本大家黃丕烈（一七六三—一八二五）、顧千里（一七六六—一八三五）的話可以作為一代表。黃氏認為書愈舊愈佳，即最先刻者為佳，說明刻不如元刻，元刻不如宋刻。顧千里甚至說宋本書無字處亦好。論其市場價值，則在明末即以頁論價，汲古主人毛晉（一五九八—一六五九）便曾榜於門曰：「有以宋刻本至者，門內主人計頁酬錢，每頁出二百，有以舊鈔本至者，每頁出四十。」抗戰前浙江圖書館收宋刻《名臣碑傳琬琰集》，是建本，乃所謂宋本之最下者，每頁價達銀元五枚（張舜徽：《中國古書版本研究》，收入《中國古籍研究叢刊》〔臺北：粹文堂書局，無出版年份〕，頁三六—三八）。

【三】李光濤（一八九七—一九八四）：《明清檔案存真選輯》（臺北：中央研究院歷史語言研究所，一九五九）的〈序〉說：「及至傅增湘氏來長教部，他本是富有藏書的名人，所以他很關心這八千麻袋，以為麻袋裡定有好的宋版書『海內孤本』。有一天，他就發一個命令，第一次先搬了二十個麻袋到教部西花廳倒在地上試行檢查。……前後兩次檢查的所獲，大概是賀表、黃綾封、題本、奏本，題本以小刑名案子居多。至於宋版書，有是有的，或則破爛的半本，或是撕破的幾張……也有清初的黃榜，也有實錄的稿本，還有朝鮮的賀正表，也是其中之一寶。而他們對於這些發現比較最感興趣的，便是宋版書。於是傅氏更要大舉整理了。……那時整理的方法，據原來參加這項工作後來又充當歷史語言研究所整理檔案工作的工友佟榮說，當初這些東西從麻袋裡倒出來的情形大概都是整大捆的居多，這樣的自然也用不着什麼整理，只須將一捆捆的提出來堆在一起便算了事。最奇怪的，就是當時整理的工友也不知道是奉到什麼人的命令，大家都一致認真的在塵埃和亂紙中拚命的去找宋版書。當然，工友們也不是版本家，宋版不宋版全無分別，但是只要能夠找出書冊一本，便會現金交易，立時賞以銅元四十大枚（等於銀元二角），其餘的亂紙自然也就視同廢紙了。」（頁一—二）

初編》。【一】但是，當這批檔案輾轉賣到另一位當時中國有數的大藏書家李盛鐸（一八五九—一九三七）之手時，李氏所最留心的，仍是想從中找出宋版書。前有傅增湘，後有李盛鐸，可以看出清代學者的注意力被價值昂貴的宋版書所盤據的情形。

當李盛鐸透露要賣出這批檔案時，史語所很快地在陳寅恪（一八九〇—一九六九）的主導下進行購買。在洽購的過程中，民族主義的情緒是一個重要的力量。當時滿鐵及哈佛燕京社皆挾有鉅資，而史語所的經費則非常困難，陳寅恪在給傅斯年信促請中央研究院買下時，便屢屢說出重話。譬如說：

> 觀燕京與哈佛之中國學院經費頗充裕，若此項檔案歸於一外國教會之手，國史之責，託於洋人，以舊式感情言之，國恥也。【二】

從史語所與李盛鐸往復商洽的過程中，亦可以再度看出不同學術眼光之間的更迭。當交易將定未定之際，李盛鐸表現出他所掛念不置的，仍然是將來萬一在這八千個麻袋中繼續發現宋版殘頁，仍應歸他。【三】在這個關鍵性時刻，陳寅恪在一九二九年三月十日寫信給傅斯年，從其中可以看出新一代史學家所看重的是完全不同的東西。陳寅恪說：

此檔案中宋版書成冊者，大約在曆（歷）史博物館時為教育部人所竊，歸羅再歸李以後，則尚無有意的偷竊。……又我輩重在檔案中之史料，與彼輩異趣，我以為寶，彼以為無用之物也。

這封信中「我輩重在檔案中之史料，與彼輩異趣，我以為寶，彼以為無用之物」等句，最能點出兩代學者眼光之差距。【四】

陳、傅這一輩新學者重視檔案有兩層原因：第一，與他們在歐洲，尤其是德國所受重視歷史檔案的薰陶有關。蘭克便以大量使用教廷的外交檔案著稱。當他們在德國時，編輯檔案史料出版的工作始終大量進行着，尤其是德國中古史的相關檔案。【五】傅斯年本人的藏書中便有這一

【一】按，《史料叢刊初編》的《天聰朝奏疏冊》係轉錄而來，非內閣大庫原檔，見李光濤：《明清檔案存真選輯》，〈序〉，頁六。

【二】一九二八年三月二日函，在「史語所公文檔案」（以下簡稱「公文檔」）元字第四號卷中。

【三】見陳寅恪一九二八年十二月二十七日致蔡元培、楊銓、傅斯年函中，在同前號卷中。

【四】張之洞、傅增湘、李盛鐸等人當然不是嚴格意義的史學家，但在他們的時代中，嚴格意義的史學家並不多。

【五】當時德國出版檔案情形，見James Thompson, *A History of Historical Writing* (New York: Macmillan Press, 1942), vol. 2, pp. 166–168。

類的書籍。他們極度強調第一手史料。傅氏在〈旨趣〉中這一方面的話很多。陳寅恪在一封給傅氏的信上也說：

> 蓋歷史語言之研究，第一步工作在搜求材料，而第一等之原料為最要。【一】

第二是他們幼年時代受晚清革命宣傳影響，認為清代官書實錄經過歷朝改竄，極不可信，所以他們寄極大希望於這一批檔案，甚至在心理上假設會有石破天驚的新發現。一九二八年九月，傅斯年致蔡元培院長要求購買檔案的信中充分透露出這一份心情：

> 午間與適之先生及陳寅恪兄餐，談及七千袋明清檔案事。……其中無盡寶藏。蓋明清歷史，私家記載究竟見聞有限，官書則歷朝改換，全靠不住，政治實情，全在此檔案中也。且明末清初，言多忌諱，官書不信，私人揣測失實，而神、光諸宗時代禦虜諸政，《明史》均闕。此後《明史》改修，《清史》編纂，此為第一種有價值之材料。【二】

因為他們一致認為「此後《明史》改修，《清史》編纂，此為第一種有價值之材料」，所以當後來耗費大量人力整理這批檔案而無石破天驚的新發現時，傅斯年會有所感嘆，李濟遂詢以：

「難道先生希望在這批檔案內找出滿清沒有入關的證據嗎?」【三】

三、殷墟發掘

囤放在午門的明清舊檔，幾十年間曾有大大小小的學者官員前往看過，但都只想在這破紙堆中發現宋版書，而未將眼光放在檔案上面。殷墟也是這樣，這一個廢墟因為出甲骨而著名，在史語所從事發掘之前的幾十年，也不時有人前往勘查，但是眼光之所注都在有字的甲骨。想從午門的爛紙堆中發現宋版的人，自然發覺寶庫已空，應該送進紙廠作「還魂紙」；而對於想要看到檔案的人，則這一堆破紙正是「寶貝」。想在殷墟這一塊遺址中找有字甲骨或青銅器物的人，在經過幾次探勘後亦覺「寶庫已空」，但史語所的學者想求的是文字以外的知識，所以認為它還有無盡寶藏。這兩種史學眼光呈現一種鮮明的對照。此下，我想以不同人不同時期前往殷墟的不同着重之點，看他們所代表的不同學術眼光。

【一】一九二八年十二月十七日，在「公文檔」元字第四號卷中。
【二】一九二八年九月十一日函，在同前號卷中。
【三】李濟：〈傅孟真先生領導的歷史語言研究所〉，收入《感舊錄》（臺北：傳記文學出版社，一九六七），頁八二—八三。

講殷墟，羅振玉又是不可不提的人物。他對殷墟的認識其實是一步一步地成長。殷墟卜骨出於光緒己亥年（一八九九），十年後，也就是宣統元年（一九〇九），羅振玉才從河南古董商人口中知道它的出土地是安陽縣西五里之小屯而非湯陰。羅氏又從刻辭中得到殷代十幾個帝王的名謚，乃恍然悟出這批卜骨是殷王朝之遺物。【一】隔年，他派遣祝繼先、秋良臣兩人大索於洹水之陽，一歲之間，得到兩萬片卜骨。「汰其贋作，得尤異者三千餘」。【二】又隔年（一九一一），他派弟子赴河南訪殷墟遺物。此行除卜骨外，「凡得古獸骨骼齒角及犀象、雕器、石磬雕戈之屬各若干事，皆精巧絕倫，幾與彝器刻鏤同，古良工遺制也」。【三】四年後（一九一五）羅振玉決定親赴安陽踏勘。【四】他到了現場一看，感嘆「寶藏幾空」。【五】

羅振玉幾次派人前往殷墟大索的主要目標，仍是甲骨。他還得到了一些零星古器物，「嘆得睹三千年前良工手跡」。【六】他很能在有字甲骨之外注意到實物。可是因為他的眼光只到此為止，所以在他親自踏勘，確定「寶藏幾空」後就出版了《殷虛古器物圖錄》。此書之出版，有告一總結的意思。

十一年後，當傅斯年派董作賓（一八九五—一九六三）前往安陽時，董先生似乎也仍停留在前一階段的學術眼光。

董作賓的教育背景中並無現代考古學的訓練，所以他對殷墟的預期，與前一代史家羅振玉相近。一九二八年他到安陽後給傅斯年的報告信說，他在三十六個地方試掘十三天後，只發現一小部分甲骨。董先生認為在史語所財務困難重重之際，可以放棄這個計畫了。

他主張放棄，是因為所存甲骨不多，這一想法與羅振玉的「寶物幾藏」相近。這些喟嘆曲折地反映出他們的史學眼光，以發現帶字的甲骨或銅器為主，一旦不再發現這些東西，即認為沒有再進一步工作的價值。

傅斯年給董作賓的回信相當值得注意，那是一種新史學眼光的展示。董先生悲觀地說：「觀以上情形，弟甚覺現在工作之無謂，不但每日獲得之失望，使精神大受打擊，且勞民傷財，亦大不值得。……試想發掘已卅六坑，而得甲骨文字者，不過六、七處，且有僅此三數片者，有為發掘數四之殘坑者，有把握者不及全工五分之一，豈敢大膽做去？」【七】但傅斯年卻樂觀地答覆：「連得兩書一電，快愉無極，我們研究所弄到現在，只有我兄此一成績。……

【一】甘孺：《永豐鄉人行年錄》，頁三八。
【二】同上，頁三九。
【三】同上，頁四一——四二。
【四】同上，頁五五。
【五】同上，頁六二。
【六】同上。
【七】此信在「公文檔」元字第二十三號卷中。

但即如兄弟第二信所言，得一骨骼，得一骨場，此實寶貝，若所得一徑尺有字大龜，乃未必是新知識也。此兄已可自解矣。我等此次工作目的，求文字其次，求得地下知識其上也。蓋文字固極可貴，然文字未必包新知識。」【一】

對於抱持新史料眼光的學者，這空無所存的遺址其實是「觀之令人眼忙」（詳後）的寶庫。傅斯年堅持有字的甲骨並不重要，重要的是地下整體的情形，他甚至慨歎：「不知羅振玉『大獲』時，地下情形如何，當時不知注意及此，損失大矣。」【二】

後來，傅斯年在回憶董作賓這一段工作時，仍強調以舊眼光——即以中國歷來玩古董者之眼光論之——此處寶物已空，但以近代考古學眼光看，則仍是富於知識之地：

> 董君試掘十餘日，知其地甲骨文字之儲藏大體已為私掘者所盡，所餘多屬四下沖積之片，然人骨獸骨陶片雜器出土甚多。如以中國歷來玩骨董者之眼光論之，已不復可以收拾。然以近代考古學之觀點論之，實尚為富於知識之地。【三】

董作賓尋即以殷墟工作超乎其能力為由謙辭領導人之職【四】，李濟被派去負責殷墟的工作。以李濟代董作賓之舉其實也反映兩種學術眼光之更迭。李濟與董作賓的看法完全不同，他在給傅斯年的信上說：

晏堂此次發掘，雖較羅振玉略高一籌，而對於地層一無記載，除甲骨文外，概視為副品，其所謂副品者，有唐磁，有漢簡，有商周銅石器，有沖積期之牛角，有三門紀之蚌殼，觀之令人眼忙。【五】

李濟在給院長蔡元培及總幹事楊銓（一八九三——一九三三）的信中，也說：

此次董君挖掘，仍襲古董商陳法，就地掘坑，直貫而下，惟檢有字甲骨，其餘皆視為副品。雖繪地圖，亦太簡略，且地層紊亂，一無記載。故就全體論之，雖略得甲骨文（約四百片），並無科學價值。惟晏堂人極細心，且亦虛心，略加訓練，可成一能手，並極願

【一】傅斯年：〈歷史語言研究所報告書第一期〉，在「公文檔」元字第一九八號卷中。

【二】此信在「公文檔」元字第二十三號卷中。

【三】傅斯年致河南省政府信，引自〈史語所發掘殷墟之經過〉，收入《傅斯年全集》，第四冊，總頁一三二六。

【四】《傅斯年全集》，第四冊，總頁一三二六。

【五】此信在「公文檔」元字第二十五號卷中。

與濟合作，斯誠一幸事。【一】

李濟於一九二九年在安陽工作了兩季之後，在該年十月間，突有河南博物館館長何日章派人帶河南省教育廳之告示前來禁止中研院繼續工作，並擬自行發掘。此事的導火線是一九二九年五月間，因為軍事突興，安陽駐軍不知去向，縣長亦逃，土匪並起，李濟乃將發掘器物之一部分運往北平史語所。河南地方人士認為此舉違反當初將古物留在河南的約定，故一面向研究院交涉，一面設法自行開掘。何日章（一八九五—?），河南商城人，北京高等師範蒙學部畢業，自云曾問學於羅振玉。

李濟於一九二九年十月二十一日報告傅斯年云，何日章擬來挖掘，他與董作賓已商量了應付之法，準備暫時停工回北平。他強調這並不是退，而是「以退為進」。他表示自己之所以這麼有信心，是因為深知以何日章的史學眼光，所想找尋的必是字骨，而如果以字骨論，當時殷墟已「寶藏幾空」了，李濟說：「蓋彼輩注意者只字骨頭而已，若以此為目標，則小屯希望實少，至於瓦片獸骨，則彼等必無此膽量廣為收集。以此計之，則彼等若三日不見字骨，必心忙，七日不見字骨，必收工。所患者，彼輩挖掘，又多亂幾處地層耳。好在關於此種問題弟等心中已略有把握，多亂幾處固自可惜，然實亦無法挽救。反之，若拒之使其不來，則我輩無此力量，彼卻有地方上之援助。……此次所得甲骨文字甚少，故弟等敢毅然決作此以退為進之打

算也。」【二】

李濟寫信時衝突剛發生，等到何日章真正派人前來時，其工作實況所展現的學術眼光亦正如李濟原先所推測的。可惜，我們沒有何日章這一面的材料可用，未能稽考其史學觀點。不過在中央大學出版的《史學雜誌》中有一篇〈中央研究院歷史語言研究所傅斯年君來函〉，對何日章這邊的工作情況略有描述：「由彼之妻舅警察學校畢業軒君率領『發掘』，無方法，無問題，公然聲言是來找寶貝的。」「遇一墓葬，見頭取頭，見腳取腳，積而成之，不知誰為誰之頭。其葬式之記載，更無論矣！……若地墓問題，更不知何解矣。又專以市場價值為價值。彼等初次到安陽，經介紹到吾等工作地參觀三日，不言何為。見一白瓦片，大喜，謂若置開封，可值九十餘元。近督責工作，亦以誰能找到出寶的地方，則分半價獎之為言。」【三】

傅斯年並未故意扭曲何日章這邊的工作實況。從一九二九年十月二十一日河南教育廳機關報《河南教育日報》上的一條報導，我們可以看出找字骨確實是他們發掘的主要目標。該報載：「河南圖書館館長何日章奉令擬定自掘辦法十二條。」其中多牽涉到人員組織、待遇、經

【一】同上。
【二】李函在「公文檔」元字第一五二號卷中。
【三】〈中央研究院歷史語言研究所傅斯年君來函〉，《史學雜誌》，第二卷四期（一九三一），頁一——二。

費等問題。不過也有幾條記載工作重點。如第五條：「如有人報告甲骨所在地，因而掘獲時得予二元以上至二十元以下之獎勵金。」第十一條：「甲骨運至開封後，精裝玻璃櫃公開陳列。」第十二條：「聘請金石專家羅振玉蒞汴考證出版。」而〈河南省政府公函第三二一二號〉中引何日章的話也說：「安陽地中所存之龜骨等器物，實為河南地方文明之表率，以中國國粹供中國人之研究則可，以河南地方文明之表率，盡移置於他方，則不可。如此請准將掘得器物，仍留在開封保存。」【一】

何日章的觀點還表現在他所散發的傳單及他所主持的河南博物館中的陳設。在河南博物館中，三皇五帝皆有塑像【二】，足見其對古代史事仍採信古態度。史語所當時並不主張疑古，不過對上古史事基本上採合理的批判重建態度。【三】傅氏本人與李雲林爭論〈堯典〉年代以至在火車上揎袖欲打的故事，可以印證此一思想趨向。【四】在何氏所發傳單中，除聲明他是羅振玉學生外，並對中國文字的歷史演變發表了一段相當陳舊的話：

夫文字為民族精神之所賴以寄託，歷史實國家文化之所由以表現，此義至顯，寰宇皆同。而吾國為東方最古之邦，文化策源之地。觀其文字製作之始，造端之閎大，包羅之廣博，孳乳之繁多，年祀之邈遠，絕非世界其他各國所能相提並論。嘗溯庖犧畫卦，倉頡作書，均在洪荒初闢之時。改易殊體，又更六十七代之蹟。至於夏商，始粲然大備，象形指事，精誼發皇。吾人生隸楷迭變之後，讀結繩以降之書，自非宿學專門，潛心冥索，無以辨其跟肘，啟其鐍鍵。自史籀作大篆而古文雜，李斯作小篆而古文亡。魏晉以還，僅恃許氏一書以略窺文字之徑。【五】

在談到甲骨文出土時又說：

羅氏與海寧王國維，致力尤勤，纂述綦富，既據〈項羽本紀〉洹水南殷墟上之文，定其地為殷墟，命之曰殷墟書契，奇文異字，省釋盈千，世系名號都邑遷徙之序，足補龍門之遺闕者，不一而足。字體之瑰琦詰屈，變化錯綜，日月風雷，魚龍犬豕，以至名物制度，無論鉅細繁簡，無不神形俱肖，理性兼存，可見六書之始，首在象形，所謂庖犧觀

【一】此件在「公文檔」元字第一四一號卷中。

【二】傅斯年：〈史語所發掘殷墟之經過〉，收入《傅斯年全集》，第四冊，總頁一三三二。

【三】當時史語所這方面的態度，請參考杜正勝：〈從疑古到重建——傅斯年的史學革命及其與胡適、顧頡剛的關係〉，《當代》，第一一六期（一九九五年十二月），頁一〇—二九。

【四】屈萬里：〈敬悼傅孟真先生〉，收入《傅故校長哀輓錄》（臺北：臺灣大學出版社，一九五一），頁一五。

【五】何日章：〈陳列安陽殷墟甲骨暨器物之感言〉，此傳單存在「公文檔」元字第一四二號卷中。

象於天，觀法於地，視鳥獸之跡，與地之宜，近取諸身，遠取諸物，及倉頡見鳥獸遞嬗之跡，文理可相別異，始作書契。百工以乂，萬品以察諸說，絕非穿鑿附會之詞，皆信而有徵，昭然若揭。若不睹此史籀未作以前之真古文，何由知之。【一】

反觀史語所這邊，既然不是在尋找字骨，又認為已不太出字骨的殷墟是「觀之令人眼忙」的富藏，那麼他們在找什麼？他們的新眼光是什麼？吾人可以一語概括之，即他們想擺脫對文字史料的迷戀，求取一個「整體的觀點」。

蔡元培為《安陽發掘報告》所寫的〈序〉是這樣說的，「古來研究文字者，每每注意在一字一字上，而少留意其系統性，考定器物者尤其是這樣」。但中研院這幾位新史學者「立足點是整個的」，「他們現在的古學有其他科學可資憑藉」。【二】傅斯年也反覆這樣說：「以殷墟為一整個問題，並不專注意甲骨等」【三】，李濟強調的一樣是「對於一切挖掘，都是求一個全體的知識，不是找零零碎碎的寶貝」。【四】

既然是「整體的觀點」，則必涉及材料及工具兩方面之擴充。所以傅斯年、李濟當時的文字中，除一再宣示，一片土可以比一篇文字更有意義外，對於治史工具的擴充也再三致意。工具不只是蘭克學派所強調的紋章學、印章學、泉幣學、古文字學、古文書學之類，如以〈旨趣〉中所言，近代史學的工具包括西方近代自然科學的全部。【五】

傅、李二人都批評前人考古的舊方法最根本的問題是過度局限於文字的材料。傅斯年在〈考古學的新方法〉中說：

> 中國人考古的舊方法，都是用文字做基本，就一物一物的研究。文字以外，所得的非常之少。外國人以世界文化眼光去觀察，以人類文化作標準，故能得整個的文化意義。【六】

傅並強調，一九二八年他一開始派董作賓前往殷墟調查的目標便與前人不同：

【一】何日章：〈陳列安陽殷墟甲骨暨器物之感言〉，此傳單存在「公文檔」元字第一四二號卷中。

【二】《安陽發掘報告》（北平：中央研究院歷史語言研究所，一九二九），第一期，頁一—三。

【三】〈中央研究院歷史語言研究所傅君來函〉，頁二。

【四】〈現代考古學與殷墟發掘〉，收入《安陽發掘報告》（北平：中央研究院歷史語言研究所，一九三〇），第二期，頁四〇六。

【五】〈旨趣〉中扼要地說是「利用自然科學供給我們的一切工具，整理一切可逢着的史料」。（《傅斯年全集》，第四冊，總頁一三〇一）譬如掘地，「沒有科學資助的人一鏟子下去，損壞了無數古事物，且正不知掘準了沒有，如果先有幾種必要科學的訓練，可以一層一層的自然發現，不特得寶，並且得知當年入土的蹤跡，這每每比所得物更是重大的智識。所以古史學在現在之需用測量本領及地質、氣象常識，並不少於航海家」。見《傅斯年全集》，第四冊，總頁一三〇七。

【六】同上，總頁一三四一。

蓋所欲知者，為其地下情形，所最欲研究者，為其陶片戰具工具之類，所最切搜集者，為其人骨獸骨。此皆前人所棄，絕無市場價值。至於所謂字骨，有若干人最置意者，乃反是同人所以為眾庶重要問題之一，且挖之猶不如買之之廉也。【一】

他所標舉的方法其實已涉及西方在二十世紀前二十年才大為流行的嚴密的地層學方法：

吾等每掘一坑，必先看其地層上下之全，並為每一物記其層次，及相互距離，此為考古學之根本工作。不如是，則器物時代皆已紊亂，殷唐不分，考古何云【二】？

至於殷墟，他指出從許多沒有文字的，前人所決不感興趣的材料所能得到的古學知識。譬如人骨與陶，他說：

考古學上最難定的是絕對的時期。而殷墟是考古學上最好的標準時期，便於研究的人去比較：因為這個時期，是史前的一個最後時期，以這個時期的人骨做標準，去比較其他地方所發現的人骨，來定他們的時代先後，可以知道人類的演進是怎樣；同時以殷墟發掘的陶器作標準，推出其他地方的陶器變更情形，及其時代關係，可以斷定其時文化是怎

麼樣。【三】

又如從豬骨及髮鎮等材料也可以推知歷史狀況：「獸骨的種類，有野馬、野鹿、牛、羊等等，豬骨很少，可以證明當年此地尚屬遊牧民族的地方。」「又發現商代的衣冠形式，以及髮鎮（為壓頭髮用的）等項，可以證明當時『衣裳之治』，當時的民族，決非斷髮民族。」【四】此外，居室、獸骨皆可以揭示無限知識——「又如商、周生活狀態，須先知其居室；商、周民族之人類學的意義，須先量其骨骼。獸骨何種，葬式何類，陶片與其他古代文化區有何關係，此皆前人所忽略，而為近代歐洲治史學古學者之重要問題。」【五】

李濟與傅斯年一樣，指出了現代中國學者對於考古學尚有一種很普遍的誤會，以為「考古學不過是金石學的一個別名」。他說這種誤會有兩個來源：（一）因為缺少自然科學的觀念。（二）以為古物本身自有不變的歷史價值。「由第一種誤會就發生一種人人都可考古的觀念，由

【一】《傅斯年全集》，第四冊，總頁一三一七。
【二】同上，總頁一三一八——一三一九。
【三】同上，總頁一三四三。
【四】同上，總頁一三四四。
【五】同上，總頁一三一七。

第二種誤會就發生了那『唯有有文字才有歷史價值』的那種偏見。」【一】他說「土中情形」比文字的材料更能解答許多問題：

> 我們並沒有期望得許多甲骨文字……就殷商文化全體說，有好些問題都是文字中所不能解決而就土中情形可以察得出的。【二】

在〈現代考古學與殷墟發掘〉一文中，李濟反覆聲明耽溺於文字史料是過時的，並強調要得到「整個的知識」。而想得到整個的知識必須有三個前提：（一）一切自然科學的基本知識。（二）人類史的大節目。（三）一地方或一時期歷史的專門研究。而傅斯年在史語所一再提倡的「集眾研究」便在此顯出其意義來——「這些資格也許不必全具於一人，卻一個團體內，總要全代表出來。」【三】他說：

> 我們擬定的工作秩序，有下列的重要題目：（一）殷商以來小屯村附近地形之變遷及其原因。（二）小屯村地面下文化層堆積狀況。（三）殷墟範圍。（四）殷商遺物。

而在這四項題目中，甲骨文只佔第四類中的一小部分而已。【四】

傅斯年、李濟所提倡的方法，對於當時中國的古代史學界是一個相當大的突破。當時最為人所重視的是王國維（一八七七—一九三七）的二重證據法。二重證據法基本上是以地下史料印證文獻記載，而史語所考古工作的方法及意趣顯然已經超出了這個範圍。新史學觀念的說服力，可以拿史語所成立之後中國的檔案及考古方面風起雲湧的工作作為例證。譬如顧頡剛這位以辨古史而享大名的學者，便曾帶團親訪殷墟，在一九三五年所寫〈戰國秦漢間的造偽與辨偽〉的〈附言〉中，他有感而發：「以前中國的上古史材料只限於書本的記載……當然不知道史料可從地底下挖出來的。」【五】李、傅等人所提倡的觀點對不少治金石文字的舊學者產生相當大的說服力，山東的王獻唐便說：

> 從前治金石文字，其材料但能求之地上，不能求之地下，但能求諸文字經史方面，不能求諸社會學、生物學、地質學。故其效果，偏於臆度，而缺乏實驗，偏於片斷，而缺乏

【一】李濟：〈現代考古學與殷墟發掘〉，頁四〇五。
【二】同上，頁四〇七。
【三】同上，頁四〇六。
【四】同上，頁四〇八。
【五】《古史辨》（臺北：無出版時地），第七冊，頁六四。

系統。此非古人聰明不及今人，實其憑借不及今人耳。晚近數年以還，國人治學，漸變前此虛矯之習，趨篤實，其代表此篤實學風，真正運用科學方法，整理新舊材料，不墜其人窠臼者，實以貴院為先導，此非獻唐一人之私言也。【一】

但最有意思的例子還是何日章的考古隊在田野上的表現了。學術新典範取代舊典範的明顯痕跡是舊典範的守護者也對新典範有樣學樣。何日章的考古隊了解史語所正在進行的是一種全新的方法，所以也想模仿，卻知其然而不能知其所以然——「……何氏中僅有一位號稱古學家之關君，從未一履安陽工作之場。率其事者，乃其警官妻舅。無照相專人，僅雇一照相館員學我等工作時照相，而不知其何謂。……陶片則一往棄置，見吾等收之，偶效吾等保留若干。」【二】何日章並抄了一些李濟、傅斯年的方法論。他在一九三〇年元旦所發的傳單〈陳列安陽殷墟甲骨暨器物之感言〉中是這樣說的：

而又以當時發現之後，除文字有所發明外，其他貢獻頗少。殊為考古學者之遺憾，爰本其職守，請教專家，作精密之設計，備詳確之說明，分段興工，重行發掘，匪第取其有記載之骨甲，且於其他器物之形狀種類以及土質顏色、地層紋理、土中位置、距地深淺，莫不詳為記錄，設法影照，務期於古文字外能再有古文化之遺跡，供當代考古家之

探討。【三】

敏感的讀者可以馬上發現他是襲用一九二九年十一月十九日傅氏在河南演講〈考古學的新方法〉的觀點。先前在殷墟的田野上，因無文字參考，故只能有樣學樣。但一旦有了現成文字可抄時，便有了此宣言中的幾種論點。【四】

在討論過傅斯年等人所代表的新史料觀點與舊觀點之間的更迭後，我想以兩點作結。

首先，傅斯年等人新史料觀點基本上是從西方來的，它們之所以能很快得到知識界的信服，與當時整個中國的思想文化生態有關。新文化運動以後，知識分子對舊的傳統失去信心，爭趨新潮，新史料觀的勝利與這一文化氣氛息息相關。

第二，新史學觀念之所以能夠落實下來並逐漸開展，對史學界造成決定性的變化，與史語所這個新的學術建制，以及與這一派史學關係密切的機構、刊物有關。它們使得新史學觀念有

【一】引自張書學等：〈新發現的傅斯年書札輯錄〉，此信寫於一九三〇年九月十三日。

【二】〈中央研究院歷史語言研究所傅斯年君來函〉，頁二。

【三】此傳單收在史語所「公文檔」元字第一四二號卷中。

【四】傅氏在給《史學雜誌》的函中說：「然何君傳單，直是欺語。彼見吾等工作之術，不得不抄襲若干方法論。然其在安陽在開封所作為者，則與此全不相干。」見〈中央研究院歷史語言研究所傅斯年君來函〉，頁二。

制度性的實踐基地，對當時知識系統的轉換造成關鍵性的作用。

在新史學觀念的影響下，取得治學材料的方法產生了變化，傳統「讀書人」那種治學方式不再佔支配性地位。傅斯年說「我們不是讀書的人」，他們是帶着儀器、鋤頭，「上窮碧落下黃泉，動手動腳找材料」的人。

附錄：民初中央、地方與新舊學術觀點之糾纏

學術上新舊觀點之爭，其實也涉及政治上中央與地方的爭端，在安陽，中央代表着新，而地方代表着舊。

中央研究院是南方國民政府所設之國家最高學術機關，所以它的發展與北伐軍的推進息息相關。傅斯年在史語所的工作〈旨趣〉中便有「稍過些時，北伐定功，破虜收京之後」要如何如何的話。[一]中研院所網羅的一批受過新學術訓練的學者以及國民政府的文化人士隨着北伐軍的力量逐步伸入各地，在學術文化上也有以新學術眼光和地方保守人士的力量相抗的傾向。在雙方的爭持中，中研院與地方人士的着眼點不同。以殷墟的爭執為例，中研院在各種來往文稿中一再強調的「是為了國家學術光榮」，是為了向國際學術人士宣達學術成果，河南地方人士強調的則是地方文化之榮光。[二]「中央」與「地方」在文化上存在着緊張。

安陽發掘團與何日章等河南人士的爭執雖曾有兩次相當程度地解決了，但是過了不久，舊問題仍再度爆發。它某種程度地證明了，河南當地的聲音相當大（可惜我們看不到何日章及河南當地這一面的材料），同時也證明當時中央的命令只是所謂「中央」而已，在河南當地並無多少力量。

當時中央與地方政治的變幻與學術事業之間密切的關係，可以從史語所公文檔案中各種來往文稿的細微之處看出。當河南尚非國民政府所能直接控制之際，河南地方意識相當高，對中央的電令基本上採陽奉陰違的態度，所以蔣介石（一八八七—一九七五）的兩度電令，及傅斯年親往開封所達成的協議都不算數。地方政府對中央學術機構派來的研究人員也是威風十足。【三】

當中研院與河南省衝突之際，在中央研究院這一邊認為北伐已成功，全國已統一在南京的

【一】《傅斯年全集》，第四冊，總頁一三一一。

【二】〈河南省政府公函第三二一二號〉，在「公文檔」元字第一四一號卷中。

【三】茲引一例。一九二九年十月二十三日李濟致傅斯年函：「今日休息，卻受了一陣悶氣，因為要向地方上的『要人』表示好意，聯絡感情，所以同此邊高級中學校長請了一桌客。請的時候為正午，等到兩點半鐘才到。這位縣長是初次見面，卻把我們的事——按，即在安陽發掘糾紛之事，一句也沒說，只帶了五個馬弁，吃了一陣，揚揚而去，『余今日乃知□□之尊也』。」

中央政府之下了，在河南當地的看法並不一樣。從民國肇建以來，河南始終在北洋軍閥手上，從未真正隸屬於國民政府，安陽發掘爭論發生的那段時間，河南基本上是馮玉祥（一八八二—一九四八）的勢力範圍，馮玉祥派下的人物才是河南真正的統治者，中央只是名義上的中央。中央研究院認為本身「為全國最高的學術研究機關」，負「中國學術大任」【一】，但在全國統一尚有名無實之時，河南當地人士並不認為有所謂「全國最高學術機關」。

中央研究院認為依照歐美各先進國之古物法令，古物是屬於全國的，但當時中國並無古物保管法令。【二】而河南當地地方意識甚強，認為物出河南，應該留在河南陳列，以彰當地文化之光輝。中央研究院認為發掘的目標是為了研究，而不是為了陳列。蔡元培在致河南省政府函中說：「本院為全國最高學術研究機關，集著名考古之專家，為三代古都之發掘，同此國土，同屬國民，共致力於學術，何畛域之可分？」並表示發掘「係考古學上之要端，不只為地方文明之表率」。【三】但是對河南當地而言，「同此國土」並無決定性的說服力。

正因為中央與地方認知差異如此之大，而且是學術夾雜着政治，所以一九二九年十月二十四日傅斯年致教育部蔣夢麟（一八八六—一九六四）部長函稿時說：「此事關係行政系統、吾國學術至大。」【四】行政系統與學術在這裡已分不開了。李濟於一九二九年十一月二十三日致董作賓函也足以令人感覺學術眼光的新、舊之分與中央、地方之爭密不可分：「至於彼等挖法，實在可笑可恨之至。傳聞彼等已得三墓葬，皆為見頭挖頭，見腳挖腳，十有八九，均搗碎了，無記載，無照相，無方向，挖完了不知到底是怎麼回事。此等方法名之曰研究（張尚德說：雙方都是研究），而省政府提倡之，此真中華民族之羞也。」「總論此事有須注意者數點：（一）省府何以不遵國府令，國府對此事是否有追究……。」【五】在一九二九年十一月時的河南，中央當然追究不了河南地方政府。

其實何日章在一九二九年十月前來禁止中研院發掘的時機，可以和蔣介石與馮玉祥關係之急遽惡化相對照。一九二九年十月十日，西北軍將領宋哲元（一八八五—一九四〇）等二十七人通電反蔣，隨後兵分三路，直指河南。十一日，蔣介石下令討伐，蔣、馮戰爭爆發。【六】大戰一起，鹿死誰手尚難斷定，而何日章便選在十月中旬前來安陽殷墟阻止中央研究院發掘。當時中央為了發掘事交涉的對象是省主席韓復榘（一八九〇—一九三八）。韓雖係馮玉祥的愛將，

【一】一九二九年十月二十三日傅致蔡元培、楊銓函。

【二】近代中國第一部古物保管法令頒行於安陽爭執之後，於一九三〇年六月七日由國民政府公佈，一九三三年六月十五日施行。見衛聚賢：《中國考古學史》（上海：商務印書館，一九二七），〈附錄〉，頁二八七—二八九。

【三】蔡元培致河南省政府函，稿為史語所代擬，在「公文檔」元字第一四一號卷中。

【四】此信在「公文檔」元字第一四一號卷中。

【五】此信在「公文檔」元字第一四一號卷中。

【六】陳傳海、徐有禮：《河南現代史》（鄭州：河南大學出版社，一九九二），頁一一四—一一五。

但蔣於一九二九年三月召韓至武漢，盛宴款待，賜以重金，使長期處在馮氏家長式權威統制之下的韓萌生異志。五月，韓在洛陽通電叛馮投蔣，蔣後來委以河南省主席一職。不過蔣調唐生智（一八九〇——一九七〇）到河南與馮玉祥作戰後，要唐軍留駐鄭州，並且電令要監視韓復榘。唐心懼有朝一日被蔣吞併，遂與韓復榘、石友三（一八九一——一九四〇）共謀反蔣。所以當中研院與河南地方人士衝突發生之時，韓復榘與中央的關係也在變易不定之時。

來自南京方電令自然不易產生作用。以上諸節當可以說明何以傅斯年在一九二九年底於河南大學演講，並與中州政學要員周旋再四，終於在一九三〇年初與河南省政府達成協議，但協議歸協議，河南人照樣前來發掘。中研院真正再度工作是一九三一年春天，也就是中原大戰結束，馮玉祥的力量退出河南，而國民政府已直接控制河南之時。從公文檔案也可以看出在此之後，中央政府、中央研究院與河南政府來往函電之間，地方對中央採全力配合之態勢，連原來對中研院語多不遜的教育廳廳長李敬齋（一八八九——一九八七）也對史語所考古工作者極力配合。【一】上面所道中央與河南地方政治之分合，及中央學術機構與地方文化人士之間的爭執密切對應的程度，可以從下頁這張對照表中看出。【二】

河南省大事	史語所發掘團與當地人士之衝突

一、一九二〇年起河南便陷入長期動亂。一九二二年馮玉祥任河南督軍，但一部分地區（豫西、豫北）仍為吳佩孚所控制。

二、一九二二年十月吳、馮失和，馮軍離豫他往，吳派人長豫。

三、一九二四年，直奉戰爭，直系敗後，胡景翼、岳維峻相繼主政。

四、一九二六年後，吳再度入主豫省。

五、一九二七年初北伐軍入河南，馮軍亦入。六月，國民政府任命馮為河南省主席。

【一】李敬齋一九三一年九月二十四日致傅斯年函，在「公文檔」元字第一五六號卷中。一九二九年十一月李敬齋致教育部長段錫朋的信中說史語所請各方電援，「均嫌幼稚」。此信在「公文檔」元字第一四一號卷中。

【二】本表關於河南史事係根據沈松僑：《中國現代化的區域研究，河南省，一八六〇——一九三七》（國科會專題研究成果報告，一九八八）與陳傳海、徐有禮：《河南現代史》第三、四章及張鈁：《風雨漫漫四十年》（北京：中國文史出版社，一九八六）編成。

六、一九二八年，北伐完成，馮名義上服從中央，但河南實際上為馮之地盤。 七、一九二九年，馮為編遣問題與南京決裂。五月，任護黨救國西北軍總司令，集兵西北與蔣抗，戰爭爆發。	一、一九二八年九月二十八日河南省同意史語所發掘。 一九二八年冬間，董作賓在安陽工作。 二、一九二九年二月間，李濟開始在安陽工作。 三、一九二九年八月安陽等地土匪起，史語所將一部分發掘物搶運北平，引起發掘團與當地人士抗議。 四、一九二九年十月間，何日章云奉河南省政府之命禁止中研院發掘。何日章獲河南教育廳長李敬齋批准，自行發掘。 五、一九二九年十月間，傅斯年透過吳稚暉請蔣命令河南當地政府合作，國民政府文官處電令河南省主席韓復榘，未發生作用，何日章仍來發掘。 六、一九二九年十一月二日李敬齋函中研院，云此次衝突係雙方誤會。 七、一九二九年十一月教育部長段錫朋致傅斯年信，表示事情已解決。 八、一九二九年十一月傅親赴河南周旋，達成協議。 九、一九二九年十二月何日章發表第一份傳單。
八、一九三〇年三月，馮、閻、李集合反蔣。五月，中原大戰爆發。此年十月間，劉峙為河南省主席。十二月中原大戰結束，河南正式在南京政府掌握之下。不過因為豫省政局至為混亂，各地民團、土匪、軍閥殘餘勢力仍多，劉峙一開始能控制的多是政治交通要衝，安陽也是其一。劉峙長豫前後共五年。	十、一九三〇年二月傅發表〈史語所發掘殷墟之經過〉一文。 十一、一九三〇年二月，何日章發表第二份傳單。 十二、一九三〇年二月五日，郭寶鈞函董作賓，表示河南地方人士仍想自行挖掘。史語所工作仍停頓。 十三、一九三一年春天，中原大戰結束後，史語所才能順利工作，一直到抗戰爆發。

北伐成功後，國民政府要將它的影響力盡其可能地伸到每一個角落，這是近代「國家建構」的重要一環。但中國經過晚清以來的督撫分權、軍閥割據，地方力量在相當程度上是獨立的。

現在，代表全國的政府要將統治權擴張到此地，對習於晚清以來政治社會情勢的人民而言，是一件不能習慣的事。名義上已經統一全國的國民政府與各個地方仍充滿緊張。國民政府派人到各地去，想支配原先帶有濃厚地方色彩的事務，自然引起相當大的矛盾，尤其當中央的軍事政治力量尚無法完全控制時，中央來的命令或文件表面上或許會得到地方尊崇，但實際上地方另有一套。而安陽的衝突便是眾多這類矛盾中的一個。

除了安陽的爭執外，北伐後文化領域中還有幾件相似的事例：第一是一九二九年十二月間政府收取《清史稿》之事。第二是保存唐塑運動之事。第三是教育部收取國學書局之事。這些爭論都發生在北伐以後的幾年間，由於材料的限制，此處只能就所知者略加陳述。

國民政府於一九二九年十二月決定檢校《清史稿》。此事之提議人是故宮博物院院長，但背後的促動人或可能是着少將軍服，於北伐後到清華大學擔任校長的羅家倫（一八九七——一九六九）【一】，而其提議檢校《清史稿》，代表「國家建構」過程中中央對歷史詮釋權的掌握。《清史稿》基本上原是由一群清遺民所修，其中固有不少錯誤【二】，但是新興國民政府的中央大員想要加以檢校的理由是其中有祖護清朝政府污衊國民革命的話。故宮博

【一】傅振倫：〈清史稿的查禁與清史的重修〉，收入《傅振倫文錄類選》（北京：學苑出版社，一九九四），頁八八。

【二】此可參考傅振倫的兩篇長文〈清史稿之評論〉（上）（下），收入《傅振倫文錄類選》，頁九三——一四六。

物院檢舉的十九條中有七條是：一曰反革命也。二曰藐視先烈也。三曰不奉民國正朔也。四曰例書偽謚也。五曰稱揚遺老鼓勵復辟也。六曰反對漢族也。七曰為滿清諱也。【一】以上幾點是國民政府所不能忍受的。在軍閥割據的時代，舊軍閥中有不少對清廷尚存懷念之心，所以《清史稿》在一九二七年北伐軍攻佔長江各省時便在北京先印。未及發行完畢，北伐告成。當北伐軍到達北京時，金梁（一八七八—一九六二）早已帶着四百部跑到瀋陽。整個事件即反映了中央的力量準備大舉伸入原先被軍閥保護的一些文化思想範圍中。

南京國學書局及甪直鎮唐塑的保護問題，一個是由清季地方政府遺留下來的搖搖欲墜的文化機構，一個是在地方政府力量下無人理睬的古跡，它們一如殷墟，原本是「河南省內棄置三十年從不過問」者【二】，但當中央的力量介入接管時，則馬上發生中央與地方相互爭持的情形。

所謂南京政府教育部沒收江蘇省政府所屬國學書局一事，其過程是這樣的：南京的國學書局原名江南書局，是曾國藩（一八一一—一八七二）任兩江總督時所創設，專司校刊經史。到了清季，因為新學興起，該局逐漸沒落，先後多次改易名稱，而書局營運也始終處於「不絕若線」的狀態。不過該書局始終隸屬於江蘇地方政府。

北伐成功後，國民政府定都南京。因為書局難以為繼，該局負責人遂於一九二八年上書南京大學院，希望由地方改隸中央。蔡元培批准了此事。由大學院改組的教育部也在一九二九年九月二十日正式行文表示接受。但此事迅即被地方人士解釋為是新興的中央政府介入地方文化事業。江蘇人士呈文曰：「惟蘇省地方人士，均以前清數十年經營之事業，及民國以來省方十餘年維持之歷史，所繫於人心及觀瞻者甚鉅，斷不容自省政府時代任其放棄。……應請仍舊移歸省方，俾得發揚而光大之，以為一省文化之基礎。」【三】與這個書局有過密切關係的中央大學教授柳詒徵則將此事件解釋為「上級機關擅奪下級機關所相沿治理之事」。【四】

至於引起中央黨國大老與江蘇地方古物保存分會爭執的楊惠之塑像保護工作，也幾乎與安陽糾紛及檢校《清史稿》等事同時，涉及的是同一批中央黨國要員，如張繼（一八八二—一九四七）、蔡元培等；而反對的陳佩忍也曾於一九二二年在中央大學的前身東南大學教書，他曾經是辛亥革命的參與者，但北伐後並未在國民政府中擔任高職。

甪直鎮楊惠之塑像的「再發現」，與史學家顧頡剛有分不開的關係。依顧氏於一九二三年底在《小說月報》上所寫的幾篇文章看來，早在一九一八年他在江蘇吳縣東南甪直鎮的一次旅遊中，便驚詫於保聖寺的唐塑精神瀰滿，但是一九二三年重遊時，卻發現這裡因無人理睬，

【一】朱師轍：《清史述聞》（香港：太平書局，一九六三）中所載〈故宮博物院呈請嚴禁《清史稿》發行文〉，頁四一九—四二一。

【二】《傅斯年全集》，第四冊，總頁一三一七。

【三】柳詒徵：〈論文化事業之爭執〉，《史學雜誌》，第二卷一期（一九三〇），頁六。

【四】同上，頁七。

四年之內竟變得「地下滿積着瓦礫，大佛座身之後幾乎全坍塌了！我最不能忘的題壁羅漢，因為塑在東北角裡，也連着倒得全無蹤影了」。【一】他照了照片，發起保存運動，向各處接洽。運動了一年，卻未能奏效，乃作〈記楊惠之塑羅漢像〉一文投《努力週報》，引起了高夢旦（一八七〇—一九三六）、任鴻雋（一八八六—一九六一）的注意，立刻函請江蘇教育廳長蔣竹莊派員拆卸保存。但鎮上人士知道此事後，由沈伯安等自己集款將楊惠之塑像真跡三尊，及雖經修飾而尚未失神的二尊拆下，安置在陸龜蒙祠中，並想捐錢造一公園安頓之。【二】又過了五年（一九二八），葉恭綽（一八八一—一九六八）遊甪直，發現該寺已於數月前傾圮，其餘存留者亦毀頹，故分函蔡元培、張繼、譚延闓（一八八〇—一九三〇）、李石曾（一八八一—一九七三）、易培基（一八八〇—一九三七）、于右任（一八七九—一九六四）、胡漢民（一八七九—一九三六）、鈕永建（一八七〇—一九六五）、葉楚傖（一八八七—一九四六）等宣傳保護，並得到蔡元培答應協助，由大學院撥款一萬元作為保存唐塑之經費。葉恭綽接着組織「唐塑保存會」。此事因為有中央要員介入，很快地形成中央與地方人士之矛盾。一九二八年十月，古物保存會江蘇分會出面議決此事，由當地人士沈伯安主辦。該會主席陳佩忍則表示，古物之保存，自應歸入分會之範圍，不須另設機構（「唐塑保存會」）。支持唐塑保存會的陳彬龢則怒罵：「楊惠之塑像之棄於甪直，為樵夫、牧童所不顧，蓋亦久矣！」陳氏又說當唐塑會進行保存之前，江蘇分會對唐塑絲毫未有任何具體之計畫，一至有人「欲加保存，則十目視

之，十手指之」，「矧蘇省需保存之古物猶夥，今江蘇分會何獨不予注意，而惟干涉別人已加進行之事」。【三】

保護唐塑的爭執中，除涉及中央大員與地方人士之爭執外，也涉及兩種古物保存觀點的不同。沈伯安係該地小學校長，他想將保聖寺的寺址變成小學校園，故反對修廟，但主張拆卸保存五尊羅漢。而新派人物則認為合理的保存方法是原地原式修建，留下整體的遺跡以保存歷史意味。

在這次爭執中，葉恭綽及他所致函的當道，都是北伐成功的國民政府中較為關心文化的中央大員，而出面支持大學院的亦是中央機構，則唐塑保存會雖不似中央研究院之為中央機構，但其性質、意味皆頗相近，後來教育部下令組成的保管委員會，基本上也是以全國性人物為主組成，沒有將地方人士納入。

以上事件，是當時文化、社會、政治轉換的集中反映，是晚清以來地方督撫分權，以及社會、政治動盪之總反響，是新興的中央在「國家建構」過程中接管地方事務而與地方人士較勁的例子。其實，中央及地方的軍政領袖根本不會太過在意學術上的事。以殷墟爭執為例，當時

【一】顧頡剛：〈楊惠之的塑像〉（二），《小說月報》，第一五卷一號（一九一八），頁二〇。

【二】同上。

【三】陳彬龢：〈保存唐塑運動之經過——楊惠之算是倒楣〉，《國立中山大學語言歷史學研究所週刊》，第六集七〇期（一九二九），頁一六—一七。

河南局勢混亂，民疲兵困，加上中原大戰之前的種種縱橫捭闔，軍政大員中，大概除了以搜集唐代碑刻拓片聞名的千唐志齋主人張鈁（一八八六——一九六六）之外，不會有人真正關心這種爭執。但是中央與地方分裂是一個事實，地方上的文化人士便可以運用這一個事實與中央來的、一樣是手無寸鐵的學術機構周旋下去。即使「中央」函電交加，但是一旦中央不是真正能夠控制時，這種周旋便無已時。【一】

從以上事例不難看出新舊學術之間的更迭也涉及當時政治、社會的複雜糾葛。而前面所整理出來的這些新與舊、中央與地方，以及北伐與中國近代新學術等方面的問題，似乎同時也反映了近代學術發展與晚清以來社會政治之矛盾的密切關係。

本文原發表於《新史學》，第八卷二期（一九九七年六月），頁九三——一三二。

【一】有意思的是投稿者也知道各種主要刊物的態度，如何日章從河南遙寄其傳單至柳詒徵主持之《史學雜誌》，因知其一向反對新文化與新學術也。而陳彬龢亦知將其抗議江蘇地方文化人士有關楊惠之塑像的文章投到《中山大學語言歷史研究所週刊》，因為知道它是倡導新學術的刊物也。中央大學中文系教授一向為反對、批評新文化運動之大本營，吳宓之《學衡》固不論矣，柳氏及其學生對傅斯年及史語所一貫採取批評態度。史語所的考古事業受其諷刺（柳詒徵在〈論文化事業之爭執〉中說：「正不必炫鬻骨董，求人間未見之書而讀之也。」見該文，頁七），傅氏本人的〈周頌說〉及《東北史綱》也受其撻伐。

錢穆與民國學風

清末民初以來，新學迭興，變法、革命、新文化運動，以科學整理國故的運動，各種政治上的新主義，一波接着一波鋪天蓋地席捲而至。它們既牽涉政治、社會，也牽涉思想、學術、文化的變革。關於這些大變革本身，已經有很多研究，我們了解比較少的是，這些新學風如何吸引、調動地方上的讀書人。

在這篇文章，我是試着梳理三件事。第一、一九四九年以前錢穆（一八九五—一九九〇）的學思歷程。第二、重建錢穆與晚清民國各種新學風的對話、辯證關係。第三、討論這個對話辯證歷程的學術思想史意義。在這對話辯證歷程中隱然有一個主題：「如何同時是中國的、又是現代的？」想同時維持兩者，是晚清以來讀書人關心的一個重點，也是許多著述中一再出現的主旋律。

在討論錢穆與時代學風相辯證的歷程中，胡適是一個具有指標性質的人物。我們讀錢穆許許多多的著作，都可以發現胡適始終是他批判的對象，而他的文化見解也給人一個鮮明的印象，即相對於晚清民初的新文化而言，他自始即是一位保守主義者。但是誠如錢穆晚年在自己的回憶錄中所說的——「余亦豈關門獨坐自成其一生乎。此亦時代造成，而余亦豈能背時代而為學者。」「余之治學，亦追隨時風，而求加以明證實據，乃不免向時賢稍有諫諍，於古人稍作平反，如是而已。」【二】此文便是想把錢穆放在「時代」的脈絡中，看他早年學術風格之形成與時代風氣（尤其是胡適）的辯證關係，同時我將在文章的後半段花比較長的篇幅，討論錢穆的學術歷程所反映的一些近代學術文化的問題。

錢穆一生治學大概可以分為三個時期，第一是從江南無錫、蘇州等地到北京之前，第二是燕大、北大時代，第三是抗戰以後。第一期的治學以古文辭為主，最初是教小學，擔任的多是國文方面的課程；第二期在北方，所治以學術考證為主，並逐步轉入歷史；第三期轉向通史，討論中西歷史文化方面的大問題，並由考證轉向心性義理之學的探索，到了一九四九年以後，則更着力於探討中國傳統歷史文化之未來出路。

一、江南古鎮中的新派人物

錢穆早年即是敏感於時局變化的人，日俄戰爭時，錢氏積極回應當時的從軍熱【二】，辛亥革命之前，他也甚受感動，參與了學生軍。在江南古鎮中，他可以被視為得風氣之先的新派人物，對戊戌以來的新風氣與新事物特別關心，而且在當時也是以能「新」而為人所重視。

【一】錢穆：《師友雜憶》（臺北：東大圖書公司，一九九二），頁三二六、三二四。

【二】同上，頁五七。

錢氏早歲即學英文，在地方上也以通英文為人所知，故有人向他請教英文。【一】當時一度流行之催眠術，錢氏也曾心嚮往之，但在實踐後，得出靜坐勝於催眠之結論；伍廷芳（一八四二—一九二二）倡洗冷水浴，錢氏亦仿行【二】，《仁學》刊佈之後，錢氏也是讀者，且深受感動。

他早年受到重視的幾本小書多是能以新說治舊學，而有超出前賢之處。嚴復（一八五四—一九二一）譯的幾部西方名著，《群學肄言》、《穆勒名學》，是他當時熟讀之書，而後來研究墨子、惠施、公孫龍，即得益於《穆勒名學》之助。他自言治墨子時，初讀孫詒讓（一八四八—一九〇八）《墨子閒詁》而驚嘆不已，但旋即發現用《穆勒名學》還可以有新的進境。【三】他的第一本著作《論語文解》，也是用《馬氏文通》的文法觀念來解析《論語》，因此得到時人之稱譽。

此外，他對於當時學界流行的新書，也非常用心涉獵。如康有為（一八五八—一九二七）的《新學偽經考》、夏曾佑（一八六三—一九二四）的《中國歷史教科書》以及晚清以來的種種子學名著。【四】錢穆最初似對康有為等人所提倡的公羊春秋頗有心得，所以蘇州老宿金松岑（一八七四—一九四七）一度介紹人來向他學公羊經學，而他讀完夏曾佑的歷史教科書之後，「一時學校同事聞余言三皇五帝有相傳異名之說，聞所未聞」。【五】當《新青年》出刊後，錢氏「逐月看《新青年》」。【六】他對一九二三年開始的科學與人生觀論戰也極為注意。錢穆在《師友雜憶》中回憶他在《時事新報》的「學燈」所發表的文章時，漏了一篇，但這一篇短文卻很能燭見他當時之意態。在科學與人生觀論戰中，錢穆發表了一篇名為〈旁觀者言〉的文章，此文充分欣賞科學，而對張君勱（一八八七—一九六九）所代表的所謂「玄學派」有所批評，因為署名「穆」，故一直為人忽略。從這篇文章看來，當時錢穆對科學派並無保留意見，而且也贊成在科學之下，是可以有統一的人生觀，並且說「科學家可以擔當得下宋明理學的人格」。他只是不滿意丁文江（一八八七—一九三六）等科學派並未明確說出「科學的人生觀」究竟是什麼，以及他們忽略了文學、藝術等精神層次的東西。【七】由此可見錢穆當時之傾向新學。不過，《新青年》中的激烈議論給這位趨新的青年極大的震動，覺得不能再「新」下去了，所以

【一】錢穆：《師友雜憶》，頁八八。

【二】同上，頁八四—八六。

【三】同上，頁八〇。

【四】同上，頁七五、七九—八〇、一〇二。

【五】同上，頁七五。

【六】同上，頁八一。

【七】張君勱與丁文江等著、汪孟鄒編：《科學與人生觀》（臺北：問學出版社，一九七七），頁四一九—四二七。陳偉強學弟提醒我那是錢穆的文章，附此致謝。

馬上「決心重溫舊書」，並說這個決定使他「乃不為時代潮流挾捲而去」。【一】

一個逐月讀《新青年》的青年人，在深入了解最「新」的動向之後，突然回頭重溫舊書，而且慶幸自己「不為時代潮流挾捲而去」，背後有其深厚的文化資源，而這份資源是當時廣義的「東南文化」。

錢穆是蘇州附近江南文化的產兒，當地自有其深厚的文化傳統，所謂「東南學術，另有淵源」。【二】而在民國初年，東南文化正是與北方新文化運動抗爭的主力。晚清桐城文派的主要勢力是在東南，姚鼐（一七三二—一八一五）一生主要的學術活動在南京，流風餘緒，影響深遠。所以在民初新派人眼中，南京是文化界舊勢力的據點，辛亥革命時，南京久守不下，袁世凱（一八五九—一九一六）恢復尊孔讀經時，南京等地倡行最力，復辟派主將張勳（一八五四—一九二三）辮子軍的根據地也是南京，而新文化運動興起之後，與新派人物對抗最力的也是這個地區。一九二二年有《學衡》出來明火執仗地對胡適加以攻擊，胡適（一八九一—一九六二）的〈題學衡〉詩說：

老梅說：
「《學衡》出來了，老胡怕不怕？」
老胡沒有看見什麼《學衡》，

這可以充分看出雙方敵對之氣氛。而當時對新興學術批評最厲害的，也是中央大學柳詒徵（一八八〇—一九五六）、繆鳳林（一八九九—一九五九）等人及他們所主辦的文史刊物。「東南學術」雖然「另有淵源」，但是在新文化影響下，當然也出現不滿意舊格局的人，我們可以輕易地列出一長串的名單，大體而言，在江、浙兩省中，江蘇較為持舊，而浙江較為趨新。像浙江杭州一師，在經過一師事件之後，已為全國嚮慕新學者所景仰【四】，浙江省內地的學生紛紛投考一師，甚至在徽州的少年，不甘於內地舊學校束縛的，也都紛紛趕到杭州，想嘗嘗浙江一師裡新思潮的滋味。胡適說他曾讀過徽州學生憧憬杭州一師的日記，他記載「當日投考

【一】錢穆：《師友雜憶》，頁八一。

【二】陳平原：〈傳統書院的現代轉型——以無錫國專為中心〉，《現代中國》，第一輯（二〇〇一年六月），頁一九七—二一三。

【三】胡頌平：《胡適之先生年譜長編初稿》（臺北：聯經出版事業公司，一九八四），第二冊，頁四七七。

【四】胡適就有這樣的觀察：「浙江一師自民國八年以後，忽然得着一種很可妒羡的盛名。社會上的新分子誇獎一師，說他是東南新思想的中心，社會的舊分子攻擊一師，說他是危險思想的出產地。誇獎與攻擊，無論是否正當，都幫助一師的名譽飛躍到很可妒羡的地位。」見胡頌平：《胡適之先生年譜長編初稿》，第二冊，頁五三五—五三六。

杭州一師被取的心理，真有『出幽谷而遷喬木』的高興」。【一】

江蘇蘇州、無錫一帶的風氣，似乎不像杭州那樣。在太湖流域生長，而早年活動於蘇州、無錫一帶的錢穆，受這一帶的文化傳統薰陶甚厚。在文章一開頭我提到過，錢穆早年專心致志的不是史學，而是國文，其基礎是以桐城文派為主體，從韓柳古文到《古文辭類纂》等飽受新文化人物批判的書，他早年從思想到人生修養都受到這個文化傳統的影響。【二】此一進路與新文化派的宗旨有一個根本不同，它基本上是透過吟詠古人文章，逐步進入古人的心境，理解古人的心靈與境界，所求的是一種古今的時間連續感，這些傳統對他而言是活的（living past），故他顯然反對站在外面加以「重估」或「評判」的態度。

除了東南文化之外，錢穆早年即深受梁啟超（一八七三—一九二九）〈中國不亡論〉之感召，所以一生與晚清以來有志之士一樣，以「救國保種」為第一義。【三】但是「救國保種」的路要怎麼走，他似乎認為路可以有許多條，新文化運動所走的不是他完全認可的路。他雖然是江南古鎮中的新派人物，但他認為「新」可以有許多種，只是並不是《新青年》所倡導「不塞不流，不止不流」（韓愈語）——不破除舊的，則新的不可能實現——式的思維。從他《師友雜憶》筆下所記無錫一帶的新風氣、新學校、新事業看來，他對晚清以來當地有一種不尋常的活力相當自信，認為中國之所以不振是「世亂」，而不是傳統歷史文化的問題；認為在詩禮彬彬之社會，仍然可以出現新機，不必倒掉瓶子裡全部的舊水，依然可以裝入新水，在傳統歷史文化的生機之下，仍然可以創造出一種新文化。

我認為在錢穆前往北京躋身於新文化重鎮之前，他對新文化運動與國家民族前途的看法，已經相當確定。在一九二八年《國學概論》的最後一章中，他反覆地陳述如下幾點，第一，他始終承認胡適等人在學術及文化上開新的地位，對於胡著《中國哲學史大綱》的細節雖有許多不滿意（如《老子》年代問題，錢穆此時已確定其看法，認為是晚周偽書，不能像胡適所說的是儒家學術之源頭），但堅持該書的前驅之功無人能掩，其轉移風氣之力，猶如清初諸老，並且主張梁啟超等人，在子學方面的工作，是跟着胡適走。【四】在整體文化論點方面，他認為梁漱溟（一八九三——一九八八）、學衡派等都不可能與胡適對抗，他說梁漱溟的《東西文化及其哲學》是自我矛盾，說學衡派是「議論蕪雜」，與新文化派旗鼓殊不相稱。【五】此章最值得注意之一點，是文末結論對三民主義之闡發，尤其是堅決贊同戴季陶（一八九一——一九四九）對三民主義的闡釋。戴氏痛論「中國國民自信力之消失」，在〈孫文主義之哲學的基礎〉中，他說：

【一】胡適：〈一師毒案感言〉，轉引自胡頌平：《胡適之先生年譜長編初稿》，第二冊，頁五三六。

【二】如自我訓練讀每書必終篇，是受曾國藩家訓之影響。見錢穆：《師友雜憶》，頁七八。

【三】參見錢穆：《國學概論》（臺北：臺灣商務印書館，一九七七），下篇，頁一七六。

【四】錢穆：《國學概論》，下篇，頁一四三。

【五】同上，頁一六五、一六九。

「我們是中國人，我們現在要改革的是中國，如果中國的一切，直是毫無價值，中國的文化，在世界文化史上，毫無存在的意義。中國的民族，也沒有創造文化的能力。那麼中國人只好束手待斃，就算完了，還要做什麼革命呢？」【一】因為錢穆在一本講國學概論的書中加入討論三民主義的內容而被人詬病，但仔細觀之，可以看出他渴望藉戴說來鞏固「吾民族文化之自信力」這一主張。

恢復民族自信力的宗旨與他過去深信不疑的〈中國不亡論〉相符合，而這也是他持以論斷時代思潮之核心主張。到北京之前的錢穆，一方面是求新的，所以他欣賞胡適等人的前驅性工作，但同時又希望從歷史文化中為中國前途尋找生機與出路，所以他反對抹煞傳統歷史文化的過激之論。這是他後來與新派人物合與分的線索。

二、由地方讀書人登上全國舞臺

錢穆始終注視北京學術圈，心中常有未能進入大學讀書之憾。【二】在新文化運動之後，北京成為全國學術文化的中心。北京雖然是清朝的帝都，但在中國歷史上，帝都並不一定是學術文化中心。以清代來論，隨着學風的推移先後出現了幾個中心。清初，晚明遺老聲勢未衰，陽明心學餘緒仍在，浙江是一個中心。在考證學興盛的時代，蘇州、揚州是中心。蘇州以經學考證為主，而揚州則除考證之外，亦因鹽商之財富以及交通便利，成為藝文、戲曲、飲食等文化之中心，當時有名的學者文人，每每有一段寓居揚州的經歷。【三】在乾隆修《四庫全書》之後，北京成為學者輻輳之地，金石碑版之學群聚於此，故與蘇、揚鼎足而三。清代後期，研治西北史地盛行之後，北京因與口外交通之便，而成為治西北史地之大本營。在太平天國起事之後，蘇州沒落，學士故家群移上海，上海躍居為另一個中心，同時因着變法革命，湖南、廣東也隱然成為兩個次中心。

北京因為是帝國行政中心之所在，各地菁英川流不息於此，本來即有不可忽視之地位。但在新文化運動之前，北京的文化地位曾有一段頓挫。有一位敏感的觀察者說，清朝末年「大家知道北京政府絕無希望。激烈點的，固然到南方去做革命，就是和平點的，也陸續離去北京。那時候的北京，幾乎沒有一個有知識有能力的人」。【四】

【一】錢穆：《國學概論》，下篇，頁一七九－一八一。

【二】錢穆：《師友雜憶》，頁七五。

【三】如讀孔尚任的年譜，即可知孔氏去揚州，是他一生中很重要的一段經歷。而休寧戴震，到揚州之後，思想態度亦經歷大變。

【四】蔡元培：〈關於不合作宣言〉中引一位「合平期成會」的會員談話，作於一九二三年一月二十一日，發表於《申報》一九二三年一月二十五日。轉引自《蔡孑民先生言行錄》（濟南：山東人民出版社，一九九八），頁二一一。

至於北大，在新文化運動之前，也不是一個思想學術的心臟地，當時雖已有章太炎弟子及若干桐城老宿執教於此，但是那時北大學生，「頗為社會所菲薄」，因為學生懷抱科舉時代的思想，以大學為取得作官資格之機關，所以不歡迎專任教員，而喜歡行政司法界官吏之兼任者，倚為將來之奧援。【一】沈尹默（一八八三—一九七一）甚至說有一天湯爾和（一八七八—一九四〇）對他說，聽說沈步洲（一八八八—一九三二）要蔡元培（一八六八—一九四〇）來掌北大，湯對沈氏說，「你看沈步洲這個人荒唐不荒唐，他要蔡先生來當北京大學校長。你看北大還能辦嗎？內部亂糟糟，簡直無從辦起。」【二】

由以上兩端皆可看出在新文化運動之前，北京及北大並不具有思想學術上的領航資格，所謂「北派」、「北大派」，或北京學圈皆要等到一九一七年蔡元培（一八六八—一九四〇）出長北大之後，陳獨秀（一八七九—一九四二）、胡適等新人加入，才逐漸形成思想、學術的新中心。陳獨秀後來雖然轉移到上海，但陳氏是把左派政治思想帶往南方，在學術方面影響不大，而胡適在新文化運動之後，不斷有著作問世，像《中國哲學史大綱》瞬間再版，《嘗試集》在兩年內賣了一萬部，加上他所領導的「整理國故運動」，明火執仗地提倡一種新的治學風格，使得胡適很快成為北大派的中心，同時也是全國新學術建制的核心。胡適迅即受到全國各方的矚目，新派人物圍着他打轉，而不滿他的人在各處極口謾罵【三】，舉國對胡適羨妒交加，處處留意他的新作，而又時時想修正胡適這個或那個論點。譬如當時南方一個年輕詞學家夏承燾（一九〇〇—一九八六），他幾乎隨時都在觀察胡適的一言一動，一面讚嘆，一面揣想，但同時又發現這個錯誤，那個不妥，想要商榷，卻又逡巡不前。【四】民初日記中這類史料簡直不勝枚舉，充分反映了一種面對一代學術權威的複雜心情。【五】

這些不勝枚舉的個案告訴我們，胡適在舉國新舊讀書人心中的位置，不管贊同他或反對他，都不能繞過他。除了認為「胡適」是「胡說」這樣激烈態度的人，一般人是拿他作為一個權威，令人覺得莫測高深，是否得到這位權威的認可也非常重要。【六】

【一】黃世暉記、蔡元培自述：〈蔡子民〉，收入《蔡子民先生言行錄》，頁一三。

【二】沈尹默：〈我和北大〉，收入陳平原、鄭勇合編：《追憶蔡元培》（北京：中國廣播電視出版社，一九九七），頁一三六。

【三】譬如鄧之誠（一八八七—一九六〇）每對人說城裡有個胡適，專好「胡說」，而且見到書上有胡適的序就是撕下來。見何炳棣：《讀史閱世六十年》（臺北：允晨文化實業股份有限公司，二〇〇四），頁三三三。關於此事，記載甚多，此處僅列一個出處。

【四】夏承燾：《天風閣學詞日記》（杭州：浙江古籍出版社，一九九二），頁二五、三一、五九、六二、六七、九四、一〇四、一二二、一三〇、一五六、一七七。

【五】譬如當時與胡適氣味較合的金毓黻（一八八七—一九六二），其日記中也透露類似的情形。金毓黻著、金毓黻文集編輯整理組校點：《靜晤室日記》（瀋陽：遼瀋書社，一九九三），第一冊，頁二七、二九、四一、五〇、六〇。

【六】值得注意的是，這個自由主義者所形成的鬆散團體，也有其排他性。這大概也是古往今來學派所不能免的。他們形成一些不言而喻的標準，判斷一個學人的價值與好壞。

錢穆也在艷羨胡適及北大派的行伍中。自一九一二年起，錢穆擔任十年半的小學教員，一個沒有高等學歷，基本上靠着自學，而又聰慧異常的江南青年，在新文化的聲勢震天，而新式的學術建制已經逐漸定型之時，對於北京大學的一切自然隨時保持注意，對於北大的動態及胡適的言論，也儘可能地跟。前面已經提到過他按月讀《新青年》的事了。北大招生廣告也引起他的注意，廣告上説投考者必須先讀章學誠（一七三八—一八〇一）的《文史通義》，故錢氏求其書而讀之，甚至形諸夢寐——夢見自己發現了時人所不知的章氏未刊遺稿，這樣的夢境多少反映了他極力求勝之意志。錢氏還因為知道夏曾佑的《中國歷史教科書》是北大的教本，故勤讀夏著，因而發現了書中許多的錯誤。【一】

當時胡適提倡白話文及杜威（John Dewey, 1859-1952）的實驗主義教育，一九一九年，擔任小學校長的錢穆便親自在校內試驗杜威的教育方法及白話文是否能實行於小學中。【二】一九二〇年三月，胡適發表了〈中學國文的教授〉，提出（一）暫定一個中學國文的理想標準，使人人能用國語（白話）自由發表思想——作文、演説、談話——都能明白通暢，沒有文法上的錯誤。（二）人人能看平易的古文書籍，如二十四史、《資治通鑑》之類。（三）人人能作文法通順的古文。（四）人人有懂得一點古文文學的機會。文末説「我這篇〈中學國文的教授〉，完全是理想的。但我希望現在和將來的中學教育家肯給我一個試驗的機會，使我這個理想的計畫隨時得用試驗來證明那一部分可行，那一部分不可行，那一部分應該修正。」【三】而錢穆便在

后宅鎮的初級小學付諸實驗。【四】

對於北大派的學術活動，錢穆也非常注意。在廈門集美學校時，他已注意到甫出版的《古史辨》第一冊【五】，在蘇州省立中學任教時，他注意到當時北平、上海各大報章雜誌，皆競談先秦諸子，尤以墨學為焦點，故當時錢氏亦「一意草為《先秦諸子繫年》一書」【六】，而最初之篇章即以《墨子》為主，並得到顧頡剛的賞識。

當時許多人認為在胡適這位大權威那裡一定有我們所不知道的東西，所以對胡適可以不滿，但不能忽視，熊十力（一八八五—一九六八）每逢週日派學生到胡適的聚會上聽談論，而自己決不前往，即可以如是理解。錢穆與胡適在蘇州中學的第一次見面也說明了這種心態。在胡適那一次演講中，錢穆迫不及待地問胡適兩種與自己正在從事先秦諸子繫年研究有關的書

【一】錢穆：《師友雜憶》，頁七五。
【二】同上，頁九二。
【三】胡適：《胡適文存》（臺北：遠東圖書公司，一九五三，第一集，頁二一八—二三三。
【四】錢穆：《師友雜憶》，頁九二。
【五】同上，頁一一〇。
【六】同上，頁一二六。

籍，並對胡適的不知感到詫異與失望。【一】

有意思的是錢穆對胡適的一些猜測，也都透露出羨妒交加的情緒。胡適的一些未必有意識的舉動，錢穆都以相當曲折的方式加以理解。在這一次見面時，胡適因未攜帶自己的刮鬍刀而堅持不肯留宿，讓錢穆覺察到一種新知識領袖的傲慢，而即將分手之際，胡適匆匆撕下日記一頁寫了自己的地址給錢穆，後來胡適也未曾主動聯繫，令錢穆感到相當失望。【二】失望其實正是看重的表現。

錢穆從一個中學教師，最後進入大學，先成為燕大的講師，接着在北大與新派領袖分庭抗禮，這主要是因為他的幾種傑出著作能「預流」，在「預流」之餘，又能以堅實的學術證據提出更上一層的見解。

前面已經提到，他之所以得到顧頡剛（一八九三—一九八〇）的欣賞是因《先秦諸子繫年》的草稿【三】，諸子學正是當時學術界的主流問題，而錢氏又能獨持異見，駕而上之。錢氏靠《劉向歆父子年譜》，在燕大一炮而紅，即是因為此書扣緊晚清以來今古文之爭這個主流問題。錢氏初得《新學偽經考》一書（一九一九）之後，便已長期醞釀，而最後能凌越時流之爭執，得到堅強的結論。此文一出，各校以今文經學為主的經學史課為之停開。【四】

錢穆在北大以講授中國近三百年學術史而聲譽鵲起，這與他早年即隨時潮注意王夫之（一六一六—一六九二）、顏元（一六三五—一七〇四）、李塨（一六五九—一七三三）有關，但更重要的是預梁啟超《中國近三百年學術史》之流，而又能駕而越之。

「預流」的好處是使他很快地在全國的主流學界得到很高的地位，但預流的同時，是被主流論述所導引。《師友雜憶》是這樣回憶的：「余本好宋明理學家言，而不喜清代乾嘉諸儒之為學。」但因他是以「預流」而得到主流的肯定，故「人又疑余喜治乾嘉學，則又一無可奈何之事矣」。【五】

錢穆最初得到胡適的欣賞，便是因為「預流」之作，《胡適的日記》一九三〇年十月廿八日提到讀錢穆的《劉向歆父子年譜》，說「錢穆為一大著作，見解與體例都好」。而且說顧頡剛的〈五德終始說下的政治與歷史〉成於讀此年譜之後，殊不可曉。不久之後胡適在北大講授經學今、古文的問題時，從課堂講義看來他顯然已轉而接受錢穆的觀點。【六】

【一】錢穆：《師友雜憶》，頁一二七。

【二】同上，頁一二七。

【三】錢穆：《師友雜憶》，頁一二八。

【四】同上，頁一四〇。

【五】同上，頁一三七。

【六】胡適：《胡適的日記》（臺北：遠流出版公司，一九八九—一九九〇），廿、三、卅一日條記上課講到康有為時，說康「實不能自圓其說」。

我們因為錢穆後來終生對胡適的批評，所以經常忽略了錢氏當時希望得到胡適的認可之情。胡適在當時是研究先秦諸子的權威，在同一條路上努力十年以上的錢穆顯然認為胡適一定通曉所有相關學問，而渴望得到他的承認。

我們之所以能有機會討論這個問題完全是拜新史料之所賜，使得埋藏七、八十年的一段曲折可以重見天日。在《胡適秘藏書信及遺稿》中有錢穆的四通信，它們開始於一九三〇年夏，結束於一九三一年夏，其中第一通是錢穆要求胡氏為其考證先秦諸子之書（即後來之《先秦諸子繫年》）作序推介。從這封信的內容可以推知，胡適先是為丁文江之弟丁文治可能補考向錢穆關心，錢穆回答說「其令弟丁文治已以平日積分，酌定等第，可免補考」，接着說「拙著《諸子繫年》於諸子生卒出處及晚周先秦史事，自謂頗有董理，有清一代考史記、訂紀年、辨諸子，不下數十百家，自謂此書頗堪以判群紛而定一是……幸先生終賜卒讀，並世治諸子，精考核，非先生無以定吾書，倘蒙賜以一序並為介紹於北平學術機關，為之刊印，當不僅為穆一人之私幸也……」[一]胡適日記中並未提及此事，而《先秦諸子繫年》序亦未寫，後來該書出版頗費周折，先是擬列入清華叢書，而審查未獲通過，最後才由上海商務印書館於一九三五年出版。在此信之後，錢穆還寄過剛出版的《惠施公孫龍》（出版於一九三一年八月）給胡適，並謂此書「超昔賢以上，倘荷卒讀，詳賜誨正，大所盼幸」。[二]從以上四封信可以看出，錢穆一度也是胡適週日雅談的座上客人，但他們的關係顯然很快地起了變化。

先說情緒上的原因。錢穆歸納他與胡適的交往，用了一個古典說：「顏斶見齊王，王曰斶前，斶曰王前，終不前。」【三】胡適這位名震全國的學者未能積極回應錢穆，或許不以為意，日記上也全未提及，但對一個自負的青年造成了心理的屈辱，這種屈辱感在他們第一次見面時已經發生了，現在為一篇序文再度湧現。胡、錢對於先秦諸子，尤其老孔先後的問題之重大歧見，恐怕是雙方關係生變重要的導火線。老子時代早於孔子是胡適自《中國哲學史大綱》以來非常自負的觀點，而錢穆很早即撰有〈老子辨偽〉（一九二三），並主張老在孔後。【四】《先秦諸子繫年》中，仍堅持孔子在前，牽一髮動全身。因為他主張先秦諸子，其淵源皆起於儒，始於孔子，老子不得在孔子之前【五】，故這一差異不只是誰先誰後的問題，而是關係到儒家在古代思想乃至於整個中國思想之地位的問題。胡適發現錢穆始終反對他【六】，《胡適的日記》一九三

【一】耿雲志主編：《胡適遺稿及秘藏書信》（合肥：黃山書社，一九九四），第四〇冊，頁二四一—二四二。按，此信末有錢穆蘇州地址，可推知寫於一九三一年夏錢氏返蘇省親之前不久。

【二】同上，頁二四九—二五九。

【三】錢穆：《師友雜憶》，頁一二八。

【四】錢穆：《國學概論》，上篇，頁五一—五二。

【五】錢穆：《先秦諸子繫年》（香港：香港大學出版社，一九五六），〈跋〉，頁六二一。

【六】胡適：《胡適的日記》，廿、三、十七條記道：「讀《燕京學報》第八期中錢穆先生的〈關於老子成書年代之一種考察〉寫一長信給他。留稿。」

一年三月廿二日條寫着，讀了〈諸子繫年考辨〉的草稿，其中老子年代移後是一個要點，兩人在當天為此有所爭辯。【一】錢穆於一九三〇年在《燕京學報》第八期發表〈關於《老子》成書年代之一種考察〉一文，胡適隨即公開發表〈與錢穆先生論老子問題書〉（《清華周刊》一九三一年三一卷九、一〇期）。從以上跡象看來，兩人在這個問題上是無法調和的，這也說明了為什麼胡適遲遲不肯為《繫年》一書寫序了。【二】

胡適這位新漢學的領袖，對錢穆既欣賞又排斥，欣賞其能與我同治考據，且能更深一層解決諸多問題。【三】但是過此以往，則不一定能相容，而且錢穆的論點不只是與胡適、傅斯年（一八九六—一九五〇）、顧頡剛等不相容，與當時新派的整體治學風氣也有不少扞格。對於中國古代歷史文化之整體評價【四】，對於〈說儒〉之批評【五】，對於疑古，主張「事有可疑，不專在古，古亦多無可疑者」【六】，對於治學是否一定要用新材料【七】，對於治史是否重通史之態度【八】，對於中國政治制度史之有無價值【九】，乃至於對文史是否可分為兩途，皆持異見。【一〇】

吾人可以想像錢穆當時在北大與胡適等新派學者之間的奮鬥之苦況，錢穆說：

> 余自入北大，即如入了一是非場中。
>
> 大凡余在當時北大上課，幾如登辯論場。上述老子孔子兩氏不過其主要之例而已。聞有北大同事之夫人們前來余課室旁聽，亦去適之講堂旁聽，退後相傳說以為談資。

又有一學生告余，彼係一新學生，舊同學皆告彼，當用心聽適之師與師兩人課。乃兩

【一】胡適：《胡適的日記》，廿、三、二十條。

【二】一九三二年春，錢穆又刊〈再論老子成書年代〉於《北大哲學論叢》。

【三】如胡適之推重錢穆講先秦諸子，胡適、傅斯年之欣賞其《劉向歆父子年譜》，胡並告以彼寫《先秦哲學史》時之所以無諸子之歷史背景是因當時「君之《劉向歆父子年譜》未出，一時誤於今文家言，遂不敢信用《左傳》」。錢穆：《師友雜憶》，頁一四四。而傅斯年當史語所有外賓來時，邀錢氏入宴，並介紹其為〈年譜〉一文之作者（錢穆：《師友雜憶》，頁一四六）。《胡適的日記》廿三年二月二十五日條亦記胡適邀錢穆與將往牛津任教的 Mr. Hughes 吃飯。

【四】錢穆說：「適之為文，昌言中國文化只有太監、姨太太、女子裹小腳、麻雀牌、鴉片等諸項。心史為文駁斥，不稍假借。」見錢穆：《師友雜憶》，頁一五四。

【五】錢穆：〈駁胡適之〈說儒〉〉，收入氏著《中國學術思想史論叢》（臺北：東大圖書公司，一九七七），第二冊，頁三七三—三八二。

【六】錢穆：《師友雜憶》，頁一四二。

【七】錢穆回憶寫道：「又有人來書云，君不通龜甲文，奈何醜顏講上古史。」同上，頁一四二。

【八】錢穆提到傅斯年「彼似主先治斷代史，不主張講通史」。同上，頁一四六。

【九】陳受頤受傅斯年影響，「大意謂中國秦以下政治，只是君主專制。今改民國，以前政治制度可勿再究」。同上，頁一四七。

【一〇】錢穆認為「當時學術界凡主張開新風氣者，於文學則偏重元明以下，史學則偏重先秦以上，文史兩途已相懸絕。其在文學上，對白話文新文學以外，可以掃蕩不理。而對史學，則先秦以下，不能存而不論，但亦急切難有新成就」。同上，頁一四七。

師講堂所言正相反，不知兩師曾面相討論可歸一是否？【一】

敵意的加重，使得錢穆對胡適及其學圈有着種種的惡意猜測，兩人之間原本薄弱的信任感便逐漸瓦解。【二】

錢穆與胡適學派最大的決裂點恐怕還是在一個老問題上，即對傳統歷史文化究竟應該同情地理解、還是採取決絕的批判態度。在這一個關鍵點上，當時北京學圈中新漢學的主流人物，其實也分成兩派。如錢穆等人，治學的方法與態度雖與胡適相近，可以籠統歸在新漢學的旗幟下，但他們對傳統文化的評價不同，仍與胡適有所區隔。

一派是以胡適、傅斯年、顧頡剛等人為主，一派是同樣重考據、講實學，但對傳統歷史文化之價值仍抱不同程度之同情者。錢穆在北京主要是與第二圈人交往，如陳寅恪（一八九〇—一九六九）、湯用彤（一八九三—一九六四）、陳垣（一八八〇—一九七一）、馬衡（一八八一—一九五五）、吳承仕（一八八一—一九三九）、蕭公權（一八九七—一九八一）、楊樹達（一八八五—一九五六）、余嘉錫（一八八四—一九五五）、蒙文通等。此外，與他交往的還有一群對心性之學或舊文化有所同情理解的人，如熊十力、林宰平（一八七九—一九六〇）、梁漱溟。【三】

三、「新學生」與「舊學生」

梅光迪（一八九〇——一九四五）的〈評提倡新文化者〉有一段觀察，他說「民國以來功名之權操於群眾，而群眾之知識愈薄者，其權愈大。今之中小學生即昔之君主卿相也」。【四】「聽眾」是討論此期思想學術不能不注意之新問題，「學生」成為選擇思潮走向的主體。由錢穆在北方所吸引之聽眾，可以看出當時學生間「新」、「舊」劃分之實況。當時北京主流學圈吸引的是新學生，而錢穆所吸引的是他所謂的「舊學生」，這與他們的史學特色有關。當時「新學生」所嚮往的是批判的、懷疑的、西方的、為學術而學術的、專題式的研究，而錢穆所吸引的是對傳統抱一定程度之同情，對於歷史研究並不持只為知識而知識之態度，他們強調史學的社會功

【一】同上，頁一四三、一四五、一四三。

【二】如錢穆向胡適借《求仁錄》，適之親自領他到保險箱取出，「邀余同往，或恐余攜書去有不慎，又不便坦言故爾」。其猜測或許不誤，但亦可見其間信任基礎之薄弱。錢穆：《師友雜憶》，頁一六四。按，胡適借給錢穆的《求仁錄》顯然只是兩卷殘本，見《中國近三百年學術史》中所引。《求仁錄輯要》實際上足本有十卷，見《四庫存目叢書》子部。

【三】錢穆與蒙文通初見，即與湯用彤共三人暢談歷一通宵又一上午，至少二十個小時。見錢穆：《師友雜憶》，頁一五五。

【四】羅崗、陳春艷編：《梅光迪文錄》（瀋陽：遼寧教育出版社，二〇〇一），頁四。

能，渴切對重大的政治社會問題有所論斷，對未來的發展能指示方向。以上兩種方向大抵代表當時新派與傳統派史學之分野【一】，他們各有支持的聽眾。

錢穆所吸引的，正是一群對「為學問而學問」，「無所為而為」的治學態度感到不耐煩，渴求從歷史文化的研究中獲得對現實指引的人。這樣的人相當多，一九二八年四月十九日《民國日報．覺悟》刊載常乃悳的〈再論整理國故與介紹歐化〉，他抱怨說：「可是他（胡適）整理國故的結果，給予了中國現代的國民以何種影響呢？將一部《紅樓夢》考證清楚，不過證明《紅樓夢》是記述曹雪芹一家的私事而已。知道了《紅樓夢》是曹氏的家乘，試問對於二十世紀中國人有何大用處？……固然『無所為而為』的治學精神也未嘗沒有道理，但那是承平之世的勾當，在亂世的學者應該抱『為人生而研學』的態度才是。固然考證了一件小小的事情給國人訓練明辯的論理思想也未為不是，但其影響總未免太小了」。【二】常氏的文章顯示部分青年對胡適的治學態度早已感到不耐，青年中逐漸出現分裂，一群傾向於胡適，一群希望別尋出路，這也反映在北大的課堂上。

當時北大教師或由小課堂換大課堂，或由大課堂換小課堂，「學生以此為教師作評價，教師亦無如之何」。【三】即代表學生們在選擇思潮的方向。在一九三一年間，胡適的課堂上總是有兩、三百人【四】，錢穆所教授的「中國制度史」，原先是被系方拒絕，但學生日益增多。【五】開授「中國通史」時，其特色是由一人講授，「通貫全史」【六】，「而尤要者，在憑各代當時人之意見，陳述有關各項之得失」【七】，不取新派對古代歷史文化所持批判否定的態度，開授之時，修課及旁聽者「每一堂常近三百人，坐立皆滿」，而且有學生連聽六年。【八】更重要的是，錢穆的講授對當時人們所關心的國家前途問題能提出某種解答，如在北師大兼課時，「及登堂，聽眾特多，系主任亦在窗外徘徊」。其中有一重要處是學生在課堂上所關心的是「中國封建社會係秦前結束，抑秦後開始，又或秦前秦後一體直下無變」。【九】敏感的讀者將會發現這是「中國社會史問題論戰」所激發出來的。由於這個論戰所提出的問題不只關涉到歷史，而且關涉到未來政治革命所取的路向，所以當時人認為具有極高的現實迫切性。在新派史學看來，覺得此等問

【一】詳見王汎森：〈價值與事實的分離？——民國的新史學及其批評考〉，收入氏著：《中國近代思想與學術的系譜》（臺北：聯經出版事業公司，二〇〇三），頁三七七—四六二。

【二】《民國日報．覺悟》，一九二八年四月十九日。

【三】錢穆：《師友雜憶》，頁一四八。

【四】見《胡適的日記》，民國廿年二月十日、二月十七日、三月十日、八月二十八日條。

【五】錢穆：《師友雜憶》，頁一四八。

【六】錢穆回憶當時的情況說：「時國民政府令中國通史為大學必修課，北大雖亦遵令辦理，但謂通史非急速可講，須各家治斷代史專門史稍有成績，乃可會合成通史。」同上，頁一四九。

【七】同上，頁一五〇。

【八】同上，頁一五一。

【九】同上，頁一五二。

題空泛籠統，與純學術無關，所以不大理睬。梁漱溟即以此問題詢問胡適，認為以胡適這樣的文史大師，面對時人感到極為迫切之問題，竟未有所表示，感到大惑不解。【一】在錢穆之前講授此課的幾位先生似無法滿足學生的渴望【二】，而錢穆所授，「今幸兩堂過，學生竟不發此問，並聞對先生深致滿意」。【三】錢氏之所以得以過關，乃是因為對時代所關心的問題提出一種解答，而他後來的學術取徑，即由純學術探討愈來愈轉向梳理史學與國家民族的未來發展。

四、史學的社會功能

錢穆在燕大一年（一九三〇），在北大七年，他的幾部大著作多成於此時，錢氏晚年回憶此期之治學，說他本好宋明理學家言而不喜乾嘉考證，但是為了追隨「時風」，卻給人一種「喜治乾嘉」的印象。【四】《師友雜憶》中有一段記張君勱（一八八七—一九六九）責備他說：「君何必從胡適之作考據之學？」【五】高去尋（一九〇九—一九九一）先生也曾告訴我，傅斯年罵錢穆治考據成名而專罵考據。這幾段坦直的回憶意味甚深，應該分兩層了解。首先，它們說明錢穆當時治學「追隨時風」，而同時代人則認為他追隨胡適治學之風，這個時風，也就是當時流行的新漢學。錢氏之所以得到顧頡剛之接引，得到學術主流人物之重視【六】，成為學界矚目之焦點，皆因他「預」此主流，但他私心中對此並不滿意。第二層，他說自己「求加以明證實據，乃不免向時賢稍有諫諍」，是他所得的結論與胡適等人不同。【七】但是如果以「範疇邏輯」看，正、反兩方仍在同一個範疇中。他之所以能進入北大，而又能與胡適等人分庭抗禮，其原因皆在於此。而他之所以與胡適等人分道揚鑣，甚至抗戰勝利後未再得北大聘函回北方，其原因亦在此。

抗戰以後，錢氏治學風格進入第三期，照他的說法，是「因遭時風之變」，轉向史學【八】，故寫了《國史大綱》，接着更轉入心性義理及禪宗之學以及文化史研究。

從九一八事變以後一直到抗戰爆發，因為時局的挑戰，使得所有學問是否能「致用」，是

【一】梁漱溟：〈敬以請教胡適之先生〉，收入《胡適論學近著》（上海：商務印書館，一九三五），〈附錄〉，頁四五六。

【二】錢穆寫道：「某君所答，聽者不滿，爭論不已，終至鬨堂而散。某君遂決不再來。別請某君，復如是，仍鬨堂而散。某君遂亦決不來。」見錢穆：《師友雜憶》，頁一五二。

【三】同上，頁一五二。

【四】錢穆：《師友雜憶》，頁一三七、三二四。

【五】同上，頁一六〇。

【六】錢穆也得到包括胡適的推重。例如他的回憶裡提到別人對他說：「適之尊君有加。有人問適之有關先秦諸子事，適之云可問君，莫再問彼。」同上，頁一四三。

【七】同上，頁三二四。

【八】同上，頁三二七。

否能因應時代之需求，成為一個重要考量，史學的社會功能，史家積極的社會角色，成為時人關注的主題。學問是否能關聯呼應現實，是否能指出大方向（不管這個方向是什麼），是否有一套大敘述來回應時代困局，成為一個新的判準。而如果以此標準，則錢穆與左派史學屬於正面，而胡適等人所提倡的新漢學，他們所堅持的批判態度，及奉持「展緩判斷」而遲遲不肯下大結論的精神，反而成為一種負擔。

在抗戰時期，整個民族面臨着生死存亡之關鍵，這個時候相當要緊的任務是説服全民族，何以這個民族的歷史文化有價值、有意義，應該為它的生死存亡而奮鬥。過度批判民族歷史文化的學術取向，不能指示國家民族未來正面發展的史學，在現實上要讓位給反對的陣營，而錢穆的《國史大綱》正是在這種大環境之下應運而出。

抗戰時期，整個學術文化界面臨了重整。學術社群的核心與邊陲之位移與地域轉移有密切關係，知識分子大規模的地理遷移，也使得原先的學術核心與邊陲地域出現大洗牌，離開北京，新漢學權威的籠罩壓力不再像以前那樣大。第二次大戰爆發後知識界評價中西文化之優劣，也出現鬆動的現象。戰前西方文化是衡量中國文化優劣的唯一一把尺，而大戰爆發後，英、美處處失利，中西文明成了兩把尺。當時意大利法西斯、德國納粹，對近代以來中國人所崇奉之英、法民主政治多方抨擊，它使一些人憬悟即使在近代西方，仍多壁壘相持，西方文化，不是全然可以師法。【二】羅庸（一九〇〇——一九五九）有這樣的觀察：「第二次世界大戰爆發，英、美處處失利，國人愈自信吾之所有者，殆非歐西之所能及，因之本位文化之說盛極一時。」【二】第二，左派勢力大興，西南聯大師生已出現尊美與尊蘇之對抗，而重慶中央政府之外，另有趨向延安者，錢穆自謂在「國內紛呶，已有與國外混一難辨之勢」的情況下，卻獨未見闡發中國四五千年歷史傳統文化之精義者，所以決心解決「中國歷史文化傳統之一大問題」【三】，決心「此後治學，似當先於國家民族文化大體有所認識，有所把捉，始能由源尋委，由本達末。於各種學問有入門，有出路。」【四】

錢穆最初並無撰寫中國通史的計畫，最多只想模仿趙翼（一七二七—一八一四）的《廿二史劄記》，「就所知各造長篇暢論之」，但是時代的需求在此不在彼。陳夢家（一九一一—一九六六）提醒錢穆他原先的計畫乃「為一己學術地位計」，「但先生未為全國大學青年計，亦未為時代急迫需要計。先成一教科書，國內受益者其數豈可衡量」。【五】當時北方學風重專題研究而不重通史，故寫教科書是不被鼓勵的，但誠如陳夢家所說，如果史學是要呼應時代困

【一】錢穆：《師友雜憶》，頁三二四。

【二】羅庸講授、李覲高筆記：《習坎庸言》（臺北：無出版社，一九九八），頁一三九。

【三】錢穆：《師友雜憶》，頁一四五。

【四】同上，頁三二四。

【五】同上，頁一九一。

局，則學術撰述的風格應該不同，錢氏乃決心脫離「為學術而學術」的舊轍，決心要從史學中求得「歷史智識」，作為指引社會政治未來之發展，而《國史大綱》的〈引論〉一出，迅速吸引各方注意，也正反映時人內心之渴望。《國史大綱》的〈引論〉發表於報刊時，「一時議者閧然」，陳寅恪許之為大文章，而錢氏回憶當時在聯大講授的情形是：「課室中多校外旁聽生，爭坐滿室。余需登學生課桌上踏桌而過，始得上講台」，而《國史大綱》出版後，有人整書抄傳，且「滯留北平學人，讀此書倍增國家民族之感」【一】，正好印證了時代的精神焦慮。而當時新漢學並未針對時局有相應的作為，他們對史學知識的性質及史學與社會現實之認知上與錢氏有別，故《國史大綱》一出，「聞毛子水將作一文批駁」，而出版之後，傅斯年對此書之意見是「向不讀錢某書之一字」。【二】

抗戰時期，錢穆開始對中西歷史文化之特質作黑格爾式的大論斷，他概括性地比較中西文化，指出它們各自的獨特性，以及中國歷史文化何以優於西方文化，並主張中國應該走自己的道路，譬如在《中國文化史導論》中說，中國不應追逐西方走向商業國家或工業國家的路，應該以發展寬廣的「大型農業國」為其目標，「然人類生活終必以農業為主」，「苟使今日之農業國家，而亦與新科學、新工業相配合，而又為一大型農國，則仍可保持其安足之感，而領導當前之世界和平者，亦必此等國家是賴」。【三】

在同時代，左派史學也因能與現實發生密切關聯，並為未來指出明確方向，而比一九二〇年代吸引更多青年。離開北京這個新漢學的基地，學術的核心與邊陲有了微妙的重整，原來居於核心地位的新漢學，雖然仍在建制性的學術機構中佔有主流的地位，但是對於青年及一般群眾的實際影響而言，則要讓位給居於邊陲的史家們。

此時的「新學生」指的是嚮往馬克思主義的青年，而在「新學生」眼中，新文化運動以後之「新學生」，與欣慕傳統文化的人都是「舊學生」了。

此時已經不只是對中國文化的褒抑問題，同時還包括應該做「中國人」還是做「世界人」的問題，是學生應安心讀書，還是前往延安參加革命的問題，是應該維持中國之主體，還是以蘇聯為師的問題。【四】

教師在課室中所面臨的壓力也愈來愈大。錢穆對此發展非常不滿。上課與否由學生操縱，學校事務亦由學生操縱，「不鬧事，即落伍，為可恥」，錢氏在抗戰時一反過去專意學術——「凡屬時局國事之種種集會與演講，余皆謝不往」，轉而積極評論國事，刊於報刊雜誌，「學生亦遂不以世外人視余」，但因為其反共態度鮮明，所以聞一多（一八九九—一九四六）公然在

【一】錢穆：《師友雜憶》，頁二〇一—二〇二。

【二】同上，頁二〇一—二〇二。

【三】錢穆：《中國文化史導論》（臺北：正中書局，一九六五），〈弁言〉，頁四。

【四】錢穆為此與馮友蘭的爭論，見錢穆：《師友雜憶》，頁二二六、二三三。

報章寫文章罵他「冥頑不靈」，而凡聯大左傾教授無不視之為公敵。為了避免捲入國共爭議及學校師生風潮，在抗戰勝利後，錢穆自誓從此不赴京滬平津等四處學校授課【一】，而流轉於昆明五華書院、雲南大學、無錫江南大學，但他都免不了「新學生」的挑戰。他的遭遇與北京學圈中的一批自由派學者（如胡適）的遭遇愈來愈像了。

這個時候有許多人都苦惱地發現在國共鬥爭中自己成了「第三種人」，自由派知識分子儲安平（一九〇九—一九六六）便直截地表達這種苦惱【二】，而錢穆也發現自己也是另一意義下的第三種人，既不是胡適、傅斯年的新漢學主流，也不是左派學者，是兩邊都不喜歡的第三種人。

在抗戰時期，錢穆與蔣介石（一八八七—一九七五）逐漸接近。抗戰時，侍從室出面支持過一些學術文化活動，像馬一浮（一八八三—一九六七）的講學，賀麟（一九〇二—一九九二）、馮友蘭（一八九五—一九九〇）的哲學會出版活動等。【三】當時蔣介石提倡宋明理學，錢穆的學術意趣與此相符，故兩人漸有機會接近。一九四九年的國共易幟，使得錢穆更積極致力於從歷史文化中尋找民族的出路。他說：

> 余對國家民族前途素抱堅定之樂觀，只望國人能一回顧，則四千年來歷史文化傳統朗在目前。苟有認識，迷途知返，自有生機。【四】

這一段話大概可以總結他此後一切著作的基本方向。

五、一些值得思考的問題

前面花了許多篇幅討論錢穆與胡適的合與分，它是為了幫助我們了解錢穆思想的特質及他與一九二〇年代的各種新思潮的異同。錢穆顯然不是為了進入當時學術最高的殿堂而刻意「預流」。新文化運動以後，「科學」的銳猛之勢，橫掃千軍，胡適指出考證學合乎近代科學的精神，他所提倡的以科學整理國故的學風逐漸形成一種強勢論述，是當時新的「價值層級」（或是用波迪厄〔Pierre Bourdieu〕的話 hierarchies of significance）的最高層，與先秦諸子有關的考證或其他種種「客觀之學」則是主流。在這個「價值層級」的下位則是帶有主觀色彩的心性義理之學。這個新價值層級挾現代學術建制的幫助，取得了龐大的說服力與壓迫力，它吸引、

【一】以上分見錢穆：《師友雜憶》，頁二四一、二二五、二二九、二三二、二二九—二三〇。

【二】儲安平致傅斯年信，見王汎森、杜正勝編：《傅斯年文物資料選輯》（臺北：傅斯年先生百齡紀念籌備會，一九九五），頁二二八—二二九。

【三】見馮友蘭：《三松堂自敘》，收入《三松堂全集》（鄭州：河南人民出版社，一九八五），第一冊，頁一〇五。

【四】錢穆：《師友雜憶》，頁二五七。

調動各地的學術人才，向它所標榜的學風靠攏，並默默進行具有排他性的篩選。錢穆這個遠在江南的讀書人也接觸到這個新學風，並受到它的吸引，向帶有「科學性」的新考證學靠近。

但是，他之所以被新學風所吸引，還有思想上的積極理由，而此積極理由便是前面所討論過的，他對戊戌以來的新學所抱持的態度與守舊派並不完全一樣。他非但不是一開始便對新學視而不見或完全排斥，而且根本同意「將來中國的科學化與民治化是無可疑的」。[二]他對新風氣抱有一定程度的欣賞，但同時也有所批判。欣賞其能開一代新風氣，而且這些新風氣在他看來大多有正面意義。

前面提到，新文化運動以後胡適的一言一行為全國各地讀書人所注意，遠在江南的錢穆，也在仔細地推敲着。他對胡適參與領導的幾件大事相當欣賞；對於新文化運動，他說「故文學革命的運動，實乃人生思想道德革命的運動，言其成效，亦以改換社會人生觀念與提出新思想新道德之討論，為此次文學革命莫大之成績」。至於胡適所提倡的實驗主義，錢氏認為那是自嚴復以來，「能為有主張的介紹，與國人以切實的影響者，惟胡氏之實驗主義而已」，並認為在新文化運動進行的過程中凡有功於社會者，皆是能深入而不背離實驗主義者，而凡是有流弊者，皆因不了解實驗主義所致。對於胡適的《中國哲學史大綱》，錢穆評道：「要之其書足以指示學者以一種明確新鮮之方法，則其功亦非細矣。」對胡適所提倡的先秦諸子學研究，他說：「然清儒尊孔崇經之風，實自三人（章太炎〔一八六九——一九三六〕、梁啟超〔一八七三——

一九二九）、胡適）之說而變，學術思想之途，因此而廣。」對於古史辨，他說：「而破棄陳說，駁擊舊傳，確有見地。」對於胡適在科學與人生觀論戰中主張以科學的人生觀「做人類人生觀的最低限度的一致」，錢穆認為：「此所謂最低限度的一致者，自有根據，未易推倒。」【二】

釐清錢穆對上述新思潮的看法，有助於了解他在近代文化保守思想家中所居的地位，尤其是他與一九二〇年代初的所謂「東方文化派」的關係。

（一）錢穆與「東方文化派」

第一次世界大戰結束之後，梁啟超訪問歐洲回來後出版了《歐遊心影錄》，宣稱歐洲自啟蒙運動以來的文化已瀕臨破產，書中〈科學萬能之夢〉一篇，對迷信科學者給予有力的針砭，並引法國哲人之語，認為歐洲正寄望東方文化的復興來解救西方。【三】對新文化運動以來被壓抑得透不過氣來的文化保守派而言，梁氏的言論不啻是新福音，故一九二〇年代初出現了一股被籠統地稱為「東方文化派」的思潮，章士釗（一八八一——一九七三）的《甲寅雜誌》、梁漱溟

【一】錢穆：《國學概論》，下篇，頁一六八。

【二】以上引文見錢穆：《國學概論》，下篇，頁一五四、一五七、一四三、一四四、一四九、一七四。

【三】梁啟超：《歐遊心影錄節錄》（臺北：中華書局，一九七六），頁一〇——一二。

（一八九三—一九八八）的《東西文化及其哲學》、張君勱等在「科學與人生觀論戰」中的言論，乃至遠在南方的《學衡》都是。

從表面上看來，錢穆的言論與他們頗為相似，都對極端反傳統主義表示不滿，都希望對固有的歷史文化保持一定的溫情與敬意，但是在根本之處也有所出入：第一、前面已經說過了，他對晚清以來的新學有所肯定，而東方文化派則往往是「新文化運動」的反命題，從反對新文化運動為出發點來形塑自己的文化論述。第二、錢穆非但不排斥科學與民主，而且還積極地加以提倡。東方文化派不能說是反科學，但往往在字裡行間透露出菲薄科學的意味，錢穆在《國學概論》中綜括出中國歷代思想的特色，認為先秦諸子是「階級之覺醒」、魏晉清談為「個人之發現」、宋明理學為「大我之尋證」，接着主張「則自此以往，學術思想之所趨，夫亦曰『民族精神之發揚，與物質科學之認識』是已，此二者，蓋非背道而馳，不可並進之說也。至於融通會合，發揮光大，以蔚成一時代之學風，則正有俟乎今後之努力耳」【二】，則他對「物質科學」所抱持的積極態度可知矣。而且他主張民族文化與物質科學可以互相融會。在這方面，他與東方文化派的文化論述有所出入。

錢穆認為東方文化派在形塑其文化觀點時，從出發點就深受他們所反對的新文化運動的影響而不自知——他們的思維深處不自覺地接受了陳獨秀等人的論點，認為東方是精神的、道德的，西方是物質的、科學的，並由此出發點來構思中國文化未來的道路。他以梁漱溟為例說，梁氏主張中國文化與西方文化根本不同，尤其是說，假使西方文化不和中國接觸，中國即使再走一千年，也斷不會產生科學及民主，這「完全受陳獨秀獨斷論之遺毒，殊無歷史上細密的證據」。【二】錢氏批評梁漱溟的調整中國文化、須全盤吸收西方文化並加以改造之說，是自相矛盾。此矛盾即出自於他用來形塑其文化體系的最根本出發點是陳獨秀式的。在論及學衡派時，除了說此派「議論蕪雜，旗鼓殊不相稱」之外，他隱約地認為《學衡》也受到陳獨秀獨斷論的影響而不自知，故一味強調中國立國的根基是道德的，而與西方古典時代的人文主義相通（如孔子與亞理斯多德相通）【三】，強調有兩個「西方」，真正值得學習的是古典的西方，而不是近代的西方，人們應該自覺地以西方古典時代的人文主義來矯正近代西方的功利主義思想。

那麼錢穆的觀點是什麼？他認為中國的歷史文化不是反科學的、反物質的，他不相信東西文化是「精神」、「物質」之分，認為中國文化「其受病所在，特在局部，在一時，不能若是其籠統以為說也」。認為戴季陶在詮釋三民主義時，主張闡發傳統文化並與現代民主、科學接榫是一條正確的道路。錢穆認為：綜合梁啟超、梁漱溟，胡適、吳稚暉（一八六五——一九五三）

【一】錢穆：《國學概論》，下篇，頁一八九。

【二】同上，頁一六七。

【三】同上，頁一六九——一七〇。

兩派，而加上革命的活力，才是比較健全的主張。【一】我們今天會認為以上論旨是一種老生常談，但是在新文化運動之後，尤其是在一九二〇年代，它卻是一種相當獨特的論點。

後來，錢穆曾寫過〈中國文化與科學〉一文，這篇文章應是一九五八年他從香港到臺灣的系列演講之一，雖然時間較晚，但其中論點與早年一貫，而且闡發得比較詳細，從中可以看出所謂「民族精神之發揚，與物質科學之認識」所指為何。錢穆認為中國文化本來不輕視物質，不排斥科學，而且重視工商業。中國心性文明中的「格心」之學與西方科學家的精神是相通的。

他說：「近人常說，西方是物質文明，東方是精神文明，此一分辨，實不恰當。」中國思想上有兩種態度：「主實驗」與「確認不可知」，與西方現代科學精神相當接近，「中國人之思想態度及其道德精神，實與西方現代科學精神較相近，實更近於西方宗教哲學之與其現代科學之距離」。故只能說東西兩種科學之勝場不同，西方之勝場屬於自然界，中國屬於人文界。「故西方現代科學傳入中國，正於中國傳統文化有相得益彰之妙，而並有水乳交融之趣。格物之學與格心之學相會通，現代科學與中國傳統道德精神相會通，正是中國學術界此下應努力嚮往之一境。」【二】

錢氏的意思是，東西文化只在近兩三百年的發展重心有所不同，中國固有文化與西方科學不但不矛盾，而且可以有水乳交融之趣。他相信只要經過努力，舊文化內部的活力可以順利地與西方科學文化進行有機的嫁接。個別具體地改變舊文化是必要的，但不是從外部全盤毀棄舊有的然後才能移植新的。這一態度與新文化派之「不塞不行，不止不流」相反，與東方文化派先承認東西文化的根本差異，再謀求下一個階段的新路向亦不同，留心錢穆的基本態度，才能了解他為何從晚清以來一直到民國時期始終是新文化的敏感接受者，但同時又是傳統歷史文化的篤信者。

從本文一開始我便談到，中國何以不亡，為何不亡，是青年錢穆與當時一般人所共同關心的根本問題。不過大家提出的解答有所不同，胡適派主張文化的根本改造，左派則主張社會的根本改造，而錢穆則是在無所不在的「改造」聲浪之外獨樹一幟，認為恢復「民族自信力」才是根本之途，這是錢穆在一九二〇年代革命浪潮高漲時期所確定的方向，藉着《國學概論》中討論孫中山（一八六六——一九二五）及戴季陶派對三民主義的詮釋時特別提出來的。戴季陶（一八九一——一九四九）是當時國民黨右派的代表，他主張以中國固有文化為基礎去闡釋三民主義，很快地成為新文化派、國民黨左派及共產青年的眼中釘，但正是這一種結合固有文化、科學、民主、革命的四位一體的主張吸引了錢穆。

錢穆對胡適及新文化派的批判是到處可見的，這與他一貫主張恢復「民族自信力」有關。

【一】錢穆：《國學概論》，頁一八七——一八九。
【二】錢穆：〈中國文化與科學〉，收入《中國文化與科學》（臺北：進學書局，一九七〇），頁六九——八一。

他曾經說：

捨吾中華民族自身之意識，則一切皆無可言者。【一】

這裡便得談他與胡適及新文化派根本不可能調和之處。在前文中，我已經大致追尋錢穆與胡適在互為辯證的歷程中的種種分歧點了，隨着時代局勢的變化，這些學術思想的分歧蘊涵愈來愈強烈的現實意義。

這些分歧點，大致可以分成三部分。第一是屬於個別學術論點的，本文一開始即引用錢穆的一段話，他說自己是在「追隨時風」之餘，「而求加以明證實據，乃不免向時賢稍有諫諍，於古人稍作平反，如是而已」。所以兩人在個別論點上有所差異，尤其是胡適太過疑古，太過菲薄固有文化的部分。我不能縷舉兩人在具體問題上的相異，此處僅舉他到北京之前對胡適的《中國哲學史大綱》的評論。他說胡氏此書「似出急就，尚未能十分自達其主張」，如論先秦學術起源，根據詩經，分說五種人生觀，但這五種人生觀是任何時期皆有的。又「獨於老子前敘述時代背景，此下各家背景轉變處，不復詳述，無以見各家思想遞變之所以然」，並指出書中孔老先後的見解根本錯誤，又認為其他應改正之處尚多。【二】對於這些具體問題的不同意見，也往往成為個人關係惡化的導火線。第二是除了具體問題之外，錢穆即使是在學術考證時期，也仍不忘情於心性義理之學的闡發，把他的《中國近三百年學術史》與梁啟超、胡適的相關著作相比較，即可以見到他時時仍不忘抉發這一部分的內容。第三是在一些更為根本的歷史文化問題上，雙方的主張是大有不同的，錢穆認為中國文化有需改進之處，但並無全盤毀棄之必要，他要人們思考一個根本問題：「吾歷古相傳之文化，為吾先民之所鄭重寶愛以相授受者，固猶有可以興國而保種之效乎？抑將沈淪不復，求自存於天地之間者，惟捨此而他圖乎？」【三】他的答案自然是前者。

（二）「保守」或「守舊」

錢穆認為傳統是有生機的過去（living past），而胡適派傾向認為那是不再具有活力的「歷史」（history）。主張 living past 者，對過去的歷史文化持同情的理解的態度，持一種內部理解的觀點，或是用陳寅恪（一八九〇——一九六九）的話說，是「與立說之古人，處於同一境界，而對於其持論所以不得不如是之苦心孤詣，表一種之同情」。【四】持「歷史」的態度者，是由外

【一】錢穆：《國學概論》，下篇，頁一七九。
【二】同上，頁一四二——一四三。
【三】同上，頁一七六。
【四】陳寅恪：〈中國哲學史審查報告〉，收入《陳寅恪先生論文集》（臺北：九思出版社，一九七七），頁一三六一。

部加以批判，或全盤重新估定的態度。

正因為錢穆等保守主義者，對晚清以來的新文化的態度是如此複雜，凸顯了近代所謂「文化保守主義」者與「守舊派」的不同。保守主義是有意識的，經過反思之後的保守，而守舊派通常是無意識的保守，所以在此處我想區分有意識的保守主義與無意識的守舊主義。常乃悳的《中國思想小史》中已略微點出，在新文化運動時期，無意識的守舊只是知其然而不知其所以然，甚至說不出一個反對新文化運動的理由。[一]卡爾．曼海姆（Karl Mannheim）的《保守主義》（*Conservatism*）一書，對這兩者的不同也有相當多的討論。所謂守舊主義者，是只想照舊方式往下走的人，在晚清，是那些發誓不用任何洋物者[二]，或像曹元弼（一八七九—？），認為一八九四年以降所有講求新學以救弊者，皆屬心術不正之徒。[三]或是堅決擁護專制，反對共和立憲，或堅決反西學，反新興學堂者。在新文化運動時代，是像辦《國故》的張煊、薛祥綏等人的主張。而保守主義者是經過有意識的反思之後回過頭來保守傳統歷史文化的主幹。

我先前在一篇討論蒙文通（一八九四—一九六八）的歷史觀的文章中，曾提到批判前的尊孔與批判後的尊孔是不一樣的。[四]錢穆、蒙文通、湯用彤（一八九三—一九六四）乃至學衡派、東方文化派等一大群士人，都不是守舊主義者，他們都受到現代學術文化的洗禮，相當程度地熟悉近代西方文明，甚至受到新文化運動微妙的激盪，再回過頭來看傳統歷史文化，而有意識地保留某些成分。表面看來，其尊孔、尊傳統的言論似乎是相近的，但真正的內容已經大為改變了。經過一次又一次激烈的變動與挑戰，保守主義者並不將過去一切視為當然，所有先前視為當然的東西，皆要再一次反思與論證，才能被相信或再被提出來。而且每經一次震動後，翻新舊的內容，加入新的表述，為了保衛，為了對抗，有時還會提出原先屬於邊緣、被敵視的成分，甚至虛構許多原來可能沒有的內容，使得它們看似原來早就已經保存在那裡的樣子。

經過新文化運動洗禮之後，一切都變得不一樣了。文化保守主義者所發掘、認識、建構（甚至虛構）的歷史文化系譜也不再與它們原來的面目一樣，往往帶有與他們辯證對話的「強勢論述」的烙印。為了提出一個新體系來保守，往往各開一條新的舊路，有些是反模仿西方的現代性當作古代歷史文化已有之精髓——即固有歷史文化的精要部分是以西方的尺度來度量，來發掘，甚至虛構的。更多的時候是在不斷的競爭中，重新定義自己，修剪、增添、複製、

【一】常乃悳：《中國思想小史》（上海：上海古籍出版社，二〇〇五），頁一三九。

【二】如賀瑞麟：《清麓遺語》，卷二，頁二九。此處轉引自史革新：《晚清理學研究》（臺北：文津出版社，一九九四），頁一六六。

【三】唐屹軒：〈無錫國專與傳統書院的轉型〉（臺北：政治大學歷史研究所碩士論文，二〇〇五），頁一七六。

【四】王汎森：〈從經學向史學的過渡——廖平與蒙文通的例子〉，《歷史研究》，二〇〇五年第二期（二〇〇五年四月），頁七三—七四。

依時代情境形塑出某些未必原來屬於傳統文化的特質。為了保守傳統，他們創造了各式各樣的傳統。

錢穆早年的學術路徑絕非孤例，而是許多文化保守主義者共同的軌跡。他們與前一代的守舊派不同，他們最初每每在各地積極響應新學，而且他們常常是因對新學有所了解而被看重，或是援用新學治舊學，而比前人勝出一籌。不過，他們往往認為「新」的路不是只有一條，「新」可以是在肯定歷史文化的活力的前提下進行。但新文化運動以後之「新」則以「不塞不行，不止不流」為「新」之前提。在抉擇的關鍵時刻，錢穆等人選擇的是前者，而他在江南古鎮中所見晚清以來之新氣象，也說明他為何堅決認為不必全盤倒掉「舊」的才能加入「新」的。

（三）地方文化與主流文化

在晚清以來新文化勢力排山倒海而來之際，各地仍保有具有地方特色的文化，與新文化形成兩個層次，一個是主流文化，一個是地方文化。譬如河南地區是以道光時代李棠階（一七九八—一八六五）所留下的理學文化為主【一】，東南文化也「自有淵源」，廣義的桐城文派在江南影響很深，桐城文派兼義理、考據、辭章，在思想上大致以宋代理學為主，深入闡發風俗人心與社會政治文化的關聯。雖然在晚清民初受到批評，但是它的流風餘韻早已沁入基層。「東南文化」固然不只桐城一支，但它無疑是基礎最厚的一部分。我們目前對晚清民國各地地方文化的了解還不夠深入，但是我們讀各種詩文集，都可以發現各地常有圍繞幾個讀書人形成地方文化社群的現象，這種多元的地方文化的特色，是中國思想史上始終存在的現象。

主流文化在變，地方文化也在調動、變化。地方文化與主流文化之間的關係非常複雜，常常存在互相對流或雙向建構的現象，但在思想轉變的時代，則主流文化往往以強勢的姿態壓倒地方文化，並盡量使之一元化。

在晚清民初，有幾種新興力量使得地方文化的聲音變得愈來愈沙啞。強勢的新傳播媒介所建構的龐大訊息網，往往把一種主流聲音帶到各個角落，壓倒了多元的在地聲音，而由小學到大學的新學校體系，也使得知識養成愈趨同質化，別擇人才的管道趨於一致。新學校體系相對統一的課程與教材，取代了書院或其他學習團體，相對鬆散和多元的課程與讀本，由小學→中學→大學一級挨着一級向上上升的制度，取代了沒有明顯年級劃分，隨着對古代文獻不同程度的素養，隨時有出口的形式。學生出路與學歷高低密切結合，自學成才的路子基本上斷了。新學校通過政府註冊而得到經費補助，而未被納入這個系統者，必須忍受經費不穩定之苦。在國民政府北伐成功之後，中央化、標準化、一元化的趨勢更為強勁。而在教材課程等方面，是否合乎政府的標準，乃能否得到批准立案的關鍵要素之一。原先以多元和鬆散的方式存在的各種

【一】參考王錫彤：《抑齋日記》（開封：河南大學出版社，二〇〇一），頁四四。

學問團體往往難以生存。【一】

新文化運動的威勢，使得「民主」與「科學」思想成為一種壓倒性的新標準，同時它又挾着教育體制的幫助，使北京、上海等核心學圈的勢力很快籠罩全國，逐漸掩蓋了在地的聲音，成為轉動全國知識的主軸。它將傳統的知識性質與傳授形式全面重組，牽涉的層面相當複雜而廣泛。首先，是「成功的階梯」（ladder of success）變了。廢除科舉之後，「成功的階梯」多元化了，讀書人可以選擇成為各種專業人士，不必再牢守四書五經及應試作官一路。不過，新教育體制由小學以迄大學（再加上出國留學）逐級確定之後，上下之差，核心與邊陲之別重新樹立起來，從某種意義而言，它形成了另一種壟斷，不在這個建制體系中逐級而上的人，很難獲得發言權，套一句章士釗（一八八一——一九七三）的話：「現在不去歐洲留學，真沒有發言的餘地。」【二】過去那種在私塾、書院等比較鬆散的體系中學習，靠着幾篇文章，便能平流進取的情形，或是在地方士人圈中靠着各種活動成為地方菁英的情況，逐漸讓位給新的「成功的階梯」。傳授與學習的形式也變了。一位宿儒旁邊圍繞着一群讀書人，形成緊密小團體的舊形式，被課堂上教師與學生依課程與教科書傳授的方式取代了，生活與學習之間的關係也變得淡薄起來。所學習的知識比科舉時代更多樣，更謹嚴，是否合乎「科學性」成為一道嚴格的判準。

從地方上殺出來的人物，可以作頑強的抵抗，也可以不予理會，但也可以靠呼應北京的主流文化而上升到全國的舞臺，如錢穆的中學同學劉半農（一八九一——一九三四）、如四川的吳虞（一八七二—一九四九）等，但從本文可以看出，錢穆早年所走的路是一方面「預其流」，一方面又駕乎其上，終於到了北大。然而在錢穆由「預流」而逐漸上升的過程中，他原先珍視的一部分學問卻受到無形的壓抑，成了時人所說的「君何為從胡適治考據學」？

不過，從新文化運動以後一直到抗戰期間，士人世界始終存在着對新教育體制不滿的聲音，唐文治（一八六五—一九五四）、熊十力（一八八五—一九六八）、錢穆等人皆嚮往書院，並對新式大學提出種種的批評。【三】唐文治說「古之學校所以造人才，今之學校所以害子弟」，「欲救學生，先救人心」，即是一種相當常見的聲音。【四】他們抱怨學術過度專業化，抱怨學問與人格、職業與生活分裂成不相干的兩橛。抱怨學校培養專業人，而不是有教養的人，抱怨大學是功利主義的、庸俗的，退化成為職業學校，而忽略了成為一個時代的精神領導。【五】

【一】王錫彤說：「學堂漸興，舊學校不能存。」見《抑齋日記》，頁一一〇。

【二】朱執信：〈學術的良心〉，收入《朱執信集》（北京：中華書局，一九七九），頁六六〇。

【三】錢穆：《師友雜憶》，頁一三一—一三二。

【四】唐文治：〈學校論〉，《茹經堂文集．三編》，收入《近代中國史料叢刊續編》（臺北：文海出版社，一九七四），第四輯，卷二，總頁一二六五。

【五】這種情形與德國近代 mandarin 對大學的感覺是一樣的，參考 Fritz K. Ringer, *The Decline of the German Mandarins*（Hanover: University Press of New England, 1990）, p. 99, 102–103, 167, 184, 256, 258。

唐文治的無錫國學專修館，章太炎的國學講習會，馬一浮（一八八三—一九六七）的復性書院，梁漱溟在北碚的勉仁書院，都代表着一批不滿現代學術建制的人，希望以其他方式傳授另一種知識。

（四）一代學風的形成

錢穆與胡適的辯證歷程有助於我們檢討一代學風的形成。前面我已多次提到即使是「預其流」而駕乎其上，但在外人的印象中，錢穆還是「君何為從胡適治考據學」，也就是說即使他與新派有種種的不同，但是整體看來，他還是廣義的新考據學風的一員。

西學傳入中國至少是兩方面的，首先是一套科學化、客觀化的知識內容迅速取代以四書五經為主體的舊學，另一方面它也帶來一套標準、分類，形成另一種辨識高低、優劣的體系，形成一套新的識別系統（signalling system），它衡量並賞罰優劣，促使人們接受它、模仿它，盡力向它靠攏（一直到今天仍然如此，譬如 SCI、SSCI、AHCI，對非西方國家學術界所發揮的作用），形成一種新的學術風氣，在學問上如此，在其他許許多多方面，也無不如此。

一代學風的形成，與一種學術內在的精嚴性或是否更趨近所謂「真理」不一定呈正比關係，而與當時的社會文化環境或權力關係分不開。新的「價值層級」的出現吸引各地的讀書人向它集中、靠攏，關心相近的問題，或以相近的方式處理問題。它不但吸引人們在「典範」下解決相關的問題（problem-solving），同時也吸引人們在新的「價值層級」所張起的大傘下各施聰明競爭、對抗。並且為了競爭、對抗而以最大的熱情與最快的速度，發掘材料，解決問題，傳遞學術訊息。競爭者之間要進行區隔，但競爭的結果往往使得人們愈來愈相像，在動態的、競爭的情況下，儘管各家存在各種或大或小的差異，但總體而言，他們其實都是在一個新「價值層級」所樹立的標準下努力地工作着，形成一部聲音有點嘈雜的大合唱，形成史家筆下的一代學風。

錢穆與胡適的對話、競爭，儘管在具體的學術內容上往往南轅北轍，但他被吸引到新考據學這個大傘下工作，以致他原先對桐城文派及心性義理之學的嗜好，反而被擺在比較次要的地位，一直到他與這個學圈決裂之後，心性義理之學才又回過來成為主體。個人學術風格的改變，與整個時代的學風關係是如此的密切。

（五）「文化的」或「文明的」

從晚清以來，中國的士人世界逐漸出現兩條路，借用康德的說法，是「文化」（culture）與「文明」（civilization）之矛盾。德國從十八世紀中葉已經出現這兩種分野，康德在一七八四年的一篇文章提出一個觀察。他提到「文明」時是指精微的社會形式、熟練的禮儀、對世俗知識圓熟的掌握，而「文化」是真正的精神性、有教養的智慧。

依照諾博特．埃利亞斯（Nobert Elias, 1897-1990）的歸納，「文明」與「文化」的分野在英法不甚明顯，在德國則兩者之間的緊張始終存在。埃利亞斯說，十八世紀以來，德國的「文明」是指繁文縟節的，追求名譽的，「文化」強調真正的「德行」；「文明」是宮廷貴族的，講法語的，按照法國模式的，「文化」是屬於中等階層，知識分子，講德語的；「文明」是表面禮貌的，「文化」是真誠坦率的；「文明」表現了殖民和擴張的傾向，「文化」則表現出民族的差異、一個民族的自我覺醒與群體特性。在當時的德國，橫在中等階層知識分子與貴族上流社會之間的那一道牆很高，那些出身於市民階層的青年的理想、趣味以及他們效法的模式幾乎都與宮廷格格不入。【一】「文明」與「文化」這兩個概念並不完全適合近代中國，但我只想比較粗鬆地借用它們來梳理出晚清以來思想文化的兩條路。

以晚清以來的中國而言，如果以「文明」和「文化」來分，則由梁啟超到胡適代表的是「文明」的思維，梁氏在晚清積極鼓吹「文明」及「文明史」【二】，它的特徵是認為所有人類文明只有一個階梯，各個國家都在同一個階梯上攀爬，並有清楚的進步落後之分，而且處處以西方先進國家的標準來衡量本國的一切事物。但章太炎等人卻認為「文明」是一個壞名詞，「文明為極盛之野蠻」【三】，各個國家的文化特質不同，所以人類不是只有一個階梯，而是有許多個階梯。胡適與早期的梁啟超的思想內容很不同，但是在以西方「文明」作為「全盤重估」歷史文化的標準以及學習的對象這一點，兩人的思維模式比較接近——西方現代「文明」的標準，也就是人類共同的標準。另一派強調的是「文化」，認為各個文化皆有其特質，階梯不是只有一個，評量的標準也不是單一的，所以時時強調本土文化的獨立價值，認為中國文化土壤所蘊育的生命力尚未中斷，不應以「文明」的態度從外部加以評斷、批判，或是把歷史文化當成「檢視」「研究」的物件。

從錢穆與晚清以來新文化複雜的辯證關係，我認為「文明」與「文化」的區分是一對非常有用的概念，但是它必須有中間態或混合態，錢穆及一大群文化保守主義者屬之。

六、結論

本文一開始即試着將錢穆龐大的思想學術體系加以分期，主要集中在探討一九四九年以前他與新學風對話、辯證的歷程。

一、本文首先釐清一般的誤解：以為錢穆自始至終對清末民初以來的新思潮，對民國學術

【一】以上歸納自 Nobert Elias, *The Civilizing Process vol. 1: The History of Manners* (NY. Urizen, 1939), Ch. 1。我用了王佩莉與袁志英的中譯本《文明的進程》（北京：生活．讀書．新知三聯書店，一九九八—一九九九）第一部分的譯文。

【二】如梁啟超：〈新史學〉，收入氏著：《飲冰室文集》（臺北：中華書局，一九八三），第四冊，頁一—三二。

【三】章太炎：〈駁神我憲政説〉，收入湯志鈞編：《章太炎政論選集》（北京：中華書局，一九七七），頁四〇六。

界鉅子胡適等，採取排斥的態度。事實上，錢穆的成學過程中，大量吸收了新學風的質素，同時也密切地與主流論述進行對話、辯證。他之所以從江南的一個讀書人上升到全國舞臺，即因他能「預其流」，與主流論述辯證與對話。在對話、辯證的過程中，使得他早年在心性義理方面的懷抱漸漸隱而不彰，成為一位知名的考證學者，而且因為錢穆對清末民初以來的新學並不排斥，而是主張適當的吸收，並嫁接到傳統文化的根幹之上，所以與所謂「東方文化派」有着根本的歧異。

二、民國時期北京學術圈由三種力量組成，第一是新漢學，這是與胡適最為密切的一環。第二是精擅考證，而對傳統歷史文化仍抱同情者，如陳寅恪、錢穆、湯用彤等。第三是當時持心性義理之學者，如熊十力、林宰平。從錢穆的《師友雜憶》中可以看出他愈來愈親近於第二、三者，而與第一圈愈來愈疏遠，終致決裂，未再獲聘回到北大。本文藉此說明一代學風之離合以及錢穆與當時新漢學領導者們在最根本的文化問題上的分歧。他堅持固有文化只是一時受痛而不可全盤毀棄。隨着九一八事變、對日抗戰等民族存亡大事之刺激，這些分歧愈來愈具有現實的社會政治意義，也愈來愈不可能調和，終致決裂。

三、在說明錢穆與清末民初新學風的複雜關係，以及他對西方民主與物質科學的真正態度之後，本文進一步討論他在當時所謂保守主義思想家中所佔的特殊地位，以及他的主張何以與一九二〇年代的所謂「東方文化派」有所不同。這當然也可以解釋為何當時他能欣賞胡適及新文化運動的某些主張。而錢穆的文化態度，其實是民國學壇中相當活躍的一大群學者，如陳寅恪、湯用彤、蒙文通等的共相，只是具體表現有一些差異而已。

四、本文也由錢穆這位帶有濃厚東南文化色彩，長期在江南研究教書的讀書人，與民國學術主流之間的對話、辯證歷程，討論幾個問題：（一）新的主流學風與地方文化之間的關係。在現代傳播媒介及新學校體系的幫助之下，新學風如何逐步壓倒地方上多元文化的聲音。（二）本文也討論了一批文化保守主義者對新學校的強烈批判，而離開北大之後的錢穆，在意趣上也與這股批判之風再度合流，參與書院、講會的活動。（三）本文藉着這個實例，討論一代學風的形成：在一個價值典範下自由競爭，也是形成一代學風的過程中不可忽視的因素。在動態的構成中，調動着各地聰明才智之士，各出智巧，向它靠攏，最後形成一部嘈雜的大合唱。（四）本文也借用了康德（Immanuel Kant, 1723-1804）以來的「文明」與「文化」之分別，討論中國近代思想中的兩派，同時也指出，像錢穆這樣的文化保守主義者，不可完全歸到其中任何一方。

五、回顧錢穆早期的學術思想變化，除了與一代學風有關，也有與時代變局相辯證、相對話的關係。故一九二八年以後的社會史論戰、一九三一年的九一八事變及一九三七年的對日戰爭，是三個關鍵時刻。九一八事變及對日抗戰這兩個重大歷史事件，使得學術如何呼應現實變得愈來愈迫切，也逼使人們對當時的主流學風進行更深刻的反省，轉向思考歷史文化的大問題；在追求客觀的「學問」與引導國民對國家、民族的基本「信念」之間，天平愈來愈傾向「信念」，故《國史大綱》一開始即強調，「凡讀本書請先具下列諸信念」。【一】

從錢氏治學的軌跡看，一九二八年、一九三一年以後明顯轉向史學，一九三七年以後，先則轉向通史式的，帶有通論色彩的大敘述，後來則因感到民族心靈之空虛而更深地轉向心性義理之學的闡述。

尤其值得注意的是抗戰時期，他刻意要提出中國文化在世界文化中之特殊性，至此，錢氏似已脱離舊轍，要以一個新的體系來對抗新文化運動以來的體系。決裂之後的錢穆，再度成為荒野中的英雄，他逐漸脱離考證，轉向心性義理之學，轉向歷史文化的大論述，希望從傳統歷史文化中尋得一種通解，並為現實指出一個確當的方向。

本文根據我二〇〇五年在香港浸會大學歷史系的公開演講稿發展而成；原發表於《燕京學報》，新二一期（二〇〇六年十一月），頁二五三——二八七。

【一】錢穆：《國史大綱》，頁一。

重訪錢穆的《中國近三百年學術史》

「中國近三百年學術史」是一個非常光輝的學術領域，梁啟超（一八七三—一九二九）、胡適（一八九一—一九六二）、錢穆（一八九五—一九九〇）都曾圍繞這個主題，做了各式各樣引人入勝的研究。這使我想起班雅明（Walter Benjamin, 1892–1940）在〈歷史哲學論綱〉一文中，借用了保羅·克利（Paul Klee）的一幅畫「新天使」（Angle Novus）闡釋他對歷史的看法：「歷史天使的臉望向過去，身體前進到未來。」【一】當然，歷史書寫中存在着相對穩定的部分，但我們卻不能不承認，歷史研究確實帶有班雅明所說的這個特色：每一代人「身體前進到未來」時，他們對所講的過去選材敘述並不一定相同。如清代嘉慶年間形成的《儒林傳稿》，其中所選的人物與近百年學者所關注的就有許多不同，在當時的標準中被認為是最精彩、最有代表性的人物是高愈、謝文洊、應撝謙、嚴衍、潘天成、曹本榮、薛鳳祚、陳厚耀、沈彤、朱鶴齡、劉源淥、范鎬鼎、徐文靖、李光波、孔興燮。【二】但這些學者大多不再出現在後來的學術史中，或是不再被當成那麼重要的學術人物了。

晚清思潮動盪甚大，外國思想資源湧入、內在社會政治環境的大變等，都使得「新天使」的臉所看到的近三百年思想有所變化。特別是經過晚清的變法、革命思潮洗禮之後，學者所關注的重點及人物，每每與先前有所不同，而這一波又一波的衝擊與「近三百年學術史」這個學域的形成是有密切關係的。以《國粹學報》、《國粹叢書》為例，當時至少有幾種現實關懷深刻地影響到「國粹運動」的參與者對近三百年思想學術的取捨。他們重視的是：一、與「君學」

相反的「民學」，重視「細民」、「下」的思想。二、批判專制制度，以及與它關係密切的「利祿之學」。三、強調比較接近現代科學精神的「客觀徵實」之學。四、重視任何能與近代西方民主思想合拍的傳統思想質素，其中有些是帶有創新性、異端性、解放性的。五、帶有與西方近代功利主義意味的思想家。六、關注經世致用議題者。

在這些新標準之下，被突出的是李贄（一五二七—一六〇二）、顧炎武（一六一三—一六八二）、黃宗羲（一六一〇—一六九五）、王夫之（一六一九—一六九二）、顏元（一八六〇—一六九五）、李塨（一六一九—一六九二）、戴震（一七二四—一七七七）、章學誠（一七三八—一八〇一）、汪中（一七四五—一七九四）、包世臣（一七七五—一八五五）等人物。即使在刊刻書籍時，背後也每每有上面提到的關懷。譬如鄧實（一八七七—一九五一）在戴震《孟子字義疏證》、《原善》合刻本的跋語中說：「其解理字也，以為理出於

【一】Walter Benjamin, Hannah Arendt ed., *Illuminations* (New York: Schocken Books, 2007), p.257. 中譯參考班雅明：〈歷史哲學論綱〉，收入漢娜・鄂蘭特編，張旭東等譯：《啟迪：本雅明文選》（北京：生活・讀書・新知三聯書店，二〇〇八），頁二七〇。

【二】阮元（一七六四—一八四九）：《儒林傳稿》，收入《續修四庫全書》（上海：上海古籍出版社，一九九七），第五三七冊，頁六二〇—六二一。

欲，情得其平，是為循理，與西國民主之制公好惡於民，而倡人類平等之說相合。」【一】劉師培（一八八四—一九一九）跋包世臣《說儲》云：「其說多出于崑山顧氏，行之于今，頗與泰西憲政之制相合。」【二】鄧實也認為《湖隱外史》一書實可稱為「民史」，「世每謂中國無民史，此非其一邪。」【三】又認為鄧牧（一二四七—一三〇六）的《伯牙琴》：「黃梨洲著《明夷待訪錄》，其〈原君〉、〈原臣〉二篇，斥君權，排專制，為千古之創議，然其說原出于先生〈君道〉、〈吏道〉二篇」【四】，都是這方面的例子。

我們可以說，在形成「近三百年學術史」的系譜時，晚清以來的時局與思潮起了重要的作用，人們做了很多篩選，使得他們筆下清代儒者「全神堂」的人物與地位大幅改變了。

一、「中國近三百年學術史」領域的形成

對於「近三百年學術史」這個領域有過影響的人物很多，章太炎（一八六九—一九三六）、劉師培等都是，但就錢穆的《中國近三百年學術史》而論，起比較直接影響作用的是梁啟超（一八七三—一九二九）的《論中國學術思想變遷之大勢》以及《中國近三百年學術史》。梁啟超的《論中國學術思想變遷之大勢》曾分期刊於《新民叢報》，他認為清儒饒有科學的精神。在這個階段，胡適顯然受到梁啟超啟發，故跟著主張清儒體現科學精神。【五】但是即使在這個階

段，梁啟超對清代學術的看法也有多面性。梁啟超一方面說清儒「饒有科學精神」，同時也說「本朝考據學之支離破碎，汩殁性靈，此吾儕十年來所排斥不遺餘力者也」。【六】

這與梁氏的學術傾向有關。梁啟超早年對於學術的態度比較傾向其師康有為，強調今文經學和宋明理學，尤其是王陽明這一脈。所以，他一方面肯定清儒的治學方法，但同時也痛罵清代二百年來之學問「皆牛鬼蛇神」。【七】可是在新文化運動後，因胡適（一八九一——一九六二）提倡以科學精神「整理國故」，並得到四方景從，梁氏也隨即跟上。胡適在一九二一年五月的日記中評論《清代學術概論》說：「此次付印，另加惠棟一章，戴氏後學一章，章炳麟一章，

【一】鄧實：〈《孟子字義疏證》《原善》合刻引〉，轉引自王波編：《鄧實集》（出版中）。

【二】劉師：〈《說儲》跋〉，收入《小倦游閣集．說儲》（合肥：黃山書社，一九九一），頁一九九。

【三】鄧實：〈《湖隱外史》跋〉，轉引自葉紹袁原編、冀勤輯校：《午夢堂集》（北京：中華書局，一九九八），下，頁一〇八〇。

【四】鄧實：〈鄧牧心《伯牙琴集》跋〉，《國粹學報》，第三年一一號（總第三六期），一九〇七年十二月二十四日，頁六。

【五】胡適在《四十自述》中反覆強調自己早年受到梁啟超很大的影響。見胡適：《四十自述》（臺北：遠東圖書公司，一九五九），頁五〇——五四。

【六】梁啟超：《論中國學術思想變遷之大勢》（臺北：中華書局，一九七七），頁八七。

【七】梁啟超：《新民說》（臺北：中華書局，一九七八），頁一二六。

此原稿所無。此外，如毛西河一節，略有褒辭，袁枚一節全刪，姚際恆與崔適的加入，皆是我的意見。」【一】一九二二年十二月，胡適在日記中又認為梁啟超在一九二〇年出版《清代學術概論》是受其影響，他說：「其實任公對於清代學術的見解，本沒有定見。他在〈論私德〉篇中，痛詆漢學，有云：『夫宋明之學，曷嘗無缺點之可指摘？顧吾獨不許鹵莽滅裂之漢學家容其喙也。彼漢學則何所謂學？……吾見夫本朝二百年來學者之所學，皆牛鬼蛇神類耳！』……任公編集時，不刪此文，而獨刪去《中國學術思想變遷之大勢》之第八章。近來因為我們把漢學抬出來，他就也引他那已刪之文來自誇了。」【二】也就是說胡適先受到梁啟超的啟發，後來梁啟超這一個本來視清代考證學為「牛鬼蛇神」的人，反過來受胡適的影響，寫成《清代學術概論》，並開課講授《中國近三百年學術史》。【三】

在五四運動之後，「以科學整理國故」之風大暢，「歷史的天使」身體到了五四，但他面向過去的臉，所看到的是不大一樣的場景。此時一批不同的學術人物登上舞台，從胡適與梁啟超的書中便能看出這一點。梁啟超強調經世致用，現實的、實踐的，所以顏元（一六三五—一七〇四）、李塨（一六五九—一七三三）出現在他的視野之內；他強調與西方民主自由比較相近的價值，所以黃宗羲等人也在內。又因為強調科學精神，故講王錫闡（一六二八—一六八二）、梅文鼎（一六三三—一七二一），以及比較重視客觀精神考證文獻的胡渭（一六三三—一七一四）、閻若璩（一六三六—一七〇四）等人，尤其是在《中國近三百年學術史》中用了四章的篇幅講〈清代學整理舊學之總成績〉。

二、梁啟超與錢穆

一九三一年，錢穆先生在北大歷史系任教，是其在大學講授歷史課程之開始，依錢先生回憶，他所開授的課，一為中國上古史，一為秦漢史，皆是由學校所指定的必修課，另一門選修課由他自定，決定開「近三百年學術史」。他說：「此一課程，梁任公曾在清華研究所已開過，其講義余曾在雜誌上讀之，任公卒後，某書肆印此書，梁家以此書乃任公未定稿，版權所屬，不准書肆發行。」後來他終於在北京的東安市場的非正式管道中買到一部，「余因與任公意見

【一】曹伯言整理：《胡適日記全集》（臺北：聯經出版事業公司，二〇〇四），第三冊，頁一八。

【二】曹伯言整理：《胡適日記全集》，第三冊，頁四三三—四三四。

【三】吳稚暉（一八六五—一九五三）便觀察到梁啟超反過來受到胡適影響，他在〈箴洋八股化之理學〉中講梁啟超：「受了胡適之《中國哲學史大綱》的影響，忽發整理國故的興會。先做什麼《清代學術概論》，什麼《中國歷史研究法》，都還要得。」見吳敬恒：《吳敬恒選集（哲學）》（臺北：文星書店，一九六七），頁一三三。

相異，故新開此課程，自編講義。」【一】錢穆對梁啟超書中反覆強調的兩個重點並不同意：第一點是清學是對宋明理學的反動，第二、清學是客觀徵實之學，近於科學。【二】錢穆說：「余本好宋明理學家言，而不喜清代乾嘉諸儒之為學。及余在大學任教，專談學術，少涉人事，幾乎絕無宋明書院精神。人又疑余喜治乾嘉學，則又一無可奈何之事矣。」【三】所以，錢穆的這本書雖然承繼了梁啟超「中國近三百年學術史」的題目，但它的宗旨其實是有出入的。借用余英時先生的話說，錢穆在動手撰寫《中國近三百年學術史》時便已將「體」或「框架」確立下來。【四】在「體」確認下來之後，錢穆所選取的人物與思想潮流便與梁啟超有所不同。

梁啟超《中國近三百年學術史》一書的第一部分是對明末清初大儒的闡發：黃宗羲（一六一〇—一六九五）、顧炎武（一六一三—一六八二）、閻若璩、王船山（一六一九—一六九二）、朱舜水（一六〇〇—一六八二）。接下來是史學：萬斯同（一六三八—一七〇二）、全祖望（一六六八—一七四一）；程朱學派：張履祥（一六一一—一六七四）、陸世儀（一六一一—一六七二）、陸隴其（一六三〇—一六九二）、王懋竑（一六六八—一七四一）；實踐主義：顏元、李塨；科學之曙光：王錫闡、梅文鼎。這些安排有兩個重點，即清學是「厭倦主觀的冥想而傾向於客觀的考察」，「排斥理論提倡實踐」。梁任公書的第個二主體是「清代學者整理舊學之總成績」（第一三至一六章），這個部分應該是受到「整理國故運動」的影響，故以科學的客觀精神為主體，一方面說清代學術為科學的，一方面突出清代學者整理舊學的成績。從目前梁書的樣子看，錢穆云：「梁家以此書乃任公未定稿」，恐怕是事實。【五】方諸於《清代學術概論》，後者主旨明確，線索貫串、一氣呵成，則《中國近三百年學術史》顯然並未完全定稿。

與梁書相比，錢書有一些不同的安排。書中的安排、取材、所選人物雖與梁啟超有所重疊，但是重點卻有不同。他的整個主脈是清學與宋明理學的發展是不可切斷的，它對宋明理學

【一】錢穆：《八十憶雙親．師友雜憶合刊》（臺北：東大圖書公司，一九八六），頁一四一。按：錢先生此處回憶有所出入。梁任公於一九二三年九月間於清華學校講授「中國近三百年學術史」課程，其時清華尚未設立大學部與研究院；一九二六年七月上海民志書局出版《中國近三百年學術史》一書，尚在任公生前。參看趙燦鵬：〈梁啟超《中國近三百年學術史》成書問題辨析〉，《社會科學研究》，二〇一五年第四期，頁一八八—一九一。

【二】梁啟超在《清代學術概論》（臺北：中華書局，一九八七）中揭「反動說」：「『清代思潮』果為何物耶，簡單言之，則對於宋明理學之一大反動，而以『復古』為其職志者也。其動機及其內容，皆與『文藝復興』絕相類。」（頁三）又說：「一言以蔽之，曰用科學的研究法而已，試細讀王氏父子之著述，最表現此等精神。」（頁三三）

【三】錢穆：《師友雜憶》，頁一三七。

【四】余英時先生為《國史大綱》寫的導論，見〈《國史大綱》發微——從內在結構到外在影響〉，《古今論衡》，第二九期（二〇一六年十二月），頁四—一六。

【五】錢穆：《師友雜憶》，頁一四一。楊樹達（一八八五—一九五六）在日記中也提到一九三〇年，他接受林志鈞之託檢校此書，似可說明其為未定之稿。見氏著：《積微翁回憶錄》（上海：上海古籍出版社，一九八六），頁五三—五四。

有修正、有反動，但更有抹不掉的底色，如錢穆自己說：「余本好宋明理學家言，而不喜清代乾嘉諸儒之為學」。【一】故錢穆反對梁任公近三百年學術史一開始的標題「反動與先驅」。用余英時先生在〈清代思想史的一個新解釋〉中所說的，「反動論」好像認為「反」即可以「反」出一部清代學術史來。【二】另外，錢穆對梁氏所說的清儒「厭倦主觀的冥想而傾向於客觀的觀察」，也並不完全同意。這裡的「主觀冥想」顯然是指宋明理學，而他認為如果說「厭倦」宋明理學是啟動清學最主要的動力，顯然不合乎史實。梁啟超認為，清學與宋學不大有關係，錢穆則注意到，即使在考證學最盛時，清代理學仍有其活力，應當正面陳述。尤其在晚清，宋代理學的流衍及復興發揮很大的現實作用。

錢穆在《中國近三百年學術史》的〈引論〉中是這樣說的：「治近代學術者當何自始？曰：必始於宋。何以當始於宋？曰：近世揭櫫漢學之名以與宋學敵，不知宋學，則無以平漢宋之是非。且言漢學淵源者，必溯諸晚明諸遺老，然其時如夏峯、梨洲、二曲、船山、桴亭、亭林、蒿菴、習齋，一世魁儒耆碩，靡不寢饋於宋學。繼此而降，如恕谷、望溪、穆堂、謝山乃至慎修諸人，皆於宋學有甚深契詣。而時已及乾隆。漢學之名，始稍稍起。」【三】接着，他從唐宋一路講下來，講清學開山三大儒——黃宗羲、顧炎武、王夫之等人，此後在講清代中晚期思想時，也指理學在當時像是泡在水中的咖啡，雖然看不到咖啡粉，但時時可見其色彩。此外，在處理清代的樸學時，錢穆認為他們不只是在「整理」舊學，還有思想的面向。

可能因為上述的傾向，所以錢穆撰寫《中國近三百年學術史》時，在有意無意之間也產生了一個有趣的現象，即他的書雖以「學術史」為名，但多講思想，且對若干清代考據學大家像王念孫之流竟而完全未加著墨。

三、彷彿尋寶之歷程

我個人在閱讀《師友雜憶》與《中國近三百年學術史》的撰寫過程中有關的段落時，常常有一種興奮感，即這是一個觀點不斷翻新與史料不斷擴充的過程，每每受其牽引，彷彿參與尋寶的過程。錢穆回憶說，當時的北平一如書海，在以科學整理國故的運動之後，於新學術觀點的燭照之下，若干歷史人物受到人們前所未有的重視，搜羅罕見文本的風氣很盛。《師友

【一】錢穆：《師友雜憶》，頁一三七。錢穆在《宋明理學概述》的〈序〉中有一段話扼要地講述其對宋學、清學態度之發展：「宋明之語錄、清代之考據，為姚、曾古文者率加鄙薄，余初亦鄙薄之，久乃深好之。所讀書益多，遂知治史學」，「其得力最深者莫如宋明儒」。見氏著：《宋明理學概述》（臺北：學生書局，一九七七），頁二。

【二】余英時：〈清代思想史的一個新解釋〉，收入氏著：《歷史與思想》（臺北：聯經出版事業公司，一九七六），頁一二五——一二六。

【三】錢穆：《中國近三百年學術史》（臺北：臺灣商務印書館，一九六六），頁一。

雜憶》中所提到的，舉凡陳確（一六〇四－一六七七）的《大學辨》、潘平格（一六一〇－一六七七）的《求仁錄》，《章實齋遺書》家傳本及戴震的《孟子私淑錄》，顧祖禹（一六三一－一六九二）《讀史方輿紀要》嘉慶刊本、雷學淇《竹書紀年義證》、《三朝北盟會編》半部鈔本等[二]，其得書經過莫不動人心弦，後人讀來宛如閱讀偵探小說。所以錢穆的《中國近三百年學術史》雖不特別提倡新得史料，但史料的擴充卻是此書的一個重要特質。以潘平格的《求仁錄》一書為例，梁啟超只能從唐鑑（一七七六－一八六一）《清學案小識》的引文中轉引，而錢穆已能讀到原書，兩者之間便有莫大的差異。正因為材料獲得的難易程度不同，故梁啟超書中對《求仁錄》只是一筆帶過，而錢穆就認為《求仁錄》跟理學、心學的發展以及清初的思想界有很重要的關係。

在鋪陳內容時，錢穆似乎比較少用外部評斷的視角，而多是平心靜氣地涵泳原典，並將其中最重要的部分做一番鈎玄提要的功夫作為引文，使得讀者披覽之後，可以把握到一家思想之要旨。同時，他也把可進一步發掘的問題放入雙行夾注中。在多次披覽之後，我感覺到書中涉及了許多曲折的學術問題，對於這些問題，錢穆都曾仔細思考過才行諸文字，故用語特別簡當，而指涉卻相當深遠。所以我覺得凡閱讀這一部書的讀者，應該採取「循環往復」的態度，也就是先通讀一遍，從事某種專題的研究之後，再回去仔細玩味《中國近三百年學術史》中相關的章節或段落。

在這裡隨舉一例：《中國近三百年學術史》第十二章「曾滌生」中有一段話說：「清儒考證之學，盛起於吳、皖，而流衍於全國，獨湖、湘之間被其風最稀。」【二】大多數人在讀《中國近三百年學術史》這一章時，對這幾句話很可能會一閱而過，可是如果比較集中地研究清代湖湘地區的思想、學術之後，便會發現在清代考證學勢力如日中天之時，各大區域之間有一個「重心轉移」的進程。如果將當時考證學的圈子分成三級，則第一級地區以江蘇、浙江、安徽為主，第二級以山東、河南、河北、山西為主，第三級則是後來的福建、廣西等地。而湖南、湖北在考證學盛時，幾乎沒有什麼代表性人物。如果翻查《皇清經解》與參考《皇清經解提要》等書，可以發現清代經學名人中，就很少或幾乎找不到湖南、湖北的學者。【三】再看梁啟超《中國近三百年學術史》第六章〈清代經學之建設〉所列的幾個表：「亭林學友表」、「初期經學家表」，亦無一湖北人，且幾乎沒有湖南人。經此一番探究，則知：「清儒考證之學，盛起於吳、皖，而流衍於全國，獨湖、湘之間被其風最稀」一段所指為何了。但道咸之後，學風大變，湖、湘成為新思想的發源地，湖南唐鑑等人在北京所形成的理學團體，對後來歷史的發展佔有

【一】錢穆：《師友雜憶》，頁一四二、一六〇——一六五。
【二】錢穆：《中國近三百年學術史》，頁五七五。
【三】沈豫撰、趙燦鵬校注：《皇清經解提要》（北京：華夏出版社，二〇一四）。

關鍵性的地位。

此外，我覺得錢穆對重要思想家言論的把握，以及他們如何影響時人及他們與論敵之間觀點的出入，也是書中討論的核心。這是受傳統學案的影響，所以他的書也是採學案式、綱目體的寫法。因為錢穆對傳統古籍掌握深入，且非常用心體會，所以在上述幾方面都寫得非常好。但作為一個後代讀者，我比較注意的是：受他人影響的人，在被影響的同時，其實對他自己而言，也是一次擴充與創造。所以，我覺得錢穆在講影響時，比較忽略了被影響的人本身其實也在主動擴充、創造自己。

四、清代學術史的「史料革命」

前面提到，在讀《中國近三百年學術史》時，讀者處處感到一種史料「出土」的興奮與趣味，但近年以來，隨着清代文獻大出，尤其是幾部大型材料書的出現，如《四庫存目叢書》、《四庫禁燬叢書》、《四庫未收書輯刊》、《清代詩文集彙編》、《稀見清代四部叢刊》、《晚清四部叢刊》、《民國學術叢刊》等，乃至於各種電子文獻資料庫，使許多原先只能在圖書館抄錄的罕見書以及大量稿抄本，都不難寓目，造成了另一種形式的明清「史料革命」。

以潘平格《求仁錄》為例，前面提到，當梁啟超寫《中國近三百年學術史》時，尚未能見到《求仁錄》原書，故只能從唐鑑的《清學案小識》中轉引，而錢穆寫《中國近三百年學術史》時，則因偶然機緣得以直接讀到《求仁錄》。但是在《四庫存目叢書》中，則有卷帙更富的本子。《四庫存目叢書》中的《求仁錄輯要》共有十卷，而錢書中摘述的只有第一、二卷。錢先生可能因為只見《求仁錄》第一、第二卷，故書中的闡發仍然有限，在辨清學脈方面，所重視的多在「破」的一面，忽略其「立」的一面，故對於潘氏如何建立一套積極救世哲學，使得原來有關個人修養的材料，多變成治國平天下的概念，突然具有新的意義，顯然未多加注意。【一】

關於史料限制這一點，此處再以清初的汪紱與江永為例。汪、江二人是同一時代、同一地域的朱子學代表人物。《中國近三百年學術史》中提到清代徽歙間講學淵源，遠自無錫之東林有汪知默、陳二典、汪佑、吳曰慎、施璜講朱子之學於紫陽書院，又因汪學聖問學於東林之高世泰，實為徽州朱學正流，江永、汪紱皆為其餘波。「故江浙之間學者多從姚江出，而皖南則一遵舊統，以述朱為正。惟汪（紱）尚義解，其後少傳人，江（永）尚考覈，而其學遂大」。【二】錢穆在這一段的雙行夾注中說：「汪雙池年譜有與江慎修書三通，及江覆書兩首，可證兩家治

【一】錢穆：《中國近三百年學術史》，頁二〇四。

【二】同上，頁三〇九—三一〇。

學之歧趨。」【一】錢先生非常敏感地點出，汪、江論學不合。他們兩人往復爭論的這幾封書信，即收在《善餘堂文集》中。【二】我直覺以為江、汪這件公案，錢先生把握非常真切，不過錢先生似未讀過卷帙浩繁的《汪雙池遺書》，故講到汪氏的部分比較簡略。這部遺書收藏的地方不多，但史語所傅斯年圖書館即有一部二十八種本，可供進一步考索。【三】

以上兩個例子是為了說明，在這個「史料革命」之下，對於重估錢穆的《中國近三百年學術史》可以產生莫大的作用。我曾與學生一起將《清代詩文集彙編》等叢書中的稀見之書標出，其數目達到一個難以想像的比例，這一情形幾乎出現在前述的每一部大型叢刊中，值得我們注意。

五、餘論

《中國近三百年學術史》是一部八十多年的書了，在這麼長的時間內，思想史的寫法已有相當大的變化。

至今為止思想史的寫作方式中有比較明顯的兩派，一是個人派，一是思潮派。前者著重個人及授受源流，認為個別思想家可以產生重大的思想或現實影響，後者則比較重視整體思潮的變化。錢穆似乎比較屬於前者，而這也是從兩部《學案》，或《儒林宗派》等方面以來的傳統。後來的學術史或思想史，則偏向寫一片又一片的思想場景，一次又一次的思潮變化，個別人物在其中有地位，但不單只是孤獨地站立在舞台上，這也使得思想史或學術史的解釋變得更為複雜。

此外，我個人認為錢穆《中國近三百年學術史》的解釋是複調的，是兩個以上色彩的學術史發展，而梁啟超受到科學整理國故運動之風潮的影響，比較從單一方向去綜理清代學術。最近一、二十年來，人們比較不那麼堅持認為晚清以來思想殿堂只有一個基調，而那個基調是科學的、客觀的、革命的，所以學術界回過頭去重看近三百年學術思想時，可以有一些新的方向與解釋。在這個時候重新閱讀錢穆的《中國近三百年學術史》，相信讀者可能會產生不同的領會。

錢穆對「中國近三百年學術史」這個題目，是不斷思考發展的。抗戰期間，他受託重編《清儒學案》，其書雖已遺失，但有〈序目〉留存，或可略窺錢穆對清代理學發展之看法。此外，賀麟在《當代中國哲學》中批評錢穆的《中國近三百年學術史》未有章太炎一章，當時章太炎雖仍在世，但其學問卻已可蓋棺論定。後來，《中國學術思想史論叢》第八冊便收錄多篇有關清代學術思想的論述，其中包括〈太炎論學述〉。

【一】錢穆：《中國近三百年學術史》，頁三〇〇。

【二】林勝彩點校、鍾彩鈞校訂：《善餘堂文集》（臺北：中央研究院中國文哲研究所，二〇一三）。

【三】另有浙刻《雙池遺書》八種，光緒二十一年至二十二年刊，較多見收藏。

最後，我要再度以「新天使」來說明，讀者與錢穆《中國近三百年學術史》的關係。不同時期的學者從各種不同角度閱讀錢書時，彷彿是新天使移動的腳步。譬如楊樹達日記裡說：「閱錢賓四（穆）《近三百年學術史》。『注重實踐』，『嚴夷夏之防』，所見甚正。文亦足達其所見，佳書也。」【二】錢書在抗戰前夕寫成，日本入侵之勢已在眼前。楊樹達讀此書時在一九四三年，此時「歷史天使」的身體前進到了對日戰爭，但他的臉望向過去、望向錢穆的《中國近三百年學術史》時，所看到的重點是「注重實踐」、「嚴夷夏之防」，與之前之後的讀者有所不同。我個人相信未來不同時代的讀者，也都將在這本書中看出不同的重點與意義來。

本文原為臺灣商務印書館新版錢穆的《中國近三百年學術史》所撰寫之〈導論〉。

【二】楊樹達，《積微翁回憶錄》，頁八二。余英時先生引此條並評論說：「楊樹達特別指出『文亦足達其所見』這一點，是有眼光的，因為錢先生在此書中每寫一家必儘量揣摩其文體、文氣而仿效之，所以引文與行文之間往往如一氣呵成，不着剪接之迹，但讀者若不留意或對文字缺乏敏感，則往往不易看得出來。《中國近三百年學術史》特『嚴夷夏之防』，正是因為這部書在抗戰前夕寫成的。這時中國又面臨另一次『亡國』的危機。」見余英時，〈一生為故國招魂〉，收入氏著：《猶記風吹水上鱗》（臺北：三民書局，一九九一），頁二六。此外，也有學者認為錢穆的《中國近三百年學術史》遠遠不如梁啟超的《中國近三百年學術史》。見汪榮祖，〈錢穆論清學史評述〉，《臺大歷史學報》第二六期（二〇〇〇年二月），頁九九—一一九。

近代史家的研究風格與內在緊張

在文章一開始，我想粗略地將民國時代比較活躍的史學家區分為五群：第一是帶有傳統色彩的史學家；第二是新史家，以胡適（一八九一——一九六二）、傅斯年（一八九六——一九五〇）及他們所領導的機構、受其學風影響的團體與個人為代表；第三是左派史家；第四是一批留學西方、但與第二派學問風格不盡相同的史學家；第五是直接或間接受當時日本史學影響者，由於當時日本學界早已吸收了蘭克史學、實證主義史學等西方史學流派，所以中國學者往往從日本、中譯或介紹式文字中得到影響。

在以上五派中，最有影響的是兩派，一派是新史學，在思想界可與之略分庭抗禮者則是左翼史學。前者可謂現代中國的「歷史主義」學派，後者可謂新「歷史哲學」學派。新史學的特色是將歷史中的事與物通通「歷史化」（historicize）、相對化，將所有物事放在歷史脈絡中。無限擴充史料，打破聖道王功，追求客觀真理，持「發生學—歷史的」觀點，主張變動的、變化的歷史觀，打破靜止不動或歸於不變的原點式的歷史觀念。這一派史學與新文化運動桴鼓相應，其影響所及，不局限於歷史學，事實上對整個人文學皆產生改變，而且深刻地改變倫理、道德，乃至深層的意識與世界觀。至於左翼史學是指一九二〇年代後期慢慢崛起的一群史學家，他們以歷史哲學來駕馭歷史事實，代表人物如郭沫若（一八九二——一九七八）、翦伯贊（一八九八——一九六八）、侯外廬（一九〇三——一九八七）等。在北伐之後，歷經中國社會性質、中國社會史論戰等幾次論戰，左派史學的力量在一般思想界愈來愈大，逐漸支配了當時青年學子的歷史觀。在他們看來，如何看待歷史，其實也就是解釋未來革命道路的問題。【一】這些左派史家在當時的學術界處於較為邊緣的地位，但在現實政治上所產生的影響卻非常巨大，而且到了後來，他們的著作與觀點的吸引力愈來愈大，後面一兩代年輕人的歷史解釋與歷史研究，都慢慢地跟着他們走了。【二】

本文所突出討論的五種特質，基本上是以第二派人物為主，但是並不以他們為限。一方面是因為表現上述研究風格的並不僅限於他們，而且如果我們僅以學問風格之新舊、或其他相對性的特質來分，也很難對這個時代的學術風格作一個恰當的掌握。譬如王國維（一八七七—一九二七），他兼具傳統的心態與新學術的洗禮，接觸西方心理學等近代學科非常之早，學術思維往往相當新，如認為薛丁山、薛仁貴故事可能與弒父情

【一】參考周子東等編著：《三十年代中國社會性質論戰》（上海：上海知識出版社，一九八七）；陳峰：《民國史學的轉折：中國社會史論戰研究（一九二七—一九三七）》（濟南：山東大學出版社，二〇一〇）。

【二】相關研究甚眾，較新的研究如張劍平：《中國馬克思主義史學研究》（北京：人民出版社，二〇〇九）。

結有關即是。【一】即使是以傳統史家自期的錢穆（一八九五—一九九〇），他的學問與思維中仍有許多西方的質素。【二】受到西方訓練的史家中，也有不全以「問題式研究」為主，而偏向縱論大趨勢與大脈絡的，如雷海宗（一九〇二—一九六二）、齊思和（一九〇七—一九八〇）等。【三】即使是在胡適、傅斯年等人領導的新史學陣營中，也有留學法國的學者如凌純聲（一九〇二—一九八一），他們的治學風格、興趣與自己的同事都有所出入【四】，這是要先說明的。

一、近代史家的若干研究風格

（一）由經學到史學

近代史家的風格有一個很重要的轉變，即是由經學到史學過程的轉變。【五】傳統的知識體系

【一】王國維很多的著作都與現代西方美學、哲學、心理學有關，中國最早三本心理學概論的書，都是王國維或編譯或撰寫，在一九〇〇年至一九一〇年間出版的，所以他對這些學問相當熟悉。在《胡適日記》裡曾提到，王國維跟他討論薛丁山與薛仁貴的故事，問道這是否弒父情節？余英時先生從這一點看出，王國維想事情是很現代的，他很充分運用很多現代西方的學問。其實如果偶爾讀讀他的著作中對古代歷史所做的嚴肅考證，便可以感覺到他受的哲學訓練在這裡面起了作用。參看余英時：〈從《日記》看胡適的一生〉，收入胡適著、曹作言整理：《胡適日記全集》（臺北：聯經出版事業公司，二〇〇四），第一冊，頁一七—一八。

【二】即便文化立場較為保守的學者，如柳詒徵（一八八〇—一九五六），也曾去日本做過考察；又比如錢穆雖然沒有出國讀書，但是經由當時新式學報刊物的介紹，閱讀了很多翻譯的西方史學、哲學方面的書。

【三】雷海宗雖然著作不多，也沒有很多時間好好地發展學術，但他的學問特色是關心古往今來的大問題，就特定的歷史事實（particular facts）、特定的問題去下手。他關心撰寫的題目，在當時所謂的歷史考證學派裡面很難看得到，如論中國皇帝制度的成立、傳統中國家族制度、中國無兵的文化，這些題目都非常大，也代表當時歷史學界的另外一種風格。因為受《西方的沒落》的作者史賓格勒（Oswald Arnold Gottfried Spengler, 1880—1936）影響很大，雷海宗論中國歷史，認為其他古文明都已走完生老病死的過程，西方很多古老文明都只有一個週期，只有中國有兩個週期；到了抗戰時期，第二週期快要結束了，如果抗戰勝利的話，可能就要進入第三個週期。這種論題在上面提到新史家裡就絕對看不到。又如雷海宗有一篇文字講中國歷史上南北輕重的變化，我們知道這是錢穆《國史大綱》中最見精彩的兩章，當時很多人在談論這個問題，雷海宗卻只用了幾頁，從另一個角度講。他從歷代地方的建置，比如秦代的郡，南方有多少個、北方有多少個，比如說隋代的什麼，南方有多少個、北方有多少個，他將這些數目稍微統計一下得到一個結論，南方已經慢慢超過北方，因為南方那些建置的數目愈來愈多，原本都是在北方，到了隋唐安史之亂以後，到了宋朝以後，那些大的建置，都是南方的愈來愈多、北方的愈來愈少。這個也是關心大問題、看大變化的一種方式，他雖然沒有像錢穆那樣做很仔細的論證，但也是一種可行的辦法。

【四】凌純聲和李宗侗（一八九五—一九七四）都是留學法國的。法國訓練出來的史家的風格，跟其他史家並不相同，通常比較具有人類學的以及民俗學的興味，喜歡處理富含想像力的問題或傳說、神秘的信仰等議題。從李宗侗的《中國古代社會新研》、《希臘羅馬古代社會研究》，及像徐炳昶（一八八八—一九七六）的《中國古史的傳說時代》，以及凌純聲先生的著作，都可以看得出來。但是，不管是哪一派史學家，他們的研究、他們的社群都已經慢慢跟傳統史家有所不同。他們對話的社群不斷地擴大，也與傳統傾向孤立思考問題跟看待問題的方式，對話可能只有中國境內的、少數幾個學者不一樣，擴及到日本的、西方的漢學圈等等。因此他們所關心的問題也就不能只在內部打圈子，逐漸受到外面的影響或是挑戰，更為多元也更複雜。

【五】但是這並不是說經學沒有人研究了，事實上民國時期尚有大量的經學著作，但是無論如何它們已經不是時代的主流。

以經學為主體，並不是說所有的學問都是經學，而是說用來涵括所有學問的最高指導標準，其實是以經學為主。然而在民國以後，這個標準逐漸讓位於史學。當時許多有名的人文社會學者或多或少與史學有關。相對而言，經學慢慢地沒落了。因此這裡面有一個風格上的轉變，經學所留下來的遺產慢慢地被史學所吸收轉化，一個看起來似乎全新的歷史命題，或是一個新的表述的方式，事實上原來都有晚清經學的背景。【一】

一九二〇年代到一九三〇年代出現了幾本書，對於當時知識界的震動是非常大的。這幾本書都提倡中國上古時代是多元的、多種族，在傳統的經學思維裡面不可能產生這種想法。在傳統經學裡面一定是堯、舜、禹、湯、文、武、周公，從黃帝以來一系相傳下來，可是在一九二〇年代，尤其是後期開始，慢慢地出現主張古代中國是多區域、多種族，文明多元的聲音在經歷晚清的政局動盪以後，有作為的經學家不斷地改組自己的經學系統，想要用這種方式來維持古代經學與古代聖人的威信。廖平提出了一個說法，認為古代的經典顯然有兩個系統，而這兩個系統看起來又非常不能相容。他指出這兩個系統都出自孔子，只是一個是早年、另一個是晚年提出的。廖平覺得這樣還不夠，又說孔子早年的弟子是從河南、河北來的，晚年的弟子大多是從山東鄒魯這邊來的。所以，廖平在無形之中將古代的經學遺產多元化，原來還有地域東西、時代早晚的分別。他雖然將這些遺產都歸結至孔子一人身上，但事實上已經指出古代的文獻、古代的史書中有兩個系統，一個是西邊燕、趙等地，一個是東邊山東齊、魯一帶。

這兩個系統本來串聯不起來，但他利用這個方式把它們串聯起來。然而在廖平的學生眼中，便發現這兩個系統都跟孔子沒有關係，古代學問本來就存在兩種不同的系統。蒙氏就發現，這兩種學問系統的不同，不但是地理上的，還是種族上的。因為他已經沒有廖平那種一切要尊孔、尊聖的思考模式，所以他並未將這些不同的系統都歸到孔子身上。事實上廖平已經把傳統經學一元的系統打破了，只因廖平是經學家，還要勉強地把這些東西放到孔子身上；而他的學生就不如此，蒙文通是一位史學家，史學家乃從種族和地理的差異來思考這些問題。對我們來說，可能會覺得這是一個很簡單的想法，但是對於長期在經學一元系統下成長的學者來說，這卻是很不容易的轉變。打開這個缺口，把舊的系統粉碎掉的是一個經學家，而他的學生進而用地理與種族差異的角度來進行解釋。蒙氏後來發現〈天問〉裡面敘述古代歷史跟這兩個系統又不相

【一】錢穆以《劉向歆父子年譜》成名，即是以史學研究方式解決晚清經學遺留問題之典範，他認為：「治經終不能不通史，即清儒主張今文經學，龔定庵魏默深為先起大師，此兩人亦既就史以論經矣。而康長素廖季平，其所持論，益侵入歷史範圍。故旁通於史以治經」，「經學上之問題，同時即為史學上之問題，自春秋以下，歷戰國，經秦迄漢，全據歷史記載，就於史學立場，而為經學顯真是」。見錢穆：《兩漢經學今古文平議》，〈自序〉（臺北：東大圖書公司，一九八九），頁三。

同，所以最後提出三系統說。以上只是一個很簡單的描述，當然轉變的過程還要複雜得多。【一】如果我們注意到現今考古學的研究，會發現這一主張已經逐漸被證實，古代中國的確可能有三個系統。當然可以分得更多，張光直（一九三一——二〇〇一）先生便分成六大區域【二】；而蘇秉琦（一九〇九——一九九七）提出「區系類型」、「滿天星斗」的說法。【三】無論如何，已經沒有人再堅持華夏一元中心、一線相承的想法，蒙文通就是處在學術從經學轉變至史學的過程中，用史學的角度回頭去觀看經學的遺產，把它碎片化了。從這一過程中，多少便可以看出從經學過渡到史學的痕跡。

種族跟地理的概念是十九世紀西方史學發展出來的兩個重要主題，啟蒙時代的史學家對此並不關心。十八世紀啟蒙時代的史學家關心的是歷史的普遍性，像伏爾泰（Voltaire, 1694—1778）這些人所撰寫的史書裡面，關心的是人類的共通現象，反而不太關心種族、地理這些會把事情個殊化（particularized）的東西。啟蒙時代唯一一個小小的例外是孟德斯鳩（Charles de Secondat, Baron de Montesquieu, 1689—1755），因為孟德斯鳩比較注意各地的風俗習慣、各地地理形成的特殊性，所以才會提出不同的國家要設置不同的政治制度的說法。【四】到了十九世紀的西方史學，種族跟地理逐漸成為兩個重要主題，並且大規模地運用在歷史知識之中。這些主張慢慢地透過各種方式傳播到中國來，大部分都是透過日本。西方重視種族、地理、各地風俗習慣，很大部分的原因是跟當時的浪漫主義有關。浪漫主義時期學者，尤其是赫爾德

（Johann Gottfried Herder, 1744—1803）的思想，從近代的日本輾轉傳到中國，其實有些潛在的影響。不管是從日本還是從西方來，種族跟地理的個殊性造成歷史的特殊性的想法，慢慢地成為人們解釋歷史的重要工具，甚至回頭去應用在古代的經典，因此對很多原來經學家留下的問題，到了近代有相當不同的處理。

這點對原來儒家相傳的價值體系，是一個很大的震撼。這類問題在王國維的身上也可以看得到。王國維（一八七七—一九二七）對於清代的經學非常了解，他的〈殷周制度論〉也主張古代中國有兩套系統，一套是商代的，一套是周代的。他說周是一個新的革命，重新改造商的文化遺產，變成周的道德主義制度。但他還是認為商跟周都是帝嚳的後代，所以他們是同一個來源。而到了新一代學人手中，則認為商、周其實是兩個不同的種族。也就是說新一代的人已經沒有傳統的經學味道，也不再抱持一元的觀念。雖然商、周是否為不同種族還是一個未定

【一】參看王汎森：〈從經學向史學的過渡——廖平與蒙文通的例子〉，收入氏著：《近代中國的史家與史學》（香港：三聯書店〔香港〕有限公司，二〇〇八），頁一〇九—一五六。

【二】參看張光直著，印群譯：《古代中國考古學》（瀋陽：遼寧教育出版社，二〇〇二）。

【三】參看蘇秉琦：《中國文明起源新探》（香港：商務印書館〔香港〕有限公司，一九九七）。

【四】關於孟德斯鳩的地理決定論（geographical determinism），參見 Werner Stark, *Montesquieu: Pioneer of the Sociology of Knowledge*（London: Routledge, 2001）, pp. 104—121。

之論，但是可以看得出史學觀念的變化，一代一代慢慢地把原來的經學主張丟掉，援用種族多元的看法。此外，經學在民國以後被慢慢分散到各種學說當中。十九世紀西方的「分科之學」傳到中國來【一】，但是分科之後，古代的經學到底要分到哪一科呢？有的歸入文學、有的歸入哲學或史學，對於原來舊的體系，分科之後等於是解放、多元化了，或者用一個比較負面的名詞，就是碎片化了。【二】這是一個不小的變化。

（二）無限擴充史料

第二種風格就是無限擴充史料。解釋這些史料的心態各有不同，最大的特色是脫離古代士大夫的史料觀與對史料的解釋。自一九二〇年代以來，凡能引起注意的著作其實大多與新材料有關。當然比較傳統傾向的史學家不大用新材料，像錢穆、柳詒徵即是如此，但是其他的史學家，凡是在民國初期史學界佔有一席地位的，多與新材料有關。正如王國維所說的：「古來新學問，大都由於新發現。……今之殷虛甲骨文字，敦煌塞上及西域各處之漢晉木簡，敦煌千佛洞之六朝及唐人寫本書卷，內閣大庫之元明以來書籍、檔冊。……已足當孔壁、汲冢所出，而各地零星發見之金石、書籍於學術大有關係者，尚不與焉。故今日之時代，可謂之發見時代，自來未有能比者也。」【三】傅斯年的名言「上窮碧落下黃泉，動手動腳找東西」，亦是此種精神最傳神的寫照。

在史語所七十五週年紀念的時候，我曾經寫過〈歷史研究的新視野：重讀〈歷史語言研究所工作之旨趣〉〉一文【四】，在文章裡討論一位英國女學者 Maria Lúcia Pallares-Burke 新出版的書籍。她訪問了她認為當時最好的九位史家。這九位史家最著名的著作，除了少數靠方法論

【一】參考左玉河：《從四部之學到七科之學：學術分科與近代中國知識系統之創建》（上海：上海書店出版社，二〇〇四）。

【二】當時學者即曾提出批評，如黃侃（一八八六—一九三五）說：「經學者，中國特有之大本學說也。……治經為四字訣，曰文、曰義、曰制、曰事。蓋明文以通其詞法，知義以宣其意理，核制以觀其典章，稽事以研其故實。然經書文采，不必盡善，制度不必盡備，史事不必盡詳。故治經者，不可以史事求之，不可以制度求之，不可以文采求之。」參見尚笏、陸恩涌：〈季剛師得病始末〉，收入程千帆等編：《量守廬學記：黃侃的生平和學術》（北京：生活．讀書．新知三聯書店，一九八五），頁一〇四。蒙文通亦說：「自清末改制以來，昔學校之經學一科遂分裂而入數科，以《易》入哲學，《詩》入文學，《尚書》、《春秋》、《禮》入史學，原本宏偉獨特之經學遂致若存若亡，殆妄以西方學術之分類衡量中國學術，而不顧經學在民族文化中之巨大力量、巨大成就之故也。其實，經學即是經學，本身為一整體，自有其對象，非史、非哲、非文，集古代文化之大成。」參見蒙文通：《論經學遺稿三篇．丙篇》，收入氏著：《蒙文通文集》（成都：巴蜀書社，一九九五），第三卷，頁一五〇。

【三】王國維：〈最近二三十年中中國新發見之學問〉，收入謝維揚、房鑫亮主編：《王國維全集》（杭州：浙江教育出版社；廣州：廣東教育出版社，二〇〇九），第一四冊，頁二三九。

【四】參看王汎森：〈歷史研究的新視野：重讀〈歷史語言研究所工作之旨趣〉〉，收入《中央研究院歷史語言研究所七十五週年紀念文集》（臺北：中央研究院歷史語言研究所，二〇〇四），頁一六一—一七六。

成名，不然其中最有名的作品幾乎都是與新材料有關的。【一】這個時代的最突出的風格之一就是找尋各種新材料，陳寅恪（一八九〇—一九六九）、傅斯年不用說，下面以陳垣（一八八〇—一九七一）為例來說明這個特色。

陳垣著名的《古教四考》收集了四篇文章，分別探討古代中國的基督教、猶太教、摩尼教、祆教，這些問題都是以前正統史學家、士大夫所不大重視的。但是這四篇文章正好符合當時學術界對於問題欣賞的標準，利用的都是以前人所忽略的材料。陳垣的第一篇論文其實是受旗人貴族英斂之（一八六七—一九二六）的啟發，他是輔仁大學的創辦人，在當時組織了輔仁社，提出一些大家所不注意的問題，其中一個問題就是「元也里可溫考」。陳垣看了後深感興趣，於是花了半個月寫成這篇文章，因為他原本便嫻熟史料。【二】文章發表後，學界大為震驚，當時日本漢學家桑原騭藏（一八七〇—一九三一）認為這是近代中國寫得最好的作品。不僅材料豐富、考據精確，而且以中國與外國的關係為研究對象，其成果超過柯劭忞（一八四八—一九三三）等舊派元史學者。【三】陳垣在《古教四考》裡用了大量的古代碑刻資料，配合原本大家所忽略的材料，因為這些都是外來宗教，不在儒家傳統之內，以前人人不留意，即使是地方志，也因為受到體例的限制而較少涉及。陳垣後來撰寫《南宋初河北新道教考》，仍然利用大量的碑刻。

陳垣常常把甲材料當成乙題目來用，這是他最聰明、最有手腕的部分。有時候他把甲材料當甲材料用，讀者並不感興趣，把甲材料當乙題目來用，反而吸引了很多人。他後來寫的有名的《明季滇黔佛教考》跟《清初僧諍記》，其實也都是拜新材料之賜。這兩本書雖然篇幅不大，可是裡面利用的史料非常多。陳垣曾經任職故宮的善後委員會，在清查故宮所保存的書籍時，發現了一套《嘉興藏》。在他的回憶裡描述到，他每天都要吃奎寧丸以後再進去看，陸續看了七個月以後，大為吃驚，因為《嘉興藏》裡面留下了幾百種當時沒有人知道的晚明清初僧侶的著作。這些材料在今天看來沒有特別之處，在一九三〇年代、一九四〇年代卻非常罕見，一般人都把《嘉興藏》裡面的材料當作佛教史的史料，陳垣卻把它當作佛教與政治、佛教徒的開墾等課題的史料，這是把甲材料當乙題目來使用的一個例證，寫了《明季滇黔佛教考》跟《清初僧諍記》等文字。至於陳寅恪則大量地利用敦煌遺書、西方所保留的域外材料【四】，史語所在傅斯年的提倡之下，大量蒐集各種材料，挖掘地下材料等等，也都是受同一觀念的導引。這一類的例子非常多，這是當時重視大量文獻，並且跳脫傳統士大夫史料觀念及對史料的解釋，是這一代史家非常重要的風格之一。新文化運動以後，人們不要舊的東西，尋求新的事物，所有

【一】Maria Lúcia Pallares-Burke, *The New History: Confessions and Conversations*(Cambridge; Malden, MA: Polity in association with Blackwell Publishers Ltd., 2002).

【二】劉乃和等：《陳垣年譜配圖長編》（瀋陽：遼海出版社，二〇〇〇），上冊，頁七〇。

【三】竺沙雅章：〈陳垣與桑原騭藏〉，《歷史研究》，一九九一年第三期，頁一三—一九。

【四】參考余英時：〈陳寅恪史學三變〉，《中國文化》，第一五至一六期（一九九七年十二月），頁一—一九。

文化的格局、審美與學術鑑賞的標準，隨著時代改變。這類新史家的著作若擺在清朝，不一定能夠引起注意，可是在當時是恰如其分，而且很符合當時西方新進來的學術標準。

（三）重視外來文化的影響

這個時代的研究還有一個比較重要的風格，就是將中國歷史置於東亞或世界的整體中考察，譬如對古代歷史中非中原成分的重視。【二】草原文化、古代所謂戎狄蠻夷的影響、印度的影響等等，是這些史學家引人注意的特色。抗戰時，美國的副總統華萊士（Henry A. Wallace, 1888—1965）進入中國時，曾講過一句很有名的話：人家都說我從中國的後門進來，事實上我是從前門進來。中國的前門到底是在東邊還是西邊？當時很多人的注意力放到中亞、南亞、東北亞，所以他們看古代歷史發展過程中互動的因素、互動的範圍比傳統史家要寬的多，因此發掘大量古代異族互動留下來的因素，或是不同國家所帶進來的成份。以前的史學家或經學家可能或多或少會注意這一點，譬如在錢大昕（一七二八——一八〇四）的著作裡偶爾也會涉及，但是決不曾像近代史家把這麼多的精力放到傅斯年所謂的「虜學」上。這種治史風格引起當時很多傳統史家的批評，質疑為什麼要把中國歷史中許多有作為的人物、中國文化中有價值的成份都歸為外來？

我想這一方面最有名的是陳寅恪。陳寅恪很多成名的作品都是充分將異族或草原文化影響的部分彰顯出來，尤其是印度文化的部分。陳寅恪看待中國古代歷史的形成，與前人的角度相當不同。他具有一種新的風格，把整個文化互動的範圍看得非常廣，整個東亞、東北亞、中亞都在其中。而且互動因素也是非常多元的，種族的、政治的、地理的、文化的，除了漢人，中國歷史文化中交流影響的參與者非常的多。與陳寅恪並稱「史學二陳」的陳垣，他的《古教四考》也是要告訴我們在中土文化中，有許許多多外來的成分，如祆教、摩尼教、基督教，而且這些成分長期存在於中國文化裡面而往往為前人所忽略。他在〈摩尼教入中國考〉中曾指出，在杭州、福建一帶，摩尼教是很盛行的。從陳垣的研究可以看出，元代基督教、摩尼教、祆教、猶太教流行的狀況、教徒分佈的區域等等，顯示古代中國的歷史文化並非一成不變，裡面已經夾雜了很多外來的成份，它提醒我們在觀察傳統文化信仰或是價值系統的時候，不能侷限於華夏文明的角度。

傅斯年在德國也學過一些中亞語文，但是後來沒有學成。我覺得傅先生或許是不大有恆心的人，因為他太聰明、也太忙了。他過世的時候年紀並不大，他遺留的日記本頂多也只是記了寥寥幾頁就停止了。他在德國時候也跟陳寅恪等人一起學中亞語文，雖然在他後來的研究多用

【一】爾後姚從吾（一八九四—一九七〇）進行了擴充解釋，參見姚從吾：〈國史擴大綿延的一個看法〉，《大陸雜誌》，第一五卷六期（一九五七年九月），頁二二—三二。

不上，但是他也充分注意這方面的問題。譬如他的遺稿〈天問之史料性〉，一開始便說為什麼稱「天問」而不稱「問天」？若照中國的語法，應該是「問天」，問蒼天如何如何，不應該說「天問」。古往今來對於〈天問〉有各種註解，像最有名的王逸注，便認為「天尊不可問，故曰天問也」。【一】可是傅斯年在這一篇未曾發表的文稿裡卻認為這是藏緬語族的文法，把動詞放在受詞的後面，所以叫「天問」不叫「問天」，因為「楚辭」屬於南方，這地方跟西南地區有很多互動，用的是當地的文法，而古書裡也有不少這種用法，像《墨子》裡說「野於飲食」，其實便是「飲食於野」。【二】類似的例子在傅斯年的未刊稿裡面還有一些，但是都沒有發表。傅先生遺稿中也曾推斷古代西域與中國的交通非常暢通，且暢通的程度是後人所無法想像，並指出古代的戰車就是從西域傳過來的，故稱為「戎車」。【三】中國的戰車從哪裡來？仍然是學界持續爭論的問題，傅先生認為都是從西方過來的，並非中國所本有。這些未發表的文章中充分顯現出一種風格，即這個時代一些學者看待中國歷史、中華文明的形成，與過去那種漢族一元的看法已經相當不同了。

陳寅恪幾篇有名的文章，如〈四聲三問〉認為古代根本沒有四聲的觀念，是印度來的。【四】他連續寫了三篇關於「李唐氏族之推測」的文章，文章發表之後，陳寅恪便面臨挑戰。【五】仔細讀後可以發現陳寅恪文字簡要，運字遣詞斟酌非常，立場雖然在改變，但是萬變不離其宗，有時候說是少數民族，有時候說與少數民族混血，有時候又說是充分吸收了少數民族生活習慣的漢人。但無論如何，他提醒我們，古代文化中的外來種族因素是非常重要的，連中國歷史上最為強大的唐帝國創始者亦不例外。又如對李白氏族的推測，雖然我們現在大致知道李白出身今日吉爾吉斯共和國，這一些認識也都是從陳寅恪開始的。【六】此外，他對《西遊記》玄奘故事的研究指出，《西遊記》裡面很多故事都是從印度史詩轉變而來的【七】；胡適也曾指出《西遊記》中有中國西北的因素，這個看法在他未發表的遺稿中可以看出。胡適曾認為《西遊記》中的「沙和尚」可能是出身新疆一帶的神，敦煌卷子裡面記載一種叫做「深沙大神」，「沙和尚」便

【一】游國恩主編：《天問纂義》（臺北：洪葉文化事業公司，一九九三），頁一。

【二】傅斯年：〈天問之史料性〉，傅斯年圖書館藏遺稿，檔號：II:630。

【三】傅斯年：〈「戎商」始用車戰〉，傅斯年圖書館藏遺稿，檔號：II:636、640。

【四】陳寅恪：〈四聲三問〉，收入陳美延編：《金明館叢稿初編》（北京：生活．讀書．新知三聯書店，二〇〇一），頁三六七—三八一。

【五】陳寅恪：〈李唐氏族之推測〉、〈李唐氏族之推測後記〉、〈三論李唐氏族問題〉，收入陳美延編：《金明館叢稿二編》（北京：生活．讀書．新知三聯書店，二〇〇一），頁三二〇—三五二。朱希祖：〈駁李唐為胡姓說〉，《東方雜誌》，第三三卷一五號（一九三六年八月），頁六七—八〇；〈再駁李唐氏族出於李初古拔及趙郡說〉，《東方雜誌》，第三四卷九號（一九三七年五月），頁九—一二。

【六】陳寅恪：〈李太白氏族之疑問〉，收入《金明館叢稿初編》，頁三一一—三一四。

【七】陳寅恪：〈《西遊記》玄奘弟子故事之演變〉，收入《金明館叢稿二編》，頁二一七—二二三。

是從「深沙大神」演變來的。【一】但魯迅（一八八一——一九三六）反對這個看法，認為「作《西遊記》的人並未看過『佛經』」、「中國所譯的印度經論中，沒有和這相類的話」、「作者——吳承恩——熟於唐人小説」、「《西遊記》中受唐人小說的影響的地方很不少」，所以他並不贊成胡適、陳寅恪之論。【二】陳寅恪的《隋唐制度淵源略論稿》也強調隋唐制度裡面含有草原文化的成分，隋唐帝國的制度這麼嚴密宏大，但其中有一部分異族的成分，而且他在《唐代政治史述論稿》的下篇〈外族盛衰連環論〉裡就指出，不要隨便稱讚古代盛世，所謂的古代盛世往往是因外族互相牽制，或是因外族本身之腐朽衰弱而招致中國武力攻取之道，並說「國人治史者於發揚讚美先民之功業時，往往忽略此點，是既有違學術探求真實之旨，且非史家陳述覆轍，以供鑑誡之意。故本篇於某外族因其本身先已衰弱，遂成中國勝利之本末，必特為標出之，以期近真實而供鑑誡，兼見其有以異乎誇誣之宣傳文字也」。【三】

史語所前些年整理了一篇徐中舒（一八九八——一九九一）先生當年遺留下來的文章，裡面追溯大量古代的文物，考證其成分是商周以前外族傳入的東西。【四】還有張政烺（一九一二——二〇〇五）先生，他有一篇文章討論《封神演義》裡的哪吒，認為是從新疆于闐來的，而且認為二郎神也與新疆有關。【五】這類文章顯現當時治史的一種風格，像哪吒、二郎神等如此家喻戶曉的神話人物，其原型居然是唐代天寶年間從新疆天山南路傳來的。文學史家鄭振鐸（一八九八——一九五八）追溯中國戲曲來源時，也重視陳寅恪的意見，認為中國戲曲的來源是印度。【六】陳寅恪還有許多文章都在推測印度文化對中國的影響，其中包括中國中古時期想像力的變化與印度文化的關係等。

像這類的例子可以再舉非常多，諸多的研究成果顯示，傳統文化不是由漢族或華夏民族獨力完成的。陳寅恪對待傳統文化的態度跟胡適非常不同，他並不滿意胡適對傳統文化的激烈批評【七】，可是他的著作中對於傳統文化的衝擊其實很大。當然，陳寅恪是認為我們應以傳統文

【一】胡適：〈「深沙神」在唐朝的盛行〉，收入《胡適手稿》（臺北：胡適紀念館，一九六六—一九七〇），第八集，下冊，頁四四六。又收入季羨林主編：《胡適全集》（合肥：安徽教育出版社，二〇〇三），第一二卷，頁四五四—四五五。

【二】魯迅：《中國小說的歷史的變遷》（香港：中流出版社，一九七三），頁一九。

【三】陳寅恪：《陳寅恪先生論文集》（臺北：文理出版社，一九七七），上冊，頁二七五。

【四】徐中舒：〈北狄在前殷文化上之貢獻——論殷虛青銅器與兩輪大車之由來〉，《古今論衡》，第三期（一九九九年十二月），頁一七一—二〇〇。

【五】張政烺：〈《封神演義》的作者〉，收入《張政烺文史論集》（北京：中華書局，二〇〇四），頁六一—六五。

【六】鄭振鐸：《插圖本中國文學史》（北京：作家出版社，一九五七），第四〇章〈戲文的起來〉，頁五六六—五六八、五七二—五七三。學者曾考證此一傳說，參看高山杉：〈陳寅恪與天台梵本〉，收入《佛書料簡》（杭州：浙江大學出版社，二〇一二），頁九七—一一九。

【七】參考汪榮祖：〈胡適與陳寅恪〉，收入歐陽哲生選編：《解析胡適》（北京：社會科學文獻出版社，二〇〇〇），頁三六一—三八五。

化為本位，充分吸收外來文化，才能振興古老的文明；以前固守本位、閉關自守的文化觀是應該放棄的。一個強大的文明應以其歷史文化為本位，充分吸收外來新的成分。【一】他想要透過歷史研究告訴人們，凡是一個想像力豐富的時代、強大的時代，都是以本身的文化為本位，充分吸收外來的新的血液、新的文化、新的因素才可能形成。

（四）古史多元觀

第四個特色是對古代歷史多元的想像。一九二〇年代後期到一九三〇年代初期，出現了一批論著，逐漸形成中國古史多元的看法。【二】關於古史多元觀，我曾在我的英文書中討論過【三】，故此處只作一點簡單的陳述。最早明顯打破古史一元觀之裂隙的是王國維，他在〈殷周制度論〉中，指出有兩個不同的系統，雖然王氏認為殷、周出自同一個源頭帝嚳【四】，但是他的論說已為石頭敲開了一個縫隙，王國維的學生徐中舒在一九二七年發表的〈從古書中推測之殷周民族〉，便將殷、周之間的種種不同，用種族不同來解釋，而且認為這兩個種族之間存在著極大的衝突，這個事實被後來周代的歷史所遮掩了。【五】在一九二六年《古史辨》第一冊中，顧頡剛（一八九三——一九八〇）提出要打破「古史一元觀」，由於顧氏文章在當時震盪極大，所以他的口號引起極大的反響【六】；傅斯年於一九二九年在〈夷夏東西說〉一文中提出：周人在西、殷人在東，東西兩個部族長期劇烈爭戰等一系列的論點。【七】前面提到過，遠在四川的舊學者蒙文通，也在一九二七年於《古史甄微》中提出古代有江漢民族、河洛民族、海岱民族三集團說【八】，徐旭生（一八八八—一九七六）則在一九四三年的《中國古史的傳說時代》中提出，中國古代部族可以分為華夏、東夷、苗蠻三個集團的說法。【九】

【一】他在評論馮友蘭的《中國哲學史》時明確提出這個主張。參看陳寅恪：〈馮友蘭中國哲學史上冊審查報告〉，收入《金明館叢稿二編》，頁二七九—二八一。

【二】值得注意的是，古史多元的說法並未全被接受。張光直先生的名著《古代中國考古學》共出過四版。前三版主張一元論，以華北為文化中心對外輻射擴散，直到第四版才改成六大核心文化區的互動說，因為後來各地新出土的考古材料實在太多了，逐漸證明當時一位考古學家蘇秉琦所提倡的多元發展的看法比較符合實論。事實上，包括傅斯年在內，早已有人主張中國古代文化發展並非一元，而是多元的；然而，可能是受到民族主義的影響，這個說法得到的重視並不充分，一九四九年之後大陸考古學界的領袖夏鼐（一九一〇—一九八五）仍然堅持一元的看法。

【三】Wang Fan-sen, *Fu Ssu-nien: A Life in Chinese History and Politics* (Cambridge: Cambridge University Press, 2000), pp. 108—125.

【四】王國維：《觀堂集林》（北京：中華書局，一九五九），頁四五四。

【五】徐中舒：〈從古書中推測之殷周民族〉，《國學論叢》，第一卷一期（一九二七），頁一〇九—一一三。

【六】顧頡剛：〈與錢玄同先生論古史書〉，收入《顧頡剛古史論文集》（北京：中華書局，二〇一〇），卷一，頁一八〇—一八六。參看王汎森：《古史辨運動的興起》（臺北：允晨文化實業股份有限公司，一九八七）。

【七】傅斯年：《傅斯年全集》（臺北：聯經出版事業公司，一九八〇），第三冊，頁八六—一五七。

【八】蒙文通：《古史甄微》（上海：商務印書館，一九三三），頁三六—六一。

【九】徐旭生：《中國古史的傳說時代》（北京：科學出版社，一九六〇），頁三七—一二七。

（五）「發生學——歷史的方法」

另外一個很重要的研究風格就是所謂「歷史的方法」(genetic method)、發展變化的方法，胡適提倡用歷史的方法或發生學的方法來看待歷史，產生了非常大的影響。而這種方法與傳統經師的態度是大相逕庭的。陳寅恪為陳援庵的《元西域人華化考》所寫的序裡面提到，近二十年來國人論史之作，「漸能脱除清代經師之舊染」【二】，這一句話雖然簡單，但含意很深。古代的經師看待問題、看待歷史現象，基本上是一種固定不變的信仰，而近代學人很重要的風格就是看待歷史隨著時間、各種因素而發展變化。這可以說是影響近代中國史學研究力量最大的一支，認為所有的事物都受時代環境的影響，不斷地發展變化，而不再把它視為固定不動的。而且研究者將所有事物都視為研究的對象，他本身並不是價值的參與者。

除了上述五個方面外，當然還有其他的研究風格，譬如這個時代的史家在處理史料時有一個很重要的特色：先疑後信。他們在處理任何材料時，一定是先懷疑，這樣的史料觀念是潛存的，有些人明白講出，有些人雖不如此，但是常常可以在他們的著作及言論中感受到這個意味，而且並非個別現象，是遍佈於上文提及的幾群史學家裡。「古史辨」運動的興起，背後的主要精神便是如此。傳統史家並非沒有懷疑精神，如司馬遷提出「厥協六經異傳，整齊百家雜語」，但最終仍考信於六藝、折中於孔子，基本上比較不會先質疑史料的可信性。先疑後信的風格一直持續到二十世紀最後的幾十年，直到世紀末至二十一世紀初。隨着考古新出土材料的

增多，先疑後信的風格慢慢地在轉變中。【二】

二、內在緊張

上述這些研究風格與社會的關係如何，這是反省史學跟社會的關係很重要的一個題目。

在本文一開始我提到過，近代中國的新史學可以說就是廣義的「歷史主義」時期，這個「歷史主義」的定義與德國的「歷史主義」不同。【三】中國的歷史主義是各種西方史學潮流的大匯聚，真正提到德國歷史主義的文字其實非常少，甚至在被認為是「中國的蘭克」的傅斯年筆下，也只是很偶然地提到德國歷史學家之「單體的」——所謂「單體的」，我認為應該是傅氏對蘭克學派所謂歷史是獨特個體的領域這個有趣的主張的迻寫【四】，但是兩者也有很相近之處，尤其「發生學—歷史性」的思維方式便是共有的。但近代中國「發生學」思維主要是受

【一】陳寅恪：〈陳垣《元西域人華化考》序〉，收入《金明館叢稿二編》，頁二七〇。

【二】但是我擔心的是現在中國史學界的另一個極端發展，即是轉向過度輕信。

【三】關於德國「歷史主義」的定義，參考 Georg G. Iggers, "Historicism: The History and Meaning of the Term," *Journal of the History of Ideas*, Vol. 56, No. 1（Jan., 1995）, pp. 129—152。

【四】傅斯年：〈閑談歷史教科書〉，收入《傅斯年全集》，第四冊，頁三一一。

實驗主義的影響。一切「歷史化」的結果，是將一切看成「歷史之流」，每一個事物都是特定時代發展的結果，所以沒有永恆不變的東西。【一】

但是，如同德國的「歷史主義」，中國的「歷史主義」之發展也造成了一些矛盾與緊張，這些內在矛盾或緊張當然引起當時許多人的不滿與不安，我們可以信手寫下幾種：一、歷史研究失去意義感與目的感，歷史發展不再是一個有意義的過程。二、人們感覺到歷史研究失去現實致用的功能，失去對人生或社會導引的功用。三、在不斷「歷史化」的過程中，以前認為永恆不變的真理感、信仰或價值被瓦解了，一切都「恆轉如瀑流」，使得人們失去了確定感或信念感。四、新史學強調「問題取向性研究」的另一面，即可能意味著「零碎化」，失去宏大的敘述格局，這些格局當然也包括道德教化在內。五、在不斷的考證、辨偽，在純粹客觀真理的要求下，歷史往往不能提供國族榮耀感，甚至還可能有所損害。【二】如果我們把上述幾點與我直接從伊格爾斯（Georg G. Iggers, 1926–2017）的《德國的歷史觀》（*The German Conception of History: The National Tradition of Historical Thought from Herder to the Present*）中所錄的德國歷史主義的危機相對比，便會發現它們何等相似。【三】

但是相較之下，在中國這一個歷史文化傳統裡的一些內在緊張，顯得更為突出。譬如，第一、主張古史多元的人，可能必須付出很大的心理代價。蒙文通完成《古史甄微》一書後，在序言裡提及自己的著作時說自己「非毀堯舜、譏短湯武」，乃狂悖之論。【四】因為他的著作動搖

古代黃金時代的觀念，粉碎了揖讓而升的政治格局，揭露出禪讓的本質其實都是殘忍的政治鬥

【一】「發生學—歷史性」思維為德國帶來嚴重的價值相對主義，所以如何在歷史中尋找規範，永恒的價值或具有意義的趨勢成為大問題。參見格奧爾格．G. 伊格爾斯著，彭剛、顧航譯：《德國的歷史觀》（南京：譯林出版社，二〇〇六），頁二五七—二五九。

【二】關於「國族史」/「國史」的討論，參考 Erik Lönnroth, Karl Molin, Ragnar Björk edited, *Conceptions of National History: Proceedings of Nobel Symposium*, 78 (Berlin & New York: Walter de Gruyter, 1994) 所收各篇之討論。

【三】德國歷史主義所造成的緊張或危機，有許多與近代中國相近之處。德國歷史主義所造成的危機是一個很複雜的問題，此處我只能根據伊格爾斯的《德國的歷史觀》，做簡單的歸納。如：「惟有對於經驗數據的依賴，才能從根本上揭示出一個沒有意義的宇宙」（頁一六六）、「在價值領域中，出現了嚴峻的危機」（頁一六七）、「由於信念的無政府狀態，現代人陡然面對著絕對價值的崩塌」（頁一六七）、「這種新起的悲觀主義的一個重要的方面就在於，認為歷史並不是一個有目的的過程」（頁一七〇）、「歷史學要從倫理學中解放出來」（頁一七二）、「任何想到歷史中尋找意義的努力都是徒勞。『我們用來表達歷史意義的每一個表白，都不過是對我們擾攘不安的內心生活的一個反映』」（頁一八二）、「人類價值、世界歷史和人類進步都不再存在。甚至理性也失去了其普遍性」（頁二六二）、「一切都是毫無意義的流變」（頁二六二）、「斷裂了的政治與道德之間的關聯」（頁二八三）、「每一個個體都包含了自身的理想於其中時，我們就避開了『價值的無政府狀態』」（頁二八八）、「對歷史整體意義的信仰在十九世紀的進程中喪失之後，歷史主義就導向了好古癖、失去靈魂的專業化，或者是那種『理解所有的世界觀卻不再擁有自己的世界觀』的相對主義」（頁二九三）、「歌德的偉大之處在於他既能夠理解暫時性的個體，同時卻又能『從永恒的觀點』來考察它」（頁二九三）、「將德國唯心主義哲學的基本觀念轉換成了一個更加以科學為導向的時代的語言」（頁三二七）、「歷史主義的重大貢獻就在於它對於個性和發展的體認，而它的重大失誤就在於把歷史性個體與價值相等同」（頁三四〇）。

【四】蒙文通：《古史甄微》，頁二。

爭，認為夏、商、周三代是相互對立的部族之間的鬥爭，獲得最多諸侯擁護者便能勝利。「禪讓之事，吾知之矣。」——原來就是結合了多少部族之後將對手打倒推翻，這和傳統對古代的道德想像完全不同。正像是西洋在文藝復興以後，復活了對希臘羅馬的古代知識，而與基督教時代的古代知識大起扞格，產生了極大的震動。蒙文通是非常尊敬傳統文化的人，可是我認為在他完成《古史甄微》後，內心也感到顫慄，如同打開了潘朵拉的盒子，把黃金古代拆散成一地的碎片，依賴舊古史觀的價值體系、聖賢典範、禪讓政治都消失了。

這些史家即使有的內心非常尊重傳統文化，但他們的研究卻把古代世界拆散成各個互相鬥爭的集團，古代的聖人都只是部落的首領，互相之間是權力爭奪，而非禮讓。這種史觀的道德涵義是什麼？人們受到這些著作的影響，將如何看待現代的生活世界？這些都是很值得注意的。傅斯年曾在〈夷夏東西說〉中認為真正的中國文化中心是在渤海一帶，所以泰山封禪在古代政治文化中佔有重要地位。但是東方集團後來被西方的文王、武王周人集團壓制，而相較於殷商，周人其實是文化較低落的蠻族，這跟以前所認知周人是一個道德團體，完全不同。【一】他後來在一篇文章中寫道：「究竟誰是諸夏？誰是戎狄？」【二】

第二、很多原本被安排在一元脈絡裡面的東西，現在都被丟棄了，人們原本相信的東西消失了。在這樣的研究風格之下，近代史家面對現實的、道德的、文化的、信仰各方面挑戰是什麼？這是值得思考的問題。「歷史」研究的影響不限於歷史，而是烙印在時代心態及思考之上。譬如，漢族中心主義消失了？黃金三代破滅了，古代是一個以道德築起的國度嗎？還有，宗教被歷史脈絡化了，孔子只是春秋時代之偉人，而不是歷代的偉人，到何處找「必然」（certainty）。就社會的整體功能來說，新的「必然」（certainty）不一定是要在史學中出現，它也可以是各種信仰或各種主義。

其實，西方也曾遇到同樣的問題，啟蒙時代的史學家為什麼要從歷史中尋找「通則」，不像我們今天的研究都集中於特定的歷史問題？因為他們正好在一個講究「規範」的時代，在文藝復興以後、十八世紀以前，人們開始慢慢開始重視個別的事實之後，挑戰了基督教原來的「天國之城」，挑戰了神學的理性，原來的價值體系崩潰了。新的規範在哪裡？受到歷史事實、歷史態度研究的影響，把所有的東西都當作歷史對象來研究，基督教在中古時代所建立的像「天國之城」那樣龐大的系統不見了。以「歷史的」（historical）態度來研究，對原來合理的信仰系統是一個很大的挑戰，所以在「天國之城」垮了之後，啟蒙時代的史家要尋找一些確定的東西，所以用一種新的辦法研究歷史，要尋找人類歷史的通則，作為人們新的信仰的依據。【三】

【一】傅斯年：〈夷夏東西說〉，收入《傅斯年全集》，第三冊，頁八六一—一五七。

【二】傅斯年：〈與顧頡剛論古史書〉，收入《傅斯年全集》，第四冊，頁四八七，相關討論見 *Fu Ssu-nien: A Life in Chinese History and Politics*, p.109。

【三】Carl L. Becker, *The Heavenly City of the Eighteenth-Century Philosophers* (New Haven: Yale University press, 1932).

第三、晚清以來，經學時代的一套廣義的系統崩潰了，取而代之的是「歷史的」學派。十九世紀是一個歷史的世紀，史學在當時是一個很當令的學科，歷史思考瀰漫了人文及科學各個領域，一如艾克頓（Lord Acton, 1845—1902）所說的：「歷史不僅是一門特殊的學問，並且是其它學問的一種獨特求知模式與方法」。【一】在二十世紀的中國史學也是一個當令的學科，然而當時中國的史學與十八世紀啟蒙史學所走的路並不相同，中國史家並未走上像啟蒙史家那樣尋找 man in general 的路或尋找通則，而是將歷史事實空間化、時間化—空間無限多元化、時間無限演變化，把確定的東西向時間、空間兩邊發展，重視的是對特定史實（particular facts），是對各式各樣的歷史事實進行客觀的研究。這一歷史潮流打開了潘朵拉的盒子，人生中確定性（certainty）的、可依據的東西到底在哪裡？當然，中國近代「歷史主義」所造成的內在緊張還不止於此數，我曾經將比較具傳統歷史文化心態的批評者的各種論點在〈民國的新史學及其批評者〉中有所討論【二】，此處不再重複，請有興趣的讀者參看。

最後，前面提到過，德國歷史主義所造成的廣大而深遠的危機，與近代中國新史學造成的內在緊張有所出入。因為篇幅所限，我僅限談其中幾點。

第一，晚清以來的主流論述是刷新傳統文化，創造新文化，而新史學的打破聖道王功，把思想、價值、信仰等歷史脈絡化，正是這個運動中重要的一環，若就這一點來說，新歷史主義的種種破壞性的主張，毋寧是新史學的旗手們所企求的，套用傅斯年的名言，正是要將史學從聖道王功、道德教化從人們自造的仁義之中解放出來，所以「打破」正是為了「重建」，「緊張」或「危機」正是這個壯舉中應有的部分。他們正是要肅清黃金古代、肅清漢族中心論，肅清古史中到處出現的一元觀，要將封固於儒家道德教化下的史實解放出來，即使因此而散碎一地，但這才合乎歷史真相。所以在這一個新學術的宏大格局中，危機或緊張感並不必然存在，相反的，大部分時候是洋溢著一種勝利感與成就感。但對傳統心態的學者或一般人而言，上述那些內在緊張與危機的意義就格外不同。

像陳寅恪那麼傑出的史學家，一再提醒我們古代文化有很多胡人的成份，但他也只能告訴我們牢守本土文化，並充分吸收外來文化，才能發展新的文化。像傅斯年這樣傑出的史學領袖，一再強調不要以虛構的歷史來鼓舞人們的愛國心，雖然刺痛民族自尊，但是因為它與新文化運動的刷新舊文化、建立新文化的雄圖相呼應。然而這些路途太過迂迴，很多人只想要明確

【一】黃進興：《後現代主義與史學研究》（臺北：三民書局，二〇〇六），頁二四五。
【二】收入王汎森：《中國近代思想與學術的系譜》（臺北：聯經出版事業公司，二〇〇三），頁三七七—四六二。

的答案。【一】

第二，考慮近代中國的任何問題都不應只是單獨地考量，而應放在當時中西脈絡之下來考慮。衡量一個時代對內在緊張或危機的承受度，應該首先考慮到：那一個時代所認為的最高真理與終極意義的根源是什麼。從晚清以來，許許多多人的最高真理與終極意義的根源不是傳統歷史文化，而是「西方」、「科學」、「真理」、「理性」，任何與「西方」、「科學」、「真理」、「理性」相連繫，或任何可以清除舊轍以方便接引「西方」、「科學」、「真理」、「理性」的工作，都得到一種意義感，就好像從事水墨畫的人背後有一個故宮博物院作為一個潛在的支持那樣的感覺。

「西方」、「科學」、「真理」成為無所不包的「乾坤袋」、「百寶箱」，「西方」取代了對「傳統」的信仰，取代了所有古代知識歷史化之後所遺留下的空缺。只要緊緊跟隨着「西方」，則一切問題自會有解答，即使現在的「西方」沒有解答，未來的「西方」也終會提出解答。當時也有許多人把這道習題推給「科學」，相信科學就像古代的經學，能解決所有問題（可是卻忘卻科學留下更多黑暗的角落，而且科學真正能解決的人生問題很少）。【二】當然，後來是將困難與空缺推給「主義」，只要是「主義」就好，因為其中有一整套既確定又有高度延展性的知識與信仰，可以化解種種緊張與內在危機。【三】

在這個思路下產生了一種微妙的心理，即「西方」、「科學」、「真理」、「理性」，有一個尚未全部顯露的宏大格局，在那個格局中，所有緊張最終都會得到解決。而且零碎的史實儘管惱人，但它們只要指向一個傾向、趨勢，或隱約與一個宏大格局有關，最後便可以帶來全面的意義感。過去，我們很少關注史學研究者使用的「措詞」，而從當時一些零散的史學「措詞」看來，上面提到的那些內隱的宏大格局是隱然存在的，而且從晚清以來，進化、進步方面的思潮更起著「大小總匯」的功能，明示或暗示一個光明的大趨向，這也就使得單個的、片斷的、與傳統相矛盾的內在緊張不致爆開，甚至還組成一個有意義的大圖景。相較之下，德國歷史主義造成的危機並沒有內隱的宏大格局作為救援，所以其危機所造成的影響之深、危機之重，一

【一】就像以前基督教盛行的時候，教會的神學體系指導信徒，古代人能從經學找到模範。「未來」成為一個宗教，你看那些了不起的理想主義者講到未來，好像未來就是一切，未來成為一個新的宗教，未來取代古代的經典世界，可是誰能夠想像未來呢？誰能去制定原則？朱謙之（一八九九—一九七二）寫了不少有關無政府主義的書（如《到大同的路》、《大同共產主義》、〈無政府革命的意義〉，收入《朱謙之文集》〔福州：福建教育出版社，二〇〇二〕，第一冊），也是想替未來定準則。也就是說明史家風行草偃之後所留下的價值文化空檔，到底該用什麼方式填補？到現在都還沒有答案。

【二】林毓生：〈民初「科學主義」的興起與涵義：對民國十二年科學與玄學論爭的省察〉，收入氏著：《政治秩序與多元社會》（臺北：聯經出版事業公司，一九八九），頁二七七—三〇二。

【三】參看王汎森：〈「煩悶」的本質是什麼——「主義」與近代私人領域的政治化〉，《思想史》，創刊號（二〇一三），頁八五—一三七；〈「主義時代」的來臨——中國近代思想史的一個關鍵發展〉，《東亞觀念史集刊》，第四期（二〇一三年六月），頁三—八八。

直延續到現代，尚不能完全解決。

不過，我認為當代華人世界已不再有上面提到的「西方」、「科學」、「真理」、「理性」，或其他形形色色的宏大格局已經不再那麼被視為天然，現在連「理性」都有人要提出懷疑了，而本文所提及的各色各樣的緊張，尤其是意義感、價值感、目的感、現實感的失落，便變得更難以克服了。如今，歷史這門學問對年青人之所以失去吸引力，其中原因之一便是前述種種危機；如何克服這些危機，成為今後史學工作者的重大挑戰。

從哲學史到思想史

——胡適的英文《中國思想史大綱》草稿

中央研究院胡適紀念館收藏了一份胡適（一八九一——一九六二）的英文的《中國思想史大綱》。它由一千五百五十四張小紙條所組成【二】，是胡適於一九四四年底到一九四五年在哈佛大學的開課大綱【三】，這是他最後一次要寫一部《中國思想史》的嘗試，但是接着便被早先開始的《水經注》問題蓋過去了，沒能完成。【三】這份《中國思想史大綱》，與大家耳熟能詳的《中國哲學史大綱》卷上有很大的不同。

一

這份《中國思想史大綱》反映了胡適兩種重要轉變，第一是「去哲學化」的轉變，第二是從《中國哲學史大綱》卷上到《中國思想史大綱》中，有着若干觀點的轉變。這裡先談第一點。我在《漢學研究》發表的一篇文章中曾經提到，事實上胡適有一個階段很受傅斯年（一八九六——一九五〇）的影響。【四】一九四四年底到一九四五年，胡適在哈佛大學演講，已經強調他所講的不是中國哲學史，而是中國思想史了（見下圖）。事實上，江勇振先生在《捨我其誰：胡適》一書裡面有很多地方提到，胡適後來不希望自己被稱為哲學史家，而希望被稱為思想史家。【五】

「哲學」原來是一個從西方來的詞，日本也是從西方學來的。狹間直樹有一篇論文，就是追索日本如何從歐洲學得到「哲學」這個概念。【六】「哲學」到中國來跟王國維是非常密切相關的。

【一】這些紙片有的一頁只有一行字，多的也只有幾行字。其中，古代有六百四十三頁，中古（公元前二〇〇年至公元一〇〇〇年）有二百六十八頁，中古宗教（公元三〇〇年至公元一〇〇〇年）有二百三十七頁，理學（公元一〇五〇年至公元一六五〇年）有三百二十六頁，反理學（公元一六四五年至公元一九四五年）有八十頁。

【二】胡適紀念館藏號：HS-NK05-209-001。

【三】《中國思想史大綱》是一九四四年秋天到一九四五年春天胡適應邀在哈佛大學講課時，寫在「拍紙簿」上面，連綴而成的一份大綱。當時上課的情形，楊聯陞先生（一九一四—一九九〇）的日記，及周一良（一九一三—二〇〇一）、趙元任（一八九二—一九八二）等先生都有記述。中央研究院的胡適紀念館中有一封信可以說明，當時麥克米倫公司曾來函邀約，希望胡適將書交給公司出版。胡適的答信說：「每逢談到這本書時，我總是非常難為情的。因為它只是一份筆記紙排比而成的大綱而已。」這份大綱是胡適《中國哲學史大綱》卷上出版之後二十五年學術工作的一個比較整體的呈現，這中間當然也吸收許多胡適有關中國思想史的著作，包括《中國中古思想史長編》、《戴東原的哲學》等。胡適一直想完成一部《中國思想史》，這份大綱應該是他在這方面最後一次的嘗試。

【四】他寫《說儒》時，很受傅斯年《周東封與殷遺民》跟《夷夏東西說》的影響，我在文章裡面舉了很多檔案資料，可以看得出來。還有若干方面，其中最後一點，講到胡適後來對哲學的態度，或許跟這個有關。參見王汎森：〈傅斯年對胡適文史觀點的影響〉，收入王汎森著、王曉冰譯：《傅斯年：中國近代歷史與政治中的個體生命》（臺北：聯經出版事業公司，二〇一三），頁三〇九—三三二。

【五】江勇振：《捨我其誰：胡適》（臺北：聯經出版事業公司，二〇一一），頁二七七—二七八。「我有時稱我自己為歷史家，有時稱我自己是一個中國思想史家，但從來就沒有自稱為哲學家。」他有意淡化主修哲學，對韋蓮司女士說「最討厭抽象的思考方式」。

【六】狹间直树：〈西周のオランダ留學と西洋近代學術の移植：「近代東アジア文明圏」形成史：學術篇〉，《東方學報》，第八六冊（二〇一一年八月），頁一三一—一七六。

其實近代的心理學、哲學、美學，這幾種學問跟王國維（一八七七—一九二七）都有很密切的關係。從《王國維全集》中翻譯的部分可以看到，王國維譯過不少西方的人文著作。他寫過四五篇與哲學相關的文章，主要是在說明哲學這個東西對我們而言很陌生，但是個好東西。尤其是在跟張之洞（一八三七—一九〇九）討論到學制的時候，他一再強調哲學是好事情，不要看它好像沒有用，可它是一個重要的學科。【一】

蔡元培對哲學興趣深厚，他根據文德爾班（Wilhelm Windelband, 1848-1915）寫過一

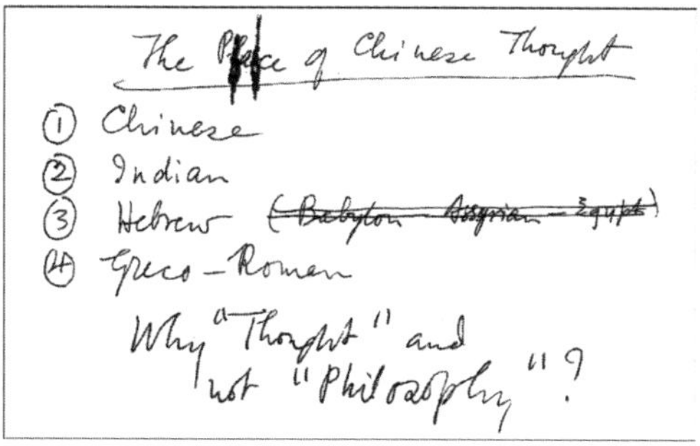
The Place of Chinese Thought

① Chinese
② Indian
③ Hebrew (Babylon — Assyrian — Egypt)
④ Greco-Roman

Why "Thought" and not "Philosophy"?

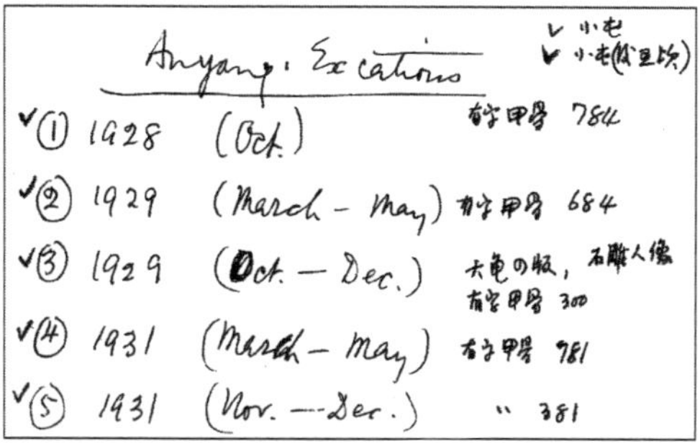
Anyang: Excavations

✓ 小屯

✓① 1928 (Oct.) 有字甲骨 784
✓② 1929 (March – May) 有字甲骨 684
✓③ 1929 (Oct. — Dec.) 大龜四版，石雕人像 有字甲骨 300
✓④ 1931 (March – May) 有字甲骨 781
✓⑤ 1931 (Nov. — Dec.) 〃 381

《中國思想史大綱》原稿

本《哲學總論》（一九〇一），早年譯過《哲學要領》、《倫理學原理》。【二】他所翻譯的泡爾生（Friedrich Paulsen, 1846-1908）的《倫理學原理》（*A System of Ethics*），後來還影響了毛澤東（一八九三—一九七六）。毛澤東一生批語最多的兩本書，其中一本就是蔡元培所譯的泡爾生的《倫理學原理》。【三】蔡元培（一八六八—一九四〇）早期對引進哲學是非常用力的，而且起了很大的作用。至於中國哲學史研究，一般都認為胡適的《中國哲學史大綱》卷上具有里程碑的作用。事實上，在胡適之前有兩本書，一本是北大的講義，即陳黻宸（字介石，一八五九—一九一七）的《中國哲學史》，另外一本是謝無量（一八八四—一九六四）的《中國哲學史》。謝無量是同盟會會員，胡適在《中國哲學史大綱》中，有很多地方顯然是針對謝無量的。【四】謝無量講哲學，就是從伏羲、神農開始講起，一路講下來，胡適認為裡面有很多過時的、過度信

【一】王國維：〈奏定經學科大學文學科大學章程書後〉，收入氏著：《王國維全集》（杭州：浙江教育出版社；廣州：廣東教育出版社，二〇〇九），第一四卷，頁三二—四〇。

【二】後藤延子：〈蔡元培の哲学：民国的人間像の行動原理」〉，《人文科学論集》，第一三號（一九七九年三月），頁一六七—一六八。

【三】泡爾生《倫理學原理》的批語，在《毛澤東早期文稿：1912. 6—1920. 11》（長沙：湖南出版社，一九九〇）裡可以看得出來，當然裡面有很多毛澤東自己的想法。

【四】胡書批評謝無量，但是他沒有提陳介石，可能陳介石的《中國哲學史》在北大當時只是講義，不像謝無量的《中國哲學史》是印本。

古的東西。其實謝無量所做的也是受日本影響、受近代西方哲學觀念影響的哲學史，但是他不具有胡適那樣懷疑批判的角度。

胡適這本書原名為《中國哲學史大綱》卷上，後來重印的時候，才改成《中國古代哲學史》。【一】事實上，胡適在臺北版的序言裡已經講得清清楚楚，他已經放棄哲學史的想法，改寫思想史，所以「下卷」他不要了，就變成《中國古代哲學史》。【二】這牽涉到一個問題，就是為什麼他會從哲學史轉到思想史——後來甚至不太願意人家稱他為「哲學家」。這個轉向因為涉及文字的部分，多是在私人書信、日記、未發表的演講稿中，故有些隱晦，不那樣引起注意。

一九二二年，當胡適完成《中國哲學史大綱》卷上四年後，哥倫比亞大學邀請他去當訪問教授，他考慮到要寫《中國哲學史大綱》中、下卷而不去。可見他那時候還是非常投入哲學史的工作。到了一九二五年，他還出了一本《戴東原的哲學》。可是從一九二〇年代末開始，可以感覺到胡適對於「哲學」的態度有了一個變化。傅斯年在一九二六年八月寫給胡適一封長信，這封長信大概是因為字跡太草，所以沒有被收進《胡適來往書信選》，可是在《胡適遺稿及秘藏書信》裡面有。【三】在信中傅斯年對胡適說，你寫的《中國哲學史大綱》不是第一流的著作，反倒是你的小說史考證，才是第一流的著作。一方面是哲學史的著作當時西方漢學家已經有人寫了，但最重要的是你用哲學來講中國的思想本來就是錯誤的。中國人沒有「哲學」這個東西，中國只有「方術」，任何用西方哲學的概念來講中國的思想，本身就是錯的。傅斯年並說陳寅恪（一八九〇—一九六九）的看法與他是一致的，因為不能用倫理學、本體論、知識論去講中國的東西。凡要用這些去講，於古代的思想就有增減了。

傅斯年又對胡適說道：「我當方到英國時，覺得我好像能讀哲學書，甚至德國哲學書。後來覺得不能懂德國哲學了，覺得德國哲學只是一些德國語言的惡習慣。現在偶然那（拿）起一部 Hume 來，也不知所謂了。總而言之，我的腦筋對於一切哲學都成石頭了。我於這個成績，也很歡喜。」這代表當時知識界有一種慢慢要疏遠「哲學」的傾向。傅斯年在北大學生時期的文字，原來也有很多是牽涉到哲學的，可是慢慢到一九二六年、一九二七年，受到當時西方哲學思潮的影響，大概與邏輯實證論有一定的關係，他便開始疏遠哲學了。胡適在一九二六年給他回信，完全同意他。這封信收藏在歷史語言研究所的檔案裡，現在出版了。胡適當時人在巴黎，他說：「你最得意的三件事，我卻也有點相像。一、近來每用龐居士臨死的遺訓勸人：『但願空諸所有，慎勿實諸所無。』龐居士也許注重在上半句，我卻重在下半句。……二、捆人最

【一】關於「哲學」在五四運動前後學科中的地位，以及《中國哲學史大綱》卷上的問題，可參考羅志田：〈大綱與史：民國學術觀念的典範轉移〉，《歷史研究》，二〇〇〇年第一期。

【二】胡適：〈自記〉，收入氏著：《中國古代哲學史》（臺北：臺灣商務印書館，一九七八），頁一。

【三】收入王汎森、潘光哲、吳政上主編：《傅斯年遺劄》（臺北：中央研究院歷史語言研究所，二〇一一），第一卷，頁四三—五二。

利害的是那些蜘蛛肚裡吐出來自己捆自己的蛛絲網，這幾年我自己竭力學善忘，六七年不教西洋哲學，不看西洋哲學書，把西洋人的蛛網掃去了不少，自己感覺很痛快，……這一層我很得意。因為我是名為哲學教授，很不容易做到把自己的吃飯傢伙丟了。」【一】

可能受了這一影響，一九二七年五月，胡適訪歐回來後把他關於中古哲學文雅的標題定為《中國中古思想史長編》。此後，他慢慢地就不再怎麼談哲學或哲學史，雖然也談哲學的問題，但是他以後開課的名稱都是「思想史」了。一九二九年他在上海大同中學演講「哲學的將來」，期間他說了一些比較決絕的話。這份演講稿並未發表，一直收藏在家人手上，直到編纂《胡適全集》時才收入。在這篇演講稿中，胡適說「過去的哲學只是幼稚的、錯誤的，或失敗了的科學」，「最早亂談性善性惡的孟子、荀子既可算作哲學家？」（它是問號的），「凡科學已解決的問題，都應承受科學的解決」，「凡科學認為暫時不能解決的問題，都成為懸案」，「凡科學認為不成問題的問題，都應拋棄」。所以他提到「哲學的根本取消」，「科學不能解決的，哲學也休想解決。即使提出解決，也不過是一個待證的假設，不足以取信於現代的人」。他又說，「故哲學家自然消滅，變成普通思想的一部分」，「若不如此，但他們不是將來的思想家，只是過去的玄學鬼」，「將來只有一種知識：科學知識。將來只有一種知識思想的方法：科學實驗的方法」。所以為什麼他不用哲學史而用思想史，因為「將來只有思想家而無哲學家：他們的思想已證實的便成為科學的一部分，未證實的叫做待證的假設（Hypothesis）」。【二】

關於胡適這個重大的轉變，我曾在一篇短文中略為討論過。【三】除了傅斯年個人的某些影響外，與時代思潮恐怕也有關。用章士釗的話說，這是個「不去歐洲留學，真沒有發言的餘地」的時代。【四】所以西方思想界的最新動向，往往立刻影響中國知識人的思想。在一九三〇年代前後的西方，的確常見到對傳統哲學的詰疑甚至於「取消」之說。胡適所熟悉的杜威（John Dewey, 1859-1952）固然主張「哲學之重建」，歐陸也正逢維也納學派開始集結，嶄露頭角。像《劍橋哲學史一八七〇—一九四五》中的"The End of Philosophy as Metaphysics"一文，便描述維特根斯坦（Ludwig Josef Johann Wittgenstein, 1889-1951）和邏輯實證論興起時，帶

【一】參見胡適：《胡適全集》（合肥：安徽教育出版社，二〇〇三），第二三卷，頁四三五。

【二】參見胡適：《胡適全集》，第八卷，頁六—八。

【三】王汎森：〈傅斯年對胡適文史觀點的影響〉，頁三〇九—三三二。

【四】朱執信（一八八五—一九二〇）在《學者的良心》中記錄，章士釗（一八八一—一九七三）於一九一九年九月間在上海寰球中國學生會演說，被四面八方攻擊，弄到最後，只好對外表示——用朱執信的話說：「（章氏）從大病以來，已有覺悟，現在不去歐洲留學，真沒發言的餘地。」參見《朱執信集》（北京：中華書局，一九七九），下集，頁六六〇。

來了哲學是形上學以及「哲學的結束」這樣的觀念。【一】不過像胡適這樣，認為科學足以完全取代哲學的說法仍然顯得極端。杜威認為哲學與科學一樣，是一種實驗性質的認知方法；維也納學派認為哲學以邏輯及語意學的形式，可以繼續發揮語言或概念分析的功能。換言之，西方的說法大體上放棄了傳統哲學「認識終極真理」的信念，但是仍然給哲學保留一種很謙卑的位置。【二】由於西方最新的發展，往往就是「真理」之所在。所以胡適不能不敏感地察覺到歐洲當時實證主義、邏輯實證論大軍壓境般的氛圍。【三】

胡適的《哲學的將來》一文沒有正式發表過，在他同一天的日記裡，他把這個演講的內容錄進去了。其中就提到「哲學的根本取消，問題可解決的，都解決了」等。一九二九年他廢棄《中國哲學史大綱》卷中，改寫《中古思想史長編》。商務印書館在一九三一年將《中國哲學史大綱》卷上收入《萬有文庫》的時候，胡適已將書名改為《中國古代哲學史》【四】，並計劃將來再重寫《中國古代思想史》，這都是重要的信號。

更重要的是，胡適在一九三〇年代曾經提倡要取消哲學系，取消哲學，宣揚「哲學破產」。錢穆的《師友雜憶》裡有提到說，胡適是北大第一個西洋哲學史教授，而第一個西洋哲學史教授居然提倡要取消哲學系，這在當時是很震動的事情。【五】胡適教西洋哲學史很多年了，他的日記裡有記載，今天上笛卡爾（Rene Descartes, 1596-1650）、上霍布斯（Thomas Hobbes, 1588-1679），上了很多年，可是此時卻主張應該取消哲學系。一九三四年至一九三八年就讀北大哲學系的任繼愈（一九一六—二〇〇九）在晚年接受訪問時便有這兩段回憶，他說，「胡適認為中國沒有哲學，只有思想，中國哲學不成體系。他貶得太低，所以北大的課叫中國思想史，不叫中國哲學史」，「因為胡適是文學院院長，所以課後他有發言權，課程名稱都是他定的」。【六】當然不能因此說胡適從此便與「哲學」分道揚鑣，或他即不再提到「哲學」。但是，似乎在有意無意之間有這麼一個分別。「哲學史」與「思想史」是有分別的，前者是成系統的，後者是歷史上出現過的，代表一個時代的思想。

用「思想史」的角度與用「哲學史」的角度是迥然不同的。胡適說用「思想史」則可以寫

【一】這個口號必定給一般人留下深刻的印象。相關討論請參考 Simon Glendinning, "The End of Philosophy asMetaphysics," Rom Harré, "Positivist Thought in the Nineteenth Century," Alan Richardson, "The Scientific World Conception: Logical Positivism," in Thomas Baldwin ed., *The Cambridge History of Philosophy 1870–1945*(Cambridge, UK; New York: Cambridge University Press, 2003), pp. 565–577, 11–26, 391–400。

【二】這在近代科學初興的年代已經常見，如 Locke 說過，哲學家只是負責清理地基，等著如牛頓、波義耳之類的大師負責建造知識大廈。此處請教了錢永祥教授，特此銘謝。

【三】參考 Leszek Kolakowski，*The Alienation of Reason: A History of Positivist Thought* (NY: Anchor Books, Doubleday, 1969)，尤其是第五章。

【四】華東師範大學圖書館編：《胡適著譯繫年目錄與分類索引》（上海：上海人民出版社，一九八四），頁一七。

【五】錢穆：《八十憶雙親．師友雜憶》（北京：生活．讀書．新知三聯書店，二〇〇五），頁一六一。

【六】林祥主編：《世紀老人的話：任繼愈卷》（瀋陽：遼寧教育出版社，二〇〇〇），頁四七。

每一個時代，包括道士、佛教，包括他所最鄙夷的很多東西，但是它們都代表那個時代的思想，所以在《清代思想史》遺稿裡，他說「我們注重那代表時代的思想家，而不注重那繼承宋明傳統的理學家。我們寧可取那編小說的吳敬梓與李汝珍，而不必取那講理學的湯斌、張伯行」。【一】我覺得胡適從哲學史轉向思想史的變化，也代表他整個學術觀點的一個變化，此後他近史學、漢學而輕哲學、理論。他宣稱自己不是哲學史家，而是一個思想史家。【二】有一段時間他在幫人寫字時，喜歡寫朱熹（一一三〇—一二〇〇）的「甯煩毋略，甯下毋高，甯淺毋深，甯拙毋巧」，其實指的都是史學性的工作，而不是哲學性的工作。在他沒有發表的《中國哲學小史》的引論裡，他強調以歷史治哲學之企圖：「我因為不滿意於這種沒有歷史系統的哲學概論，所以想做一部含有歷史性質的哲學概論，所以我這部書的第一個目的就是要試驗哲學概論是否可以用歷史的眼光來做。」【三】

二

接着要談胡適的《中國哲學史大綱》卷上到《中國思想史大綱》的轉變。胡適的《中國哲學史大綱》是從他的博士論文〈先秦名學史〉改寫的。這篇論文與胡適在哥倫比亞大學的博士論文口試教授夏德（Friedrich Hirth）顯然意趣相反。夏德偏向孔教派，他給陳煥章

（一八八〇——一九三三）那本《孔門理財學》寫的序對之頗為讚賞。《孔門理財學》跟胡適的《中國哲學史大綱》剛好是兩個極端。胡適的《中國哲學史大綱》是批判性的、疑古的，而《孔門理財學》則是要發揚儒家的現代價值以及在財政方面的智慧的。夏德喜歡的是後者不是前者。我們一直只注意到杜威，杜威看起來是對胡適的東西很欣賞的，他在好幾個地方提到，他寫完以後交給杜威看，杜威也表示贊許。可是夏德喜歡《孔門理財學》這樣的東西，所以他跟杜威的看法顯然不同。【四】

蔡元培在一開始就給《中國哲學史大綱》卷上寫了一個非常有決定性的序，他提到它有四

【一】參見耿雲志編：《胡適遺稿及秘藏書信》（合肥：黃山書社，一九九四），第七冊，頁三八。

【二】參見唐德剛譯注：《胡適口述自傳》（臺北：傳記文學出版社，一九八一），頁三九。

【三】參見胡適：《胡適全集》，第七卷，頁二七一。

【四】一九一一年十月十五日夏德為陳煥章《孔門理財學》一書所寫的序中說："Western readers will find in his book the representation of Confucianism from the purely Confucianist point of view by an author who is a Confucianist himself and has had the advantage of sifting his ideas through the methods of western science." 參見陳煥章：《孔門理財學》（英文版）（長沙：岳麓書社，二〇〇五），頁 vii。夏德認為該書出自一個真正的儒者，真正代表了儒家的觀點，語氣中充滿肯定與同情。而《孔門理財學》以晚清今文家的「三統」、「三世」說為框架，從伏羲一路講下來。夏德本人的 *The Ancient History of China to the End of the Chóu Dynasty* (New York: The Columbia University Press，1908) 也是從伏羲講起的，此書最開頭的部分有一個中心主題是「西來說」的問題，當時西來說甚囂塵上。中國人自認為中國文明源自陝甘地區，源自本地，並無西來之跡象。夏德此書從盤古、天皇、地皇、人皇、伏羲、女媧、神農、黃帝、（轉下頁）

個重點：「證明的方法」、「扼要的手段」、「平等的眼光」、「系統的研究」。其中在「扼要的手段」中他提道，「截斷眾流，從老子、孔子講起」這一點很重要，意思是不從伏羲或堯、舜、禹、湯開始講中國哲學，而是從老子開始講起。胡適是以史料批判為中心做哲學史的，他在康奈爾大學深受當時西洋哲學史的老師枯雷頓（J. E. Creighton）的影響，這位西洋哲學史老師寫哲學史重視史料，重視時代背景，重視思想發展的時間次第，認為如果沒有這些東西，寫哲學史是不可靠的。[一] 所以對於胡適的《中國哲學史大綱》卷上，大家都注意到杜威的影響，卻忽略了還有枯雷頓的影響。其實胡適在康奈爾大學深受當時歐洲唯心論傳統的影響。在《中國哲學史大綱》裡面，他也列出了自己寫這本書時在西方參照哪些東西。其中很重要的還有文德爾班，他還深受文德爾班所寫的西洋哲學史的影響。所以《中國哲學史大綱》卷上在當時看來：第一、這是以西洋的哲學或哲學史的概念，有系統地梳理古代哲學。[二] 第二、他的史料批判具有非常強烈的疑古精神。他要重現學派的系統、傳授和源流，他批評舊書的體例不清，要恢復各家學說的真相。而「亂了學說先後的次序，亂了學派相承的系統」是不行的，《管子》既不是真書，不可以用作管仲時代哲學史料等。這些東西在謝無量的書裡面都沒有，在謝無量的書裡面，《管子》當然就是代表管子了。胡適則認為史料要經過批判。

胡適的《中國哲學史大綱》有一個鮮明的主軸，即進化論。譬如他寫莊子的時候提到「萬物皆種也，以不同形相禪」，認為這個就是「生物進化論」。當時有人批評馬敘倫（一八八四—

一九七〇）抄襲胡適這個說法，但馬敘倫認為自己是師承章太炎（一八六九—一九三六）的看

（接上頁）倉頡、少昊等（講起），不過他有一個清楚的觀念，認為前述是「神話與傳說」，但是無論如何，他認為這是應該傳述的歷史。而這些與胡適英文的《先秦名學史》顯然有所不同。《先秦名學史》從先秦諸子寫下來，不提伏羲這些人物，這與夏德、陳煥章他們 的書出入很大，但胡適那一篇帶有「截斷眾流」意味的宣言性的序，是一九二七年他回中國路上短期滯留日本時所寫的。其中提到，人們不曉得中國受傳統的重壓是如何巨大。此外胡適批評《管子》、《晏子春秋》還有其他許多可疑的古書，即使《莊》、《荀》也是部分接受而已。他說自己刻意不引《尚書》等——除非是他認為可信的篇章，對於經書他 基本上全取高度批判性的態度，並說從頭到尾，決不引用任何不能確信無疑的古書。這一篇英文序的態度，與胡適在一九一九年《中國哲學史大綱》卷上中所宣揚的史料批判觀點一致。在《中國哲學史大綱》中，他痛斥人們高談「邃古哲學」、「唐虞哲學」，「全不問用何史料」，「唐虞夏商的事實，今有根據，止有一部《尚書》。但《尚書》是否可作史料，正難決定。（《尚書》）無論如何沒有史料的價值」。參見胡適：《中國古代哲學史》，頁二〇—二一。夏德有一份用德文寫成的第三人稱的簡單自傳（Friedric Hirth, "Biographisches nach eigenen Aufzeichnungen"），在這份自傳中，並未提及他對儒家或孔教的看法，對他在哥大時期所言亦不多，僅大致說明所開課程，當然亦未有胡適的名字。夏德自傳提及與康有為、梁啟超、孫中山之私交，傳中指出康有為在紐約停留期間，常常拜訪夏德。此處要謝謝蕭高彥兄及楊尚儒代為釋讀這份德文自傳。

【一】江勇振在《捨我其誰：胡適》一書中說，胡適曾說 Creighton（江譯為克雷登）「那種客觀地對付歷史上各階段的思想史的態度，給我留下了一個極深的印象，也重新喚起了我對哲學，特別是中國哲學的興趣」（頁三〇七）。江勇振認為，《中國哲學史大綱》主要受克雷登的影響，不是杜威。克雷登的哲學史課程主題，包括了「本世紀的思辨問題，特別是進化觀念的哲學意義及其重要性」（頁二八六）。

【二】在一開始胡適就對寫這本書的用意講得很清楚，他要談知識論、談本體論、談倫理學、談教育哲學、政治哲學等。

法，這在當時的《北京大學日刊》是一樁公案。【一】後來胡適在臺北版的序言裡面講，他這個說法完全錯誤，莊子沒有生物進化的看法，那是當時他作為年輕人一個大膽的說法而已。前面提到過，胡適在康奈爾大學時深受枯雷頓影響，枯雷頓寫西洋哲學史時，非常重視進化論在近代西方哲學上的作用，所以胡適在書裡面討論先秦諸子的時候，最重要的共同主題就是生物進化或者進化的思想。他討論到墨子，討論到荀子，討論到其他許多，這都是他其中一個核心的觀念。任何學說都是一個發生學的過程，不是一個靜止的、不變的東西，它有個過程，一個發生學的過程。【二】

胡適認為「東周以前的中國古史，只可存一個懷疑的態度」，豈可一味迷信古書。先秦諸子沒有一部可靠，「《莊子》一書，大概十分之八九是假造的，《韓非子》也只有十分之一二可靠」，「《左傳》不足信」，「《尚書》是否可作為史料，正難決定，……無論如何，沒有史料的價值。古代的書只有一部《詩經》可算得是中國最古的史料」。【三】這是民國八年出版的書。他當時的看法是，東周以前的古書都非常值得懷疑，《尚書》、《左傳》不可以作史料，所以《中國哲學史大綱》裡關於社會背景的描述就變得非常少了，有很多都是引《詩經》的一些話來講當時的戰亂、人民的流離等。【四】但是在一九四四年的《中國思想史大綱》中，他經歷了一個很大的轉變。而這個轉變，因為以前人們沒有非常清楚地瞭解他後期對整個中國思想史的看法，所以沒有特別去注意。事實上，從其他的痕跡、其他的文章也看得出來，但沒有這麼系統地展現。這份大綱特別講「發生學的方法」，認為一個學說都有兩端，都是一個發生的過程，不是一個靜止不變的東西。不要像古代論述經書，道理是靜止不變的東西，所以是一個祖孫的方法。

《中國哲學史大綱》另外一個特色是西洋哲學的參證。《先秦名學史》是用英文寫的，現在也有中譯本。《先秦名學史》的序就講得非常清楚，他有很重要的現實關懷，要用西洋哲學裡面的邏輯學方法來復活中國先秦諸子裡面的邏輯思想，用很有邏輯的思想來改造這個民族沒有邏輯思維的習慣。所以胡適是非常清楚地要用西方的邏輯學來檢討中國先秦的名學思想，他在這本書裡面用了很多西方的哲學，用得比較多的比如斯賓塞（Herbert Spencer）、康德（Immanuel Kant）。他這時認為東西哲學可以互相印證、互相發明，是因為人類的官能心理大

【一】參看傅斯年：〈馬叙倫著《莊子札記》〉，原刊《新潮》，第一卷一號（一九一九年一月一日），後收入氏著：《傅斯年全集》（臺北：聯經出版事業公司，一九八〇），第四冊，總頁一四二〇、一四二五。馬叙倫：〈釋《新潮》中評《莊子札記》〉，《北京大學日刊》，第一九〇期、一九一期，一九二期（一九一九年一月）。

【二】參看胡適：《實驗主義》、《杜威先生與中國》，收入氏著：《胡適全集》，第一卷，頁二七七—三二三、三六〇—三六二。

【三】胡適：《中國古代哲學史》，頁一二、二二。

【四】錢穆在北大與胡適共事時，曾面質胡適這個問題。參見錢穆：《八十憶雙親．師友雜憶》，頁一五八。

概相同【一】，如他認為《老子》是西方的「自然法」，又認為先秦諸子各家皆有生物進化論。一直到胡適擔任中央研究院院長時，還有很多人問他，怎麼不把《中國哲學史大綱》的中卷和下卷寫完呢？問他的人一定也不知道胡適的看法變了。事實上，他現在要寫的是《中國思想史》，是整部的《中國思想史》，而且從胡適遺留下來的這一份《中國思想史大綱》看來，他構想中的《中國思想史》的觀點與《中國哲學史大綱》的是有變化的。

在一九四五年英文版的《中國思想史大綱》中，他一開始談到中國古代的思想跟希臘、羅馬、歐洲等的思想比較的時候，就提出了「為什麼我講的是history of thought，而不是history of philosophy?”他的言詞裡似乎表示，如果要寫哲學史就得講在西方哲學標準下能成系統的、抽象的知識論、本體論那樣的東西。可是，他寫完先秦那部分接著要寫下去就不行了，接下去的很多都是宗教的，佛教、道教或各式各樣的東西。至少在嚴格意義上，這些東西在胡適看起來並不是「哲學」。

我覺得這份《中國思想史大綱》有幾個特色。跟《中國哲學史大綱》比起來，一個是一九一九年，另一個是一九四四年。經過了二十五年，胡適的很多看法都變了。【二】在這裡我要舉例性地講幾點：首先，胡適對史料持批判態度這一點並沒有太大變化，只是沒有像原來那麼激烈。最重要的是，他認為中國古代歷史的淵源非常長，他非常注意史語所當時在殷墟做的十五次挖掘。我覺得這十五次挖掘的東西改變了他對古代很多東西的看法。所以他對傅斯年的

〈夷夏東西說〉，對董作賓的研究，對古代東邊及西邊兩個集團的說法都很重視。他其實是用這個背景來重新講中國古代思想。他也談到很多考古發現裡面可以跟思想有關的東西，而這些都在孔子或老子之前，不像《中國哲學史大綱》所認為的一切只能從老子講起。【三】由於胡適關懷的重點由哲學史慢慢傾向思想史，所以他很注意那一段時間古代考古發掘方面的思想史意涵的影響。而這使他可以把中國思想從商代的宗教一直講下來，從人殉等一直講下來。

前面提到，《中國哲學史大綱》卷上是「截斷眾流」，從老子講起。但在《中國思想史大綱》中，胡適費了許多筆墨講老子以前的思想概況。他認為中國文字的起源一定非常古，不像以前那樣宣稱，「以現在中國考古學的程度看來，我們對於東周以前的中國古史，只可存一個懷疑的態度」。【四】他也引用了很多《左傳》、《尚書》中的材料，在《中國哲學史大綱》中，他則

【一】胡適：《中國古代哲學史》，頁二八—二九。
【二】但後來他並非沒有寫過思想史方面的論文，現在《胡適全集》裡面好幾冊都是思想史方面的。然而，因為這份《大綱》中比較系統地講，可以比較清楚看出他這二十五年裡的變化。
【三】他非常不滿意馮友蘭從孔子講起。馮友蘭的《中國哲學簡史》出來的時候，楊聯陞當時已經在哈佛任教，在美國發表了一個英文書評，胡適給他信說，你下筆太輕了，要再重一點，這本書太糟了。參見胡適紀念館編：《論學談詩二十年：胡適楊聯陞往來書劄》（臺北：聯經出版事業公司，一九九八），頁九九。
【四】胡適：《中國古代哲學史》，頁二二。

認為《左傳》跟《尚書》不可信（康有為〔一八五八—一九二七〕講《左傳》是偽造的）。所以這種看法已經變了。他比較願意承認，在考古的證實之下，很多東西都可以信了。另外，值得注意的一點是，關於先秦諸子的起源的問題。《中國哲學史大綱》否定諸子出於王官說，而又不信《尚書》、《左傳》等書，所以對於先秦諸子之興起，依《淮南子》說是起於「救世」。而《中國思想史大綱》則頗講述先秦諸子的宗教與思想背景，但仍未見提到諸子出於王官之論。

當然，這份一千五百五十四片紙的《中國思想史大綱》把他過去幾十年關於思想史的研究觀點也吸收進去。不過，有一些看法並未改變，如他對佛、道有很多研究，但極盡嘲諷。他非常重視所謂中古的「印度化運動」。胡適在哈佛大學創校三百年的時候，應邀去發表了一篇文章，就是講中國中古的「印度化運動」。[一] 即使現在看起來，我還是覺得那篇文章很有看法、很有價值，講中古佛教進來以後，中國人整個的世界觀、時間觀、人生觀等有重要的變化。文中他也做了很多比較，這在以前是沒有的，佛教此後變成中國人日常生活的一部分，在這裡面有很多的反映。

對理學，他當然還是持比較批判的態度。他跟陳寅恪不一樣，陳寅恪認為宋代的思想學術是最光輝、最高明的時代，可是胡適的看法並不相同。他也用美國人所比較瞭解的詞語，譬如講東周時，他用東羅馬帝國來比喻；講宋代的「新政」、支持「新政」的人時，又跟羅斯福（Franklin Delano Roosevelt）的 New Deal 聯繫起來。總之，他用了很多當時西方人比較熟悉的詞語來講。像講孔子以前是《舊約》、孔子以後是《新約》的時代等；我們把理學譯成Neo-Confucianism，他不是，他是譯成Rational Philosophy。不過，他講道學的幾個新派時，似乎講得太無為、太消極。如他認為邵雍（一〇一一—一〇七七）、周敦頤（一〇一七—一〇七三）都是道家思想家（Taoist Thinkers）。當然他一直講到清朝，講到顏元（一六三五—一七〇四）、李塨（一六五九—一七三三）就結束了。我幾年前看了梅光迪的文集，看到他們的通信，才知道原來早期胡適是非常讚賞程朱理學而反對顏元的，而梅光迪（一八九〇—一九四五）在當時則反對程朱理學並且是支持顏元的。後來，這兩個人在新文化運動中成為最激烈的敵人，而且他們的思想是剛好倒過來的。【二】

但是從另一方面講，胡適的學術態度仍有其一貫性。在《中國哲學史大綱》卷上中，他說，以當時中國考古學的程度看來，對於東周以前的中國古史「只可存一個懷疑的態度」；或是他在《古史辨》第一冊的《自述古史觀書》中所說的「現在先把古史縮短二三千年，從《詩三百篇》做起。將來等到金石學、考古學發達上了科學軌道以後，然後用地底下掘出的史料，

【一】"The Indianization of China: A Case Study in Cultural Borrowing," 收入氏著：《胡適全集》，第三七卷，頁三二八—三六四。

【二】梅光迪：《致胡適信四十六通》，第三函，收入羅崗等編：《梅光迪文錄》（瀋陽：遼寧教育出版社，二〇〇一），頁一一三—一一六。胡適很年輕與梅光迪認識的時候，梅光迪就已經認為胡適會是天下第一的人物。

慢慢地拉長東周以前的古史」。【一】言下之意是，如果考古學的發現足夠，他也未必不可改變想法，而《中國思想史大綱》大量引用考古材料講北京人、舊石器時代、新石器時代等，也說明了這是胡適一貫不變的態度。但因為考古中未出現夏代文物，故《中國思想史大綱》中並未提及夏代。同時也因為商代部分的考古發現豐碩，所以他寫商代的部分很多。

從前面的討論來看，胡適在五四之後的二十幾年裡面有了重大的變化，這可以分成兩部分，一是對哲學的態度，另一是對中國古代思想的重估。過去有人認為胡適沒有把中卷寫下去，是因為後來被佛教卡住了，沒辦法像處理先秦諸子那麼得心應手。可是現在發現還有一層原因，因為他整個看法已經變了，他已經不再繼續寫哲學史，而是要寫思想史了。當然還有人困惑，胡適是哲學系畢業的，可他好像變成了漢學家一樣，儘管這麼多人一再呼籲他：你沒有在哲學和思想上作一個大的對抗，使得左派的思想如此蔓延。胡適最後在離開大陸之前，在北平作了一個《水經注》版本的展覽。當然也有一些人非常反對，可還是有一批人津津樂道。

胡適原來是以西方哲學的標準與規範來講先秦諸子，所以出發點是西方哲學。在《中國哲學史大綱》卷上中，他反復說明：「我所用的比較參證的材料便是西洋哲學。」【二】但是東西哲學互相印證、互相發明，並不表示西洋有的我們也有，而由此滋生發揚國光、誇耀自己之念。然而，他最後仍希望東西兩支哲學互相接觸、互相影響，「五十年後，一百年後，或竟能發生一種世界的哲學，也未可知」。【三】這是相信有一普遍的哲學的措詞，與持「思想史」觀點者的看法是不一樣的。由「哲學史」到「思想史」顯示一種由 universal 漸變成比較重視歷史文化傳統的傾向。不是只要有幾個重要的階段，符合「哲學史」定義的才能寫，而是每一個時代的思想都值得寫。他說，梁漱溟跟梁啟超所講的正統哲學，只有八百年前有，以後就沒有了，好像以後就沒有任何東西可以代表這些思想。【四】

此後的現實變化是，胡適慢慢疏離了中國哲學圈。其實從《胡適日記》裡可以看得出來，當時的中國哲學會（一九三五）、《哲學評論》創始的時候，他都是參與籌劃的人，但後來，可能有一部分原因是他到美國去，他就不在哲學圈裡活動，而變成史學、漢學圈裡面的人了。

當時有人認為，知識界的領導人物群趨考據，疏離了哲學與思想的大問題，是無法對抗左翼思想的一個原因。譬如傅斯年從美國回到中國以後，在一些小的筆記本裡面就寫過這類反省的話。【五】這樣的反省，可能與胡適等人慢慢地疏離哲學有關。胡適是當時學界最核心的人物，

【一】顧頡剛編：《古史辨》（上海：上海古籍出版社，一九八二），第一冊，頁二二。

【二】胡適：《中國古代哲學史》，頁二九。

【三】胡適：《中國古代哲學史》，頁五。

【四】我覺得後來胡適從哲學史轉為思想史，有一個重要的地方跟當時其他做哲學史的不大一樣。當時偏向哲學的人，似乎認為既然這些東西都可以用西方的哲學標準來做，所以是有現代價值的。胡適改做思想史，並不表示他認為這些思想都有價值，他主要是在做一個史學家的工作，把每一個時代的思想變化寫下來。所以這是兩種不同的態度。

【五】參見王汎森：《傅斯年：中國近代歷史與政治中的個體生命》，頁二二四—二五〇。

但他的關懷已別有所在了。馮友蘭（一九〇二—一九九二）、賀麟（一八九五—一九九〇）、黃子通等人慢慢變成這個哲學圈的中心，當時哲學學會、《哲學評論》是另外一批人。我覺得這兩個圈子的慢慢分離，是一九三〇年以後的一個現象。賀麟在《文化與人生》中認為，一九三〇年以後有另外一個圈子的人（包括賀麟自己）是要講哲學、講價值、講現實人生這些問題的，但學界另有一種非人格（Depersonalization）的趨勢。他所指的當然是哲學圈中的人。【一】即使在哲學陣營中，馮友蘭與其他講傳統哲學者亦不同。任繼愈即說：「比如說馮先生講課，一定要講得出說得清的才算。但是中國哲學有個直觀的體悟的東西，可以意會不可言傳，這一部分也是核心部分。……可馮先生就不承認這個。」【二】這使得馮重分析不重體悟，包括《貞元六書》中的《新理學》也表現出這樣的特色，這使得他與其他人，尤其是新儒家哲學之間仍有一定距離。

最後，我還想提到一點。「中國思想史」這個體裁究竟是從何時、何人開始的。在初步查考之後發現，一九〇二年，同時出現了兩篇文字與這個主題有關——梁啟超（一八七三—一九二九）的〈論中國學術思想變遷之大勢〉及陳懷的〈學術思想史之評論〉。【三】從目前掌握的史料看來，這是最早合「學術」與「思想」為一的體裁。由此看來，胡適一系列以「思想史」為名的著作，可能是「中國思想史」這個體裁的前驅，那麼胡適從「哲學史」轉向「思想史」的過程，也與「中國思想史」這個體裁的誕生有關。

結論

在以上這一篇短文中，我主要透過胡適後期在哈佛大學講課的一份英文大綱討論兩個問題。第一，是胡適中年以後疏離「哲學」，並逐漸由「哲學史」轉向「思想史」的過程。這個轉變，對他的學術工作產生了重大的影響，他甚至宣佈想廢除北大哲學系，同時也使得他與這個重要的學術領域日漸分道揚鑣，似乎也因此而不能在思想、哲學的戰場上與當時的左派思潮作一對抗。第二，是透過比較，爬梳出《中國哲學史大綱》卷上到英文《中國思想史大綱》這二十五年間，胡適在若干重要學術論旨上的巨大改變。以胡適在近代思想史上的樞紐地位，他上述兩方面轉變所帶來的影響是非常重大的，值得我們注意。

本文根據二〇一三年作者在中央研究院歷史語言研究所八十五週年所慶的專題演講整理而成。感謝周月峰先生聽打整理；後收入《四川大學學報》（哲學社會科學版），二〇一七年第三期，頁五——一三。

【一】賀麟：《文化與人生》（上海：上海文藝出版社，二〇〇一），頁八五。

【二】林祥主編：《世紀老人的話：任繼愈卷》，頁四六——四七。

【三】此條承李孝遷兄告知，特此致謝。

歷史研究的新視野

——重讀〈歷史語言研究所工作之旨趣〉

今年是歷史語言研究所創立七十五週年（二〇〇三）。過去七十五年中，史語所在臺灣的時間已經超過半世紀了，而且遠遠超過它在大陸的時間，我們是應該定下神來，為過去五十年作一個回顧了。杜前所長在史語所七十週年時，倡導編纂了一系列書，如《新學術之路》、《學術史與方法學的省思》等，並大幅地增修了史語所的大事記，使得我們在撰寫這方面的文章時，得到很大的方便。

在過去半世紀，西方史學界也變得非常厲害，前年是卡爾（E. H. Carr, 1892 — 1982）的《歷史是什麼》（*What is History*）出版四十週年，英國史學界出現了一些文章，討論這四十年來西方史學界的變化。【一】我覺得有必要在此作一簡述。

四十多年前，卡爾在劍橋大學作了一系列演講，後來輯成《歷史是什麼》。該書出版後，成為許多國家大學歷史系導論課的教科書（以我個人的經驗為例，一九七〇年代後期，我在台大作學生時，卡爾的這一本書就是常用書，而一直到一九八〇年代後期，當我在普林斯頓大學上博士班的「史學導論」課時，閱讀書目上的第一本書仍然是《歷史是什麼》），在出版史或學科史上，這不是一件尋常的事。

但是卡爾並不是一位專業歷史學家，他曾經是記者，後來替外交部做事，然後教過一段時間的歷史。他最大的成就是十幾冊的俄國史，但是現在願意花力氣讀這套書的人，就像願意再讀湯恩比（A. J. Toynbee, 1889 — 1975）《歷史的研究》（*A Study of History*）的人一樣，恐怕是少之又少了。然而卡爾卻意外地靠一本偶然之作而享大名，尤其是他那一句歷史是「現在與過去不間斷的對話」的名言，更是膾炙人口。但誠如理察·伊凡斯（Richard J. Evans）指出的，卡爾自己的「對話」是失敗的，他主張史家在這種「對話」中指引現實的發展，但是他的俄國史在這個方面是徹底失敗的，其中的種種推測幾乎無一實現。卡爾認為俄國共產黨的計畫經濟及國有企業將會成為全世界經濟的模範，但後來的發展證明這個預見完全破產；他認為共產革命將在全世界成功，近幾年世界政治的發展也證明它站不住腳。這些錯誤有一個重要原因，即他是一個虔誠的馬克思主義者，同時也相信歷史的發展會照馬克思所指引的定律前進。【二】

《歷史是什麼》在當時西方史學脈絡中的地位大致有幾點：第一、他鼓吹史學家應盡量吸收新興社會科學之長。第二、他認為史學家不只是為研究而存在，他的任務是要在與過去不間斷的對話中，指引未來的發展。第三、他區分「編年史家」與「歷史學家」之不同。編年史家滿足以一件史事接着另一件史事講下去，但史學家必須解釋史事之間的因果關聯。第四、史學家不應該專講幾個偉大人物，而應該指出歷史中較寬廣的趨勢，像階級形成、經濟變遷、工業化、階級化等，而這些趨勢大多不是隨偉大的個人意志而轉移的。第五、史學家要找出

【一】如 David Cannadine ed., *What is History Now?* (Palgrave Macmillan, 2002)。
【二】Richard Evans, *In Defense of History* (New York: W.W. Norton, 1999), pp. 196–197.

歷史發展的規律（regulation）或歷史的型式（pattern of past）。第六，卡爾認為英國史學家應該脱離英國或歐洲中心主義，要放寬歷史的視域到其他文明的歷史。第七，卡爾認為歷史仍然是一門科學，相對於之前柯林烏（R. G. Gollingwood, 1889 — 1943）的《歷史的觀念》（*The Idea of History*）一書似乎給人一種提倡歷史相對主義的感覺而言，卡爾仍要人們守住歷史的客觀性。【二】當時卡爾遭遇到幾方面的攻擊。他的主要論敵艾爾頓爵士（Sir Geofary Elton, 1921 — 1994）的《歷史的實踐》（*The Practice of History*）認為，卡爾是以社會科學來批評帶有實證風格的蘭克式史學，他不贊成卡爾所説的史家是時代的產兒，或用現在的角度去選取歷史事實；卡爾主張放寬歷史視界，但艾爾頓不認為黑人有史學；卡爾主張社會科學治史，而艾爾頓認為最重要的仍是政治史、外交史等。

自卡爾發表《歷史是什麼》，也就是從一九六〇年代以來，西方史學經歷了許多轉變，從政治史到社會科學，到社會史，到年鑑學派，到後現代與新文化史。反觀過去五十年，臺灣大抵也經歷了以上幾種階段的發展。一九六〇年代起，社會科學治史的風氣也衝擊了傅斯年（一八九六—一九五〇）等人所提倡的實證式史學，臺灣基本上也歷經了社會科學、社會史、文化史等階段的發展【三】，目前後現代主義與新文化史對臺灣史學界年輕一輩的影響更是方興未艾，我們可以大膽地説，近五十年來，臺灣史學界基本上與世界史學的主流發展並不隔膜，而且流行的時距也愈來愈短。

現在重讀七十五年前的〈歷史語言研究所工作之旨趣〉（以下簡稱〈旨趣〉）是很有意思的。〈旨趣〉中有一些常被批評的部分，像「反對疏通」、「證而不疏」、「推論是危險的事」、反對「普及」等。史語所近五十年來的發展早已不受其限制，此處不贅，但〈旨趣〉中論及史學研究中的幾項要素至今仍有其價值。

第一是傅先生提到運用新工具，呼籲人們要充分運用自然科學所提供給我們的一切工具，譬如地質學、地理學、考古學。第二是要發掘新史料，擴充新史料。第三是發掘新問題，尤其是要注意題目的新陳代謝，並留心「所持論的一些題目」是否係關鍵的問題。第四是新領域的開展，如當時西方學者所拿手的「虜學」及南洋學，又如當時西方學者所重視，而千百年來中國學者所忽略的，「如神祇崇拜、歌謠、民俗、各地各時雕刻文式之差別」。【三】此處我便想借

【一】我個人印象比較深的是他對柏林（Isiah Berlin）的攻擊，尤其是對柏林《歷史的必然性》的批評。柏林的哲學很清楚的認為在歷史發展過程中，人的自由選擇與努力是非常關鍵的，所以他不滿卡爾太受馬克思歷史決定論的觀點。見John Gray, *Isaiah Berlin*(Princeton, N.J.: Princeton University Press, 1996), pp. 76—97。

【二】詳細的論述，請見杜正勝：〈史語所的過去、現在與未來：代序〉，收入《學術史與方法學的省思：中央研究院歷史語言研究所七十周年研討會論文集》（臺北：中央研究院歷史語言研究所出版品編輯委員會，二〇〇〇），頁一—二二；以及許倬雲先生為本次演講會所寫〈錦瑟無端五十弦：憶臺灣半世紀的史學概況〉一文。

【三】傅斯年：〈歷史語言研究所工作之旨趣〉，收入《傅斯年全集》（臺北：聯經出版事業公司，一九八〇），第四冊，總頁一三〇一—一三一四。

用他上面所提到的幾個範疇來省視史語所過去一二十年的發展。

一、新史料：我們與史料的關係正在改變中

史語所的前輩們已充分展示了史料在史學研究上的重要意義。傅斯年先生留學德國時，蘭克史學事實上已經走下坡，不是當時人矚目的焦點，它的一些重要觀念已經化作春泥，成為史學界共同的營養，當時德國人文學界的重頭戲是理論的爭論【一】，但傅斯年與陳寅恪（一八九〇—一九六九）他們似乎不為所動。傅先生「上窮碧落下黃泉，動手動腳找材料（東西）」的口號，經許冠三（一九二四—二〇一一）考證，可能是從英國著名史家崔衛連（G. M. Trevelyan, 1876–1962）的名言中脫胎而來。崔衛連說：「要研究法國大革命，人們必須上天或下地去尋找史料。」但是，如果我們細讀崔衛連的原書 *Clio, A Muse* 卻會發現，崔衛連其實相當反對蘭克史學，尤其不贊成過度重視史料的主張。【二】從以上兩件事可以看出，傅斯年相當熟悉當時英、德兩國史學界的潮流，但是他仍有自己的選擇。他認為在當時的中國史學界，「史學即是史料學」是一帖即時的藥方。其實已經有許許多多的人敏感地發現傅先生本人的歷史寫作並不見得忠實於自己的口號，他那幾篇膾炙人口的古史論文，早已運用了大量的歷史想像與歷史解釋，「史學即史料學」毋寧是他行文時慣用的矯枉務必要過正的手法。傅先生認為，史

料的進步與史學的進步有著密不可分的關係，同時也認為一流的史學著作不能期期於每一個史學工作者，但是發掘、考訂、編纂史料的工作，卻可以使得平凡的人也可以作出踏實而持久的貢獻。

七十五年過去了，重視史料的觀點是否已經過時了呢？的確，有不少人隱隱然傾向於認為深刻的歷史解釋與史料之間是互相排斥的，但是，當我翻開一本出版不久的《新歷史》（*The New History*），卻看到這本書中所選擇的九位具代表性的新史家中，除了像 Quentin Skinner 那樣，是以一套方法論而樹立起其地位之外，大部分賴以成名的主要業績皆與一宗或數宗新史料的發現與運用有關。像 Carlo Ginzburg 在宗教審判檔案中發現對 Firuli 的一個磨坊匠的審判記錄，寫成了他的 *The Cheese and the Worms: the Cosmos of a Sixteenth-century Miller*；像 Keith Thomas 在牛津圖書館的 Ashmolean Manuscript 中發現了十七世紀一位每年有超過兩千名顧客的命理師 William Lily 所留下來的記錄，而開始寫他的 *Religion and the Decline of Magic*；像 Danial Roche 發

【一】Lawrence A. Scaff, *Fleeing the Iron Cage* (Berkeley: University of California Press, 1989).

【二】G. M. Trevelyan, *Clio, a Muse, and Other Essays Literary and Pedestrian* (Longmans, Green and Co., 1913), pp.9–10. 我的學生陳偉強先生告訴我這一點，我同時也參考了 David Cannadine, *G. M. Trevelyan: A Life in History*(New York: Penguin Books, 1992), pp.183–238。

現舊王權到法國大革命時期巴黎一個眼鏡商（Jacques Louis Menetra）的自傳，並以之為基礎，重構舊王權時代廣大通俗文化的情況。還有他組織學生到巴黎各個大小檔案館抄出來的各種物質的與文化的消費記錄，並從中研究法國文化的動向；像Robert Danton由一條註一路追到瑞士的小城Neuchatel，在那裡發現近五萬通與出版商的通信，從而建構他啟蒙時代百科全書的歷史，這批材料也成了他後來幾本名著的主要材料來源之一。【一】這只是一本新書中所列舉的新史家，在上述之外，還有許多相似的例子可以稱引。我只想藉此說明：即使在新史學盛行的當代，新史料的發掘或對舊史料不同層次的解讀【二】，仍是成功寫出經典歷史著作的重要前提。〈旨趣〉中對新史料的種種主張，除了一些矯枉過正的話之外，即使到今天，也還沒有完全動搖。「上窮碧落下黃泉，動手動腳找材料」，仍然是我們今天要做的事。

在過去五十年，史語所獲取新史料的來源逐漸枯竭了，但是我也留意到，同仁研究中所使用的材料品類之廣，已經超出前輩的範圍，同時以另一種方式改變了史家與史料的關係，大幅地擴大了史家使用各種史料的可能性。我個人不算充分了解這個新現象，但卻直覺到這方面的新發展，將引起一種具有深刻意義的變化。

首先，在文字材料方面，我想談電子文獻的發展，在這方面史語所是世界漢學界的先驅。藉著網絡與電子資料庫，使得研究者不再像以前那樣耗費許多時間反覆查閱史書（當然精讀史書仍是第一要義，才不至於脫離脈絡，也才能有機地掌握歷史）【三】，或四處求索相關研究資訊，或建立相關的輔助性知識。大概五年前，電子化的圖像資料開始出現，以前只作為插圖的東西，現在比較容易獲得並且成為主要的解讀材料；以前可能只有藝術史家比較容易入手的，現在經濟史、文化史等學者也可以隨手運用，而且還可以借助電腦，對圖像作細部的了解與分析。除了材料的取得外，過去獨學無友的情形，也可以靠着網絡，拋出問題，尋求討論的機會。

三十五年前，法國知名史家勒・華・拉杜里（Emmanuel Le Roy Ladurie）發表了一篇震動一時，但卻只有薄薄數頁的短文〈史家與電腦〉。在這篇文章的末尾，他宣稱，至遲到

【一】以上見 Maria Lúcia G. Pallares-Burke, *The New History: Confessions and Conversations* (Polity, 2002), p. 97, 115, 166 等。同時參見 Carlo Ginzburg, *The Cheese and the Worms: the Cosmos of a Sixteenth-century Miller*, translated by John and Anne Tedeschi (New York, N.Y.: Penguin Books, 1982), p. XI。

【二】如 Natalie Z. Davis, "A Life of Learning," ACLS Occasional Paper No.39(New York: American Council of Learned Societies 1997). pp. 10–11。

【三】關於史語所在這方面的發展，請參考黃寬重：〈中央研究院人文計算的回顧與前瞻〉及〈數位典藏與人文研究：中央研究院文獻資料數位化工作的回顧與展望〉，收入氏著：《史事、文獻與人物》（臺北：三民書局，二〇〇三），頁一三九—二二〇。

一九八〇年代，史學家如果想要生存，他或她必須同時是一個電腦程式設計者。【二】我們細看他條列的非電腦不可的領域，大致集中在人口史、物價史、家庭史等高度需要計量的領域，而批評者則認為它與重視歷史解釋、重視歷史敘述、重視意義發掘的史學互相排斥。【三】

但是近二十年來的發展，證明拉杜里把電腦的功能想得太窄了，電腦不只是能計量，它還有許許多多的功能。我個人完全了解過度依賴電子文獻資料庫的重大危險，並且始終堅信，對於歷史文獻細密而又富想像力地解讀，仍是治史之首要條件，但是電子文獻也可以起一種畫龍點睛式的輔助作用。以史語所發展的漢籍全文資料庫看來，電腦與解釋或意義的發掘並不互斥，甚至還可以尋找到一個新的接榫點。

以下，我想舉個人研究過程中的一些例證來說明。如各位所知，我是一個電腦盲，一切研究都處於手工的階段，但是在有限的使用中，卻體認到漢籍全文資料庫強大的力量。第一、近十年來，我一直在探討一個問題：清代的政治壓力下文化領域的變化，其中牽涉到歷史記憶、政治文化及思想文化中自我壓抑等問題。在這個研究中，因為牽涉到太多壓抑在心中而不能說出來的層面，所以我戲稱之為「追索無聲的歷史」，我常需要了解敏感的書籍，或敏感的議題與字眼在整個清代浮沉的情況，這時候電子文獻便扮演著無可取代的作用。

譬如有一次我想了解政治壓力對日常語言的影響，因為在清代頭髮是敏感的問題，所以我設想在明代常用的「一髮千鈞」或「千鈞一髮」應該是犯忌諱的，但是我不可能通讀所有的文獻去印證這個假設，於是我請助理查詢本所的漢籍全文資料庫中《明史》的部分，在很短的時間內便確定它從未出現過。當我想確定《揚州十日記》或《嘉定屠城記》等敏感書籍是否曾經被公開提及或公開流傳的記錄時，電子文獻庫也可以很快地解決這方面的問題。我們的電子文獻庫當然未包含所有清代的文獻，但是光從特定字眼出現的頻率也可以說明許多歷史事實。

第二、我的研究中牽涉到近代思想裡新概念的出現以及它們如何改變近代中國思維世界的問題，而漢籍全文資料庫常常幫我確定了它們的系譜，就以「傳統」、「主義」、「民主」等詞為例。為了確定它們是不是新出的詞彙，只要一敲電腦，在極短的時間內便得到了答案：古書中從未出現現代意義下的「傳統」、「主義」、或「民主」。

我的研究中也牽涉到理學的詞彙如何影響到日常生活概念的問題，像「客氣」一詞，原先是理學家用來指斥、批評一個人的內心為習氣所拘蔽，本心不能作主，以致「客氣」作祟，所以宋明思想家常批評某人的行為帶著「客氣」，其實是一種貶義之詞，但是「客氣」在後來用

【一】E. Le Roy Laduria, "The Historian and the Computer," *The Territory of the Historian* (Chicago: Univers)ity of Chicago Press, 1973), pp. 3–6. 在這本書中，拉杜里的那篇宣言式文章與其他四篇性質相近的文章被收為一編，題為「學習與電腦共存：史學中的計量革命」。

【二】這句話在過去二十年間常常被提出來調侃，如 Lawrence Stone, "The Revival of Narrative," *The Past and the Present Revisited* (London; New York: Routledge & Kegan Paul, 1987), p. 85。

來表示一個人行為上的謙抑周到，反而成了正面之詞。想了解這樣的問題，也只能求諸電子文獻庫。

第三、電子文獻庫提供人們一種縱深理解的能力，此處再用「主義」這個觀念為例。「主義」是改變近代中國思想氣候的重要概念，五四那一代人非常嚮往「主義」，套用傅斯年先生的一句名言：不管信從的是哪一種主義，「有主義總比沒有主義好」，這種以「主義」為萬靈丹的思維究竟如何一步一步網羅近代中國人的心靈，以致發展為「主義」崇拜，也是我所好奇的。而初步解決這個問題時也只需要一點點時間查看漢籍文獻資料庫，然後很快了解到，晚清人們開始大量使用「主義」一詞時，它不過是指一種「宗旨」或一種「主張」而已，絕無它後來那種「包山包海」的威力。可惜，因為我們的漢籍全文資料庫並未延及民國時期，所以民國以下的研究就得全部靠手工了。

從上述例子中可以看出，在追溯一個重大思想觀念的變化時，電子資料庫方便我們在極短的時間內得到一個長遠的、縱深的輪廓，也可以對共時性的歷史現象得到廣泛的理解，因而可以進行更有把握的推論，同時也使得另一種層次的歷史解釋與歷史意義的追索成為可能。此外，電子文獻資料庫常常可以幫助我們確定「何者為某時代所無」，而「所無」本身是一件具有重大意義的歷史現象，沒證據本身也是一種證據，所以電子文獻是可以幫助我們把「空白」轉換成一種新的歷史證據。【二】

二、新工具：用空間來思考

歷史發展除了人之外，還有時間與空間兩個軸心，「時間」方面已經得到史家充分的重視，但空間方面則重視不夠。人的行為有百分之八十會接觸到空間，日常生活、政治事件等都有許多空間屬性，此一屬性在過去因工具不足，或工具太過繁複，往往只獲得非常簡單的處理，甚至一筆帶過。

許多時候，讀「二十五史」時帶有時間或空間的連續性，這空間有時是單純的一個點，有的形成線（如行軍），有的形成面（如災荒）。過去讀到這些史事時，最多翻翻譚其驤（一九一一——一九九二）或其他人的歷史地圖，看某些點在何處，當涉及「線」或「面」時，往往腦袋空白一片。除此之外，像自然環境、氣溫、氣候、水文等構成要素，也往往被忽略了，因而對歷史知識的掌握常常流於片面。近年來，藉著電腦及網絡的幫助，「地理資訊系統」把最現代的科技與傳統的知識整合在一起，可以用來幫助我們探索歷史知識；歷史地理資訊系統創造了一種虛擬的環境，使得歷史研究者有機會走入一個虛擬實境，揣摩、體驗、重建並發

【一】在數位化方面，史語所還有「考古發掘遺物、照片、記錄與檔案」、「拓片與古文書」、「傅斯年圖書館善本圖籍」、「內閣大庫檔案」、「全文資料庫」、「民族學調查標本、照片與檔案」等計劃在進行。

掘過去的知識。

過去史學工作者們偏重用時間來思考問題，但上述這種新工具卻方便我們用「空間」來思考問題。藉著這樣的工具，則傳統敘述性、描述性的東西，可運用這個架構得到一種視覺性的理解，或進行近似於量化的分析，使得傳統知識能掌握得更精準，用更具有全盤概括性的眼光去理解歷史現象。

例如研究大臺北盆地開發史，如果只有書而無圖，或只有簡單的地圖，則對整個開發過程由哪裡到哪裡，則講了半天仍不知所云，沒有一個圖在腦海裡。有這樣一套工具，便可以化文獻的閱讀為空間的思考。又如考古學所常講的中國古代文化的區系類型（蘇秉琦，一九〇九—一九九七），到底有哪幾個區系，有哪幾種類型？如果把遺址點上去，再將文物擺進去，則形成一個層次井然的架構，可以據此作宏觀的思考。以我個人所關心的思想史方面的問題為例，中國思想史中長期關心的一個問題是：晚唐五代的禪宗與宋代理學的興起是不是有某種關係？而我們閱讀古書後得到的一種粗淺印象，似乎是禪宗流行的地區與理學興起的地區有某種有趣的重疊性。如果我們能借助地理資訊系統把空間上的思考作為追尋思想系譜之輔，則對於這個問題的理解，也應該有意想不到的成果。

空間的思考除了擴大歷史的視界，使得我們可以得到另一「面」，甚至是立體的知識，還可以幫助我們進一步作更高層次、更概括性、更具有動態觀的思考。

三、新問題

在開拓新領域，發現新問題方面，過去十幾年來，史語所已有許多成果，正如目前所裡七個研究室及八個研究群的題目所顯現的【一】，所內比較自然形成群組的研究領域中，有文物圖像、宗教禮俗、生命醫療、文化思想、法制史等。相對於過去半世紀的發展，這些領域都相當之新，也有一些是過去處於邊緣，現在轉入中央的，所處理的問題也有許多過去所意想不到的。所以傅斯年先生在〈旨趣〉中所說的：發掘新問題及注意題目的「新陳代謝」，現在已經不成問題，卓然有成。下一步的任務應該是不管在這些新領域或原有的領域中，尋求並解決重大問題，一如日本京都學派「唐宋變革」、年鑑學派「整體史」的觀點，及以西洋中古史為主、由下而上地了解歷史，譬如英國劍橋大學一群歷史人口學者之解決小家庭是工業革命之產物或是工業革命之前的舊況等。發現新領域之餘，還要抓住幾個重大問題，做得與別人不同，只要

【一】這七個研究室分別是「文化思想研究室」、「法律史研究室」、「文物圖象研究室」、「禮俗宗教研究室」、「生命醫療史研究室」、「臺灣與東南亞考古研究室」、「世界史研究室」；八個研究群分別是「中國歷史上的制度與社會」、「宋代基層人物與社會」、「近代歐洲的自然秩序與社會秩序」、「澎湖七美現生貝類補充調查及史前貝類碳氧同位素分析研究」、「連江縣莒光鄉熾坪隴遺址發掘出土遺物分析研究」、「鬼與怪的跨文化比較研究」、「傳世文獻與出土文獻的對勘與互證」、「中國青銅文明研究」。

五年到十年，便可以成一氣候，很快地便能夠引起學界的注意。

新領域通常新奇可喜，但也有一定的危險性，即一旦沒有聚焦或沒有重大問題時，很容易產生「零碎化」的現象。譬如當 Natalie Davis 出版她的 *The Return of Martin Guerre* 時，有人非常不滿地表示，Martin Guerre 居然變得比馬丁．路德（Martin Luther, 1483–1456）還有名，甚至更重要。事實上，如果能將 Martin Guerre 放在宗教改革這個大問題下來看，就可以免去輕重倒置，甚至「零碎化」的傾向。【二】

四、眼光與態度

近年來史語所治學的眼光有兩種下降的特色：一個是時代的下降，以考古學來說，由三代考古而開始重視歷史考古；以歷史而言，由上古秦漢為主而下降到宋代以後，尤其是明清歷史。另一個下降是由了解上層為主下降到對庶民的研究、對基層社會的注意，對生活、禮俗、宗教、醫療的興趣等等。同時，我們也看到三種研究態度上的轉變。第一種是由前一代五四青年的理性主義、科學主義，轉而以同情的理解或溝通的態度看待歷史文化中的生活禮俗或「怪力亂神」的層面（如今天的題目之一〈從除魅到牽亡〉所顯示的）。第二種態度上的變化是對過去一筆帶過的，或甚至認為是干擾的層面，正面地加以處理，一改過去認為某些現象僅只是一種偏離、脫軌、待矯正的，改為正視它們所展現的特質，正視其本身之創造，從而開啟了一個新的研究世界。第三種是臺灣成為研究的主題，以及以世界史的視野來看中國歷史。

今天的史語所與它初創時有一點不同。傅斯年先生創所時，聚攏了一批已經嶄露頭角的中壯年學者，同時還有幾個大學作為教育訓練的基地，有一大群由第一代領導人識拔的學生及年輕人圍繞在他們周圍，他們是老師，同時也是指導者，可以比較從容地實踐傅斯年先生勾勒的學術理想，這個情形與法國年鑑學派的情形相近。年鑑學派一直到第三代的主要成員之間，才大多有這樣的關係。【二】史語所在過去幾十年間，慢慢地失去（擺脫）了這種「三位一體」的特色：研究人員來自各所不同的學校，而且大多經過外國大學的培養，好處是多元化，缺點是較難形成一個具有主流風格的歷史學派。史語所應在被動地吸收各地人才的同時，主動地塑造出一種學術風格，形成幾個學術重心，這是塑造一個學派的前提。

如果要塑造一個學派，史語所要有陳寅恪先生（一八九〇—一九六九）那樣單打獨鬥的高手，也要有殷墟發掘那樣的重心。這個重心可以像它創所的最初二十年那樣，是以新史料為主發展而成的，也可以是以新方法論、新視野或新的重大課題為中心而產生。

【一】Maria Lúcia G. Pallares-Burke, *The New History: Confessions and Conversations*, p. 69.

【二】Peter Burke, *The French Historical Revolution: the Annales School, 1929–89* (Stanford, Calif.: Stanford University Press, 1990).

史語所應形成一個聯通所內外以及國際同道的對話社群，而且要與年輕一輩密切結合。過去十年間，史語所的生命醫療史研究室大致做到這一點，他們除了與各地學者互通有無之外，從其活動的參與者到演講者看，年輕學生佔有重要比例。事實上，史語所有資源也有能力做到這一點。在這裡我想舉個例子，今年十一月二十九日（星期六）那一天，史語所的大樓裡有四場學術活動：一場是臺灣地區出土瓷器資料研究論文發表會、一場是文物圖像研究室的演講、一場是法律史研究室的讀書會、一場是語言所的南島語言研習班，出入這四種活動的學者與年輕學生恐怕超過兩百人。它給我一種感覺：史語所除了是一所研究機構外，同時也是一所學校。它是提供專題的、新領域的溝通討論的場所，充分體現了我們這個所與各大學攜手一起成長的理想，這是形成一個學術社群的前提。

問題是主導這個社群的對話主體是臺灣還是外國？這個對話社群當然不能自外於國際，但是應該形成自己的主體性，免得被世界所稀釋，或陷入不斷複製外國的窘境，就像七十五年前傅斯年先生那一代擔心人們不斷複製傳統一般。

史語所應當領導學術議題。史語所創所之後二十年間，它的方向相當清楚，希望迅速做到傅斯年先生在〈旨趣〉中所宣示的，要讓東方學的正統在中國。它一開始的氣派顯然很大，表面上是處理歷史文獻、史料等，但根本想法是重新解釋中國歷史，一方面要脫出傳統的羈絆，另一方面要與歐美、日本競爭。他們在開拓研究史料方面的實績及開啟研究方向上的成就，不必在此重述，但我覺得另外一點更重要：今天的史語所除了應該繼續堅守它深刻細密、樸實無華的學風外，也要能夠領導議題。我的整體感覺是，在一九三〇年代史語所的議題是自己的，現在的情形似乎有些不同。特別是在一九八〇年代以後，史語所與國際學術主流互動益形密切，開展了許多有價值的課題與領域，但可能因為知識背景與外國太過接近，比較缺乏創造議題和領導議題的自覺或決心，常常是在世界主流中尋找議題，所以雖然做得很細密和紮實，問題解決得很深入，但卻很少有別人不得不聽我們的議題，這恐怕才是史語所進入它的「新傳統時代」時所面臨的最大挑戰。

本文原在二〇〇三年十二月二十二日歷史語言研究所成立七十五週年演講上發表；後收入《古今論衡》，二〇〇四年第一一期，頁一—一二。

歷史教科書與歷史記憶

前記：二〇〇四年，我應邀參加美國歷史學年會（American Historical Association Annual Meeting）的「近代中國的歷史教科書與歷史記憶」小組（War and the Politics of Memory: History Education in Early Twentieth-Century），並擔任主持人。這個討論小組的幾篇論文，加上其他幾篇，後來由韓子奇教授（Tze-ki Hon）及 Robert Culp 教授編輯成 *The Politics of Historical Production in Late Qing and Republican China* (Leiden, The Netherlands: Koninklijke Brill NV）一書，於二〇〇七年出版。當時承兩位編者的好意，要我為這本書寫一篇序，以下這篇文章，基本上是將英文的序擴大改寫而成的。

近代中國史學史的範圍究竟有多廣？如果以傳統史學史的範圍而論（指的是「歷史著作的歷史」），可能有人會覺得有意思的題目已經快被做完了，但是如果是通俗歷史知識的世界及政治等意識的塑造，則可以探討的題目還很不少。

將近二十年前，在一次從臺北車站回南港的計程車旅程上，司機問起我的職業，我回答說是歷史教授，於是我們討論起一些歷史事件來。在這次談論中，我注意到他的歷史知識與我相當不同。我的歷史知識大多來自專業，他的歷史知識最多來自戲台、講古、談天，甚至是從政見發表會中得來，兩者不一定完全不同，但出入之處非常之多。而他對這些知識相當堅持，完全不理會我這個史學專業工作者的意見。這樣的經驗此後我還不斷碰到過，它們提醒我，在專業史學之外，有一個常民的歷史世界，其知識的來源與傳播路徑、其內容的多元性，乃至歷史知識與社會階層或社會團體之間的複雜關係等許多問題，值得深入探究。

一、史學史的局限

因此，如果我們是想知道每一代的重要史家及其歷史著作，或重要的歷史思想、歷史方法之發展，則目前「史學史」方面的著作便足以承擔了。但是，如果我們想了解的是每一個時代大多數人歷史意識的形成，則目前史學史方面的著作顯然有很大的局限。常民有他們的歷史世界，一樣侃侃而談歷史，而其知識來源往往不是出自史學史中常見的歷史著作。當他們與歷史學家辯論時，也不輕易退讓，令人覺得歷史記憶的世界似乎並沒有最高仲裁者。

以近世中國為例，一般人的歷史意識之形成，或歷史知識的生產機制，是一個尚未被充份探討的領域，已有的一些零星研究也還未被整合起來。大體而言，在近世中國，歷史著作、戲劇、小說、口傳、閒談、謠言、虛構，以及晚清以來各種傳播媒體，都是形塑一代歷史意識的重要媒介。史學史中所討論的重要歷史著作與常民的歷史意識並非全然無關，但是即使有影

響，也是透過好幾層的改寫才發生的。【一】

因為我們考慮的不是歷史著作史，而是常民的歷史知識的歷史，則傳播管道便有強勢、弱勢之分。通常強勢管道中所流通的並不是帶有原創性的歷史研究，而是通俗的歷史著作，晚清以後，則影響最大的是歷史教科書。至於嚴肅的歷史著作，反而只在特定階層中傳播。

二、多層次的歷史知識來源

如果我們限縮注意的範圍，觀察近世中國的識字階層在培育過程中接觸到的歷史著作，便可以發現大致有四個層次的歷史知識。

明清兩代，歷史讀物可以分為四種層次。影響常民最大的是第一層次，包括口傳、歌謠、戲曲、小說等；第二層次則是一大批蒙學讀物，如《三字經》、《幼學瓊林》、《韻史》等【二】，或是一大批節本、選本、摘抄本、類編本、重撰本。根據近人的研究，著錄在《四庫全書》中的各種節本、選本、摘抄本等形式的歷史讀物，大多來自地方，足見其在民間散布之廣。【三】

第三層次的歷史讀物中，明代影響力最大的是一批以綱目體寫成的通俗史書，如王鳳洲的《歷朝綱鑑彙纂》、袁了凡的《歷史綱鑑補》、顧錫疇的《綱鑒正史約》等，他們都不是嚴格的史學家，其中尤以袁了凡的書最為流行。後人遂以袁書為主，兼採王、顧等書之內容，合稱

《王鳳洲袁了凡合編綱鑑》（《綱鑑合編》），是晚明以來最流行的一種史書。

清代吳乘權等人則纂有《綱鑑易知錄》（一七一一），是清代流傳最廣的一部通俗史書，一般士子多自此書得到基本的歷史知識。【四】清代官方則編了另一部流傳極廣的《御批通鑑輯覽》，它是以明代正德年間李東陽（一四四七—一五一六）所主編之《通鑑纂要》為基礎，在乾隆三十二年（一七六七）編成，科考中以其觀點與說法為準據。此書在清代流行廣泛，與《綱鑑易知錄》並行。【五】

第四個層次的歷史著作：以清代書院中所見之歷史讀物而言，由於書院有水準高低的層次之分，比較下層的書院以基礎教學為主，比較高層的以高等教育為主，二者規定閱讀的歷史讀物也有很大的差別。在比較高等的書院中，則有歷代正史、《國語》、《戰國策》、《資治通鑑》、《通鑑紀事本末》、《御批通鑑輯覽》、《通鑑綱目三編》、《續資治通鑑》、《明史紀事本末》、《三

【一】一層又一層的改寫痕跡是非常清楚的，譬如《資治通鑑》→《通鑑綱目》→《綱鑒易知錄》、《史鑑便讀》→或一大堆號稱是綱目的節縮、通俗本，甚至連演義小說也往往在書前說明是仿傚《通鑑綱目》而作成的。

【二】韓錫鐸主編的《中華蒙學集成》書末附有一份〈知見存本蒙學書目〉，可以參考。

【三】瞿林東：《中國史學散論》，頁二五三—二五八。

【四】王樹民：〈從《綱鑑易知錄》說起〉，收入《曙庵文史雜著》（北京：中華書局，一九九七），頁三四九—三五四。

【五】王樹民：《中國史學史綱要》，頁一四六—一五一。

通》等書。

以上的分疏只是為了討論方便，各層次的史籍之間往往流動、混合、且同時對一個人產生影響。我們可以粗略地說，在近代中國「教科書」尚未出現以前，上述幾個層次的東西都扮演了類似教科書的角色，不過這些書基本上是任人選擇，並無強制性及劃一性。

一位作者怎樣編寫他的歷史，或一個政權如何編纂官方歷史，都隱喻著理想上希望成為什麼樣的社會與國家。以前面已經提到的《御批通鑒輯覽》一書為例，如果我們廣泛查閱清代各種日記或傳記中的閱讀材料，就會發現這是清代中期以後影響士人世界最深的史書之一。這部大書的御批部分當然不是乾隆一人之力所能完成的，不過他自己親撰或臣下撰成經他同意錄入的部分也達十之七、八。我們可以設想它大體上反映了乾隆的想法，也反映了他希望這個國家應該如何運作、臣民應該如何作為等等深刻複雜的問題。此處僅舉一例，即瀰漫在書中的「皇帝作為唯一自由意志」式的歷史觀。這種唯一自由意志式的史觀主張，皇帝的意志是唯一且高於一切——包括國家、政府、道德、公共意志等，任何行動的最終正確與否，決定於它是否由皇帝發動，或是否符合皇帝的意思。即使是對的事情，也要在考慮它們與皇帝的關係之後，才能決定其對錯。以《御批通鑑輯覽》中所述陳玄禮等在馬嵬坡斬楊貴妃一事為例，歷史上的讀者對這件事的感覺大多是正面的，甚至覺得大快人心。乾隆的《御批通鑑輯覽》中卻說，玄宗當時仍然是皇帝，陳玄禮等人所做的事即使是對的，但因為是對皇帝個人的脅迫與羞辱，所以仍然應該被譴責。再以明英宗被瓦剌俘虜，大臣于謙（一三九八—一四五七）等擁立景帝一事為例，乾隆的《御批通鑑輯覽》也很值得玩味：因為英宗仍然是皇帝，所以在他未死之前擅自擁立景帝，是絕大的錯誤。

《御批通鑑輯覽》中還有一個核心觀念：不容許獨立於朝廷之外的、任何形式的集合勢力，即使其宗旨是符合道德禮法正面價值的也一樣。譬如，《御批通鑑輯覽》對一般人所稱道的東林、復社，即持最嚴厲的批判態度。可見《御批通鑑輯覽》所反映的，乃是皇帝心目中理想的社會與政治秩序的樣態。透過這樣的歷史書寫，它提示了皇帝與臣民應有的行為方式，並表達了它所希望塑造的帝國臣民性格及政治意識型態。

三、歷史教科書的出現

與前述各種層次的歷史著作相比，近代教科書的出現仍然是一件大事。十九世紀末、二十世紀初，清廷受西方的衝擊，開始模仿西方現代國家的種種舉措，其中設立全國性學校系統，課程一致化，及編訂教科書都是重要的環節。各級學校有一定的課程（課程標準，課程大綱）、上課時數、學期、年限，使得學習趨於一致化，而且上課採用同質化甚強的教科書。由於教科書是一種新東西，當新學制成立時，人們最關心的問題之一，便是沒有足夠可用的教科書，所以當時大量從日本翻譯各種教科書。晚清經學家皮錫瑞曾經大罵當時的教科書毒害青年人，由他的不滿可以看出，當時教科書影響之大，同時也可以看出，當時教科書品質之良莠不齊。

雖然一開始並沒有部編本的教科書，而是採用審定的一綱多本，但是因為編輯、供應教科書之出版商有限，所以全國只流通少數幾種教科書，使得原先在科舉時代鬆散且帶有極大個人色彩的讀本，逐漸趨於同質化。以歷史教學而言，也使歷史知識同質化。

另一方面，在轉向現代國家的過程中，國家的權力也透過一些機制進入教育的領域，開始要規範（discipline）知識。「審定」教科書便是國家支配知識的一個介面，國家的意識型態與歷史知識的教授在此得以連接。

審定教科書的制度逐步形成於一九〇〇年代。在一九〇〇年之後，新學校系統建立了，但是同一學科的教科書五花八門，紊亂不堪。為了整齊教科書水準，清廷於一九〇三年頒佈學制（癸卯學制），並在統一的學制下，設立編纂教科書的機構，以求教科書統一化、規範化。清廷原先希望採用部編教材與審定民間教材並行的方式，等時機成熟後，再以官版教科書全面取代民間教材。但是官方編書緩不濟急，一九〇六年，學部首次發文各省，要求各省督撫曉諭官商人等，「如有家藏或市肆售編教科等書，一併郵寄本部，俟審定後，再頒發各省，以歸畫一」，違者查辦。而且將審定意見和評語公佈在《學部官報》上。這項審定工作相當有效率。

一九〇八年浙江出版何琪所編《初等女子小學國文》，因有「平等」字樣而遭查禁。同年，文明書局出版麥鼎華譯自日本的《中等倫理學》，因蔡元培（一八六八—一九四〇）的序文「猶（尤？）多荒謬」，也遭到查禁。一九一〇年，直隸總督陳夔龍更下令審定教科書之標準是鞏固三綱五常，一旦發現「蔑視禮教，倡言平等，鼓吹自由結婚」，一律查禁。【一】

我們並不是說在此之前國家不干涉知識，事實上大家都知道，乾隆朝大規模禁書的過程中，許多不合規定的書被查禁了。不過，那些書並不是教科書；同時，它們是在流通之後被發覺有問題才遭到查禁，與「審定」制度之先行查閱有所不同。當然我們也不能過度誇張「審定」的效力，事實上模糊地帶很多，教科書作者、出版商與審定機構捉迷藏的例子時有所見。

如果看商務印書館莊俞的〈談談我館編輯教科書的變遷〉一文，便知從二十世紀一開始，政府每次頒布新章程、新命令，教科書的出版商往往得迅速作出相應的改變，否則不容易在市場生存。從一九〇五年至一九三一年，短短二十六年之間，便有十五次的改變。

這些改變出現兩個趨勢，第一是由鬆散的、在地的，甚至個人化的歷史教材，轉向少數幾種教科書之壟斷。第二是隨着政府對意識型態的關注，教科書中所傳達的歷史意識越來越統一，與官方意識型態不合者每有遭到淘汰之危險。尤其是一九二八年國民革命軍北伐成功後，

【一】關曉紅：《晚清學部研究》（廣州：廣東教育出版社，二〇〇〇），頁三七六—三八五。

以三民主義為教育基礎檢定教科書，是教科書內容一致化的第一次高峰。

此處我僅舉一個例子來說明「審定」制度如何與政治現狀的改變密切呼應，並深刻影響歷史教科書的內容。我所要舉的例子是一九一一年辛亥革命成功後，教科書市場也跟着發生變化。隨著革命的成功，民主共和國正式成立，過去那些最佔勢力的教科書馬上不能使用：一種是清政府學部所頒行的教科書，另一種則是長期壟斷市場的商務印書館的教科書。

商務印書館的負責人張元濟（一八六七—一九五九）在心態上傾向戊戌維新，不曾料到孫中山（一八六六—一九二五）領導的革命可能成功，或這麼快成功，所以商務的教科書基本上一直維持原狀。但當時在商務工作的陸費逵（一八八六—一九四一）則與張元濟不同。

陸費逵在清末積極參與革命活動，所以在他的認識中，革命很快會成功，一旦革命成功，以共和政體為內容的教科書將炙手可熱。陸費逵從一九〇八年起在商務印書館工作，同時也與兩三個同志趁夜間工作，籌備另一套以民主共和為宗旨的教科書。

民國成立之後，新的教育部頒佈《普通教育暫行辦法通令》。這份通令規定教育宗旨以養成共和國國民為宗旨：「凡各種教科書，務合共和民國宗旨。清學部頒行之教科書，一律禁用」。「凡民國通行教科書，其中如有尊崇滿清朝廷及舊時官制軍制等課，並避諱抬頭字樣，應由各該書局自行修改，呈送樣本於本部及本省民政司、教育總會存查。如學校教員遇有教科書中不合共和宗旨者，可隨時刪改，亦可指出，呈請民政司或教育會通知該書局改正。」這道命令其實是教育總長蔡元培委請中華書局的陸費逵代擬的，它的內容正好與剛創立的〈中華書局宣言書〉（一九一二年二月）相符合。在宣言書中，陸費氏宣稱「教育不革命，國基無由鞏固；教科書不革命，教育目的終不能達也。往者，異族當國，政體專制，束縛抑壓，不遺餘力，教科圖書箝制彌甚。自由真理，共和大義莫由灌輸，即國家界説亦不得明，最近史事亦忌直書」，「非有適宜之教科書，則革命最後之勝利仍不可得」，並申稱其初等小學國文教科書之編輯大意，是「以養成中華共和國完全國民為宗旨，以獨立、自尊、自由、平等為經，以生活上必須之知識為緯」。陸費逵是球員兼裁判，訂定一個與自己偷偷編成的教科書相合的宗旨，借新成立的民國政府之手通令全國，為自己出版的教科書取得合法性。

這批新教科書有幾個特點：第一、歷史故事則注重古今大事、文明進化，及君權民權之消長。第二、對歷史上的異族採取貶抑的態度。第三、舊版教科書以忠君尊孔為主，新版則以民主、共和為宗旨。譬如《中華高等小學國文教科書》中有如下字樣：「我國旗，分五色，紅黃藍白黑，我等愛中華。」「民國成立，選舉臨時大總統，孫文以大多數當選，元年元旦，即任於南京，組織臨時政府」，「孫氏天姿卓越，性情敦厚」，「為共和奔走二十餘年」，「為中國第一偉人」，而舊版是「我朝自開國以來，列聖相承，謨烈昭垂。」

不過，檢定歷史教科書雖然是一種政策，但是否能落實，仍與國家能否統一有很大的關係（北洋軍閥時代，即不可能作到一致性）。一九二七年國民政府北伐成功之後，中國首次在名義上統一於南京的國民政府之下，意識型態介入教科書達到一個新高峰。一九二八年以後，我們看到了幾次檢定歷史教科書的事件。以顧頡剛（一八九三—一九八〇）於一九二〇年代為商務印書館編纂的《現代初中本國史教科書》為例，該書非常暢銷，先後印行二十五萬冊。它於一九二九年春被檢舉，遭國民政府查禁，原因是內容反映了顧氏疑古的立場，不承認「三皇五帝」為歷史事實，因而被彈劾為「非聖無法」。國民黨的宣傳主將戴季陶（一八九一—一九四九）說疑古的論點，「學者的討論是可以的，但不能在教科書上這樣說，否則動搖了民族的自信力」，「中國之所以能團結為一體，全由於人民共信自己為出於一個祖先」。對此，顧頡剛反駁說：「我們民族的自信力真是建築在三皇五帝上的嗎？」[一] 這段爭議顯示出國民政府自有其一套框架，以規範國民的歷史記憶。

四、幾點觀察

（一）「我群」與「你群」

在政治變革中，歷史教科書的編纂者通常作些什麼？最重要的，便是在敘述的過程中選定敘述主詞所代表的人群：「我們」所代表的是哪些人？「你們」是指哪些人？也就是「我群」與「你群」的劃分。這項劃分帶動歷史知識全體內容的改變與評價體系之變化。「我群」與「你群」

之分，往往便是「烈士」與「叛賊」之分。譬如說，從清代到民國，各種忠臣祠祀的名單的變化，屬於「我群」的，入祀昭忠祠；屬於「你群」的，則成為敵人。湘軍平定太平天國之後，各地的昭忠祠所祀皆為湘軍人物；民國成立之初，即大規模撤換這些忠臣的名單，而改為反清的志士。到了袁世凱（一八五九—一九一六）當政時，又把革命烈士撤下，重新改祀。其變化之主軸即「我們」及「你們」的不同。十七世紀明清政權交迭之歷史是另一例證。清代官方史書及大部分史書寫到這段歷史中清軍的攻城略地，通常使用「我兵」或「大兵」等語。從這一主詞出發，則敘事時所選取的史事、所側重的人物、對史事的描寫方式，以及進行的評價，便與明遺民敘述同一件事時完全不同。所以誰掌握歷史敘事的主權，成為敘事中的「主詞」，誰便有權力以「我群」的角度敘述、評價歷史。

在一個敘事架構中，「主詞」往往是讀者不自覺的認同對象。讀者往往化身為主詞的同路人，循著他的思路，同情他的遭遇，為他的起落高興或悲傷，即使這個人物在比較大的歷史構圖中看來並不是一個如此正面的人物。例如，近年來非常流行的各種歷史劇，觀看者在觀看的過程中往往與劇中主角形成「同路人」的關係。許多人在看完《雍正王朝》之後，便不由自主地質疑史書中對雍正的負面評價。還有，像雍正朝的大官李衛，當觀眾看「李衛辭官」的歷史

【一】顧潮編著：《顧頡剛年譜》（北京：中國社會科學出版社，一九九三），頁一七二。

劇時，他的情緒起伏也總是跟著戲中的李衛走，同情、認可他的一切，而忽略了在歷史記載中李衛的複雜形象。

在清末種族革命的聲浪此起彼落之際，能符合學部宗旨的教科書，在處理「我群」與「你群」的歷史故事時，基本上一致，但暗地裡有些微妙的變化。此處我要舉一九〇〇年代的幾本歷史教科書為例，說明這種變化。

在清代，對「我群」最標準的稱呼自己「本朝」、「國朝」、「聖清」、「我大清」，對清兵的稱呼是「我大兵」。在確定了「我群」作為主詞之後，再進行歷史敘述的安排與細節的取捨。但在辛亥革命前，幾種對時勢比較敏感的歷史教科書，有些微妙的改變。有的比較鮮明地突出明清易代之際，清軍在各地屠戮之慘狀，譬如清末的《廣東鄉土歷史教科書》說「屠之，死七十萬人」，「屠戮頗慘」。有的則有意無意之間提出種族的問題，有一種歷史教科書的習題中出了一道題目，問：「朱元璋何族人？」在史書中，「我國」與「我朝」兩種觀念通常混用。到了晚清，西方的國家觀念漸次輸入中國，「我國」一詞逐漸帶有一種含混的分歧性。如某歷史教科書中有一段講到蒙古入侵時說「我國」如何如何，讓人覺得似乎在清朝之外，中土還一直有一個長期存在的「我國」。不過，依我目前觀察，因為教科書的性質特殊，在清亡之前，以清為「我群」的敘述結構並無大規模的改變。民國建立之後，課本才開始出現「孫中山南方偉人」等內容；「民國」、「我國」則成為稱呼「我群」的標準主詞。

對於一般沒有機會接觸更多歷史著述的人而言，教科書中所沒寫的歷史就差不多等於不存在。我自己即有這方面親身的經歷。在我的學生時代，政府對教科書進行深入而嚴格的篩選。為了強調反共的一貫性，教科書敘及國民政府的聯俄容共時，對蔣介石（一八八七—一九七五）在一九二四年前後一直到北伐清黨之間的言行，往往講得語焉不詳，讓人們直覺以為蔣介石自始便是堅定的反共先鋒。但是，如果有人閱讀歷史教科書以外的被禁制的史料或歷史著作，譬如原先出自蔣介石授意編寫的《民國十五年以前之蔣介石先生》（毛思誠），便很快可以發現原來不是那麼一回事。在當時，蔣介石是滿口馬列主義的紅色將軍。另外，為了強調國民黨始終是民國以來政局的主角，當時的歷史教科書也做了許多奧妙的處理。譬如，辛亥革命之後到一九二七年北伐以前，孫中山大部分的時間都是政治舞台的邊緣人物。在二次革命之後，孫中山已經解散了國民黨，他的政治勢力也僅限於廣東的一部分。但是，臺灣的歷史課本卻影影綽綽地表示，孫中山及國民黨始終是以這樣或那樣的方式，維繫著民國的正統。臺灣幾代人熟記歷史教科書以應付各級考試，在這方面所得到的歷史知識始終是扭曲的，然而，這些扭曲的歷史知識卻構成那個時代歷史知識的主體。一九八〇年代風起雲湧的批判國民黨體制的運動中，少數的、歧異的歷史知識，才又透過各種傳播媒介活躍起來。這些歧異的歷史記憶資源的顛覆力量決不能忽視。

過去臺灣的歷史教科書中也很少提到臺灣的歷史，所以幾代人對臺灣歷史的了解是很有限的。一九九〇年代中期，當臺灣主體意識初步得到確立時，歷史教科書的內容成為爭論的焦點。當時臺灣的歷史教科書仍然是統一的部編本，由國立編譯館負責。我於一九九七年應聘擔任高中歷史教科書的編輯委員，我還記得，當時為了是否應在高中歷史教科書中增加相當數量的十七世紀以來的臺灣歷史，委員們發生非常激烈的論爭，成為新聞事件，最後因教育部長緊急喊停而作罷。但是，後來經過一波又一波的衝撞，今天臺灣中小學歷史教科書出現了大量的臺灣歷史。它的影響非常大，現今二十歲以下的年齡層的歷史知識與二十歲以上的年齡層的歷史知識，形成了相當大的斷層。新一代人琅琅上口的臺灣歷史，對長一輩的人而言是相當陌生的；一個小學生對他父母提出最基本的臺灣歷史的問題時，再有學問的父母也往往難以回答，因為當年的歷史教科書不寫這些。歷史教科書中所不寫的部分，對於過去受教育的人而言就等於不存在。因此，不同的歷史教科書把人們劃分成不同的歷史世界，而歷史知識之不同亦大幅影響了人們的政治認同與政治抉擇。

一九五〇年後，中共的歷史教科書也刻意不提許多歷史事件。這裡只舉一個例子。關於一九三七年以後的對日抗戰，中共的歷史課本一概說成是中國共產黨軍隊獨力抗戰。事實上，當時中共的實力還很小，與日軍接戰只限在山西等幾個地方，這場戰爭的主體仍是蔣介石所領導的國民政府。但是在公式化的歷史教科書影響之下，幾代人的歷史知識中並不存在國民政府領導抗日這件事。以致於近年來，當有歷史書籍重述這段歷史時，竟然造成了極大的震撼。在臺灣歷史教科書中屬於常識的部分，在中國大陸則是具高度批判性的異聞。

（二）歷史教科書與思想啟蒙

我們在探討晚清以來的所謂啟蒙時，往往忽略了其中的一個重要來源：世界史教科書。事實上，在一個對世界了解的資源非常有限的時代，史書所提供的各種知識，為人們開啟了一扇天窗，是人們模仿、擷取、批評自己的歷史文化最重要的素材。日本人岡本監輔（一八三九—一九〇四）的《萬國史記》、李提摩太（Timothy Richard, 1845–1919）口譯的《泰西新史攬要》等書，披露了一些陌生卻先進的國家的歷史，給人們思索、批判現實時，提供了最具體的依據。一八八〇年代以來，在中國出現的一批政治評論書籍，到處有世界史教科書的影子。譬如，宋恕（一八六二—一九一〇）一系列在當時看來極為犀利的論評，每每是從岡本監輔的《萬國史記》而得到的啟發。中國人對美國憲法的最早了解，是從裨治文（Elijah Coleman Bridgman, 1801—1861）於一八三八年在新加坡刊印的《美理哥合省國志略》（*A Brief History of the United States of America*）得到的。同樣的，從晚清以來，歷史教材的編寫者也往往在歷史敘述中表達他們的政治或道德宗旨。歷史教科書往往表達了最有影響力的、形塑理想公民的思想。

（三）各種競爭的歷史記憶資源

歷史研究與歷史教材之間往往有一段距離。教科書與詞典一樣，詞典中的定義往往要晚於流行用法，它們通常是當某種用法穩定下來之後才被收入詞典裡。歷史教科書中的知識，也往往遲於當世的歷史研究。在專業史學研究圈子中已經非常流行的知識，往往還不被認為穩定到能寫入歷史教材中。以前面提到的顧頡剛所編中等歷史教科書為例，當它被查禁時，戴季陶說學者研究與教科書應有分別，學者可以自由討論三皇五帝是否存在，但在教科書中不宜寫入。以上種種，形成了史學研究與教科書競爭的情況。民國時期，各地軍閥勢力林立，各地的歷史教科書之間也形成了競爭關係。後來，在國共鬥爭及對日戰爭期間，各種不同的政治力量也深入影響教科書的編寫，形成不同的歷史記憶資源之競爭。

（四）本文所關心的一些主題

以上只是我對歷史教科書的幾點初步觀察，由於歷史教科書編纂者所留下的史料不多，現有的也不大反映具體情況，[一]所以尚難進一步對這方面的問題深入討論。不過，前面提到過：歷史教科書是形塑一代人歷史記憶最重要的讀物，所以教科書中所承擔的歷史記憶非常值得深入分析。而且，自從教科書出現以來，讀者所讀到的不只是歷史。在歷史敘述中，同時也表現了豐富的政治觀念、公民概念、道德觀念，與對未來的想法等。它們形塑了一代又一代人的理念世界，而在歷史教科書中所傳遞的各種理念，遠比其他教科書要來得有影響力，值得從各個角度加以分析。以下我試着由我的角度出發，勾勒本書文章所觸及的範圍。至於各篇文章的內容，請參看原書。【二】

首先，教科書是根據課程標準而編的。在課程標準中，往往不只規定應該寫些什麼歷史，而且有其特定宗旨：在晚清是「忠君」、「尊孔」、「尚公」、「尚實」；民國初建時規定「凡各種教科書，務合共和民國宗旨」。當時，中華書局的編輯大意便標榜：「以養成中華共和國完全國民為宗旨，以獨立、自尊、自由、平等為經，以生活上必須之知識為緯」。所以，在教科書的敘述與安排之中，如何體現上述宗旨是非常重要的；而一般學生也往往是從歷史教科書中習得政治、社會、倫理方面的觀念，這些觀念的內涵也成了塑造一代人普遍心態的資源。

從前面的背景說明可以看出來，教科書具有一些新的特質，其中比較突出的一點是：它的課程設計、課程標準及教材內容帶有一致性，不像皇朝時代具有各種彈性，帶有多元色彩。另一方面，因為教科書檢定制度，所以政治勢力對教科書之影響較大。但是實際情況是否如此？

【一】如顧頡剛在一九二〇年代的日記中雖有不少編寫歷史教科書的條目，卻非常簡略。

【二】文章內容皆收錄於 *The Politics of Historical Production in Late Qing and Republican China* (Leiden, The Netherlands: Koninklijke Brill NV, 2007)，可以參考。

是不是所有政治勢力皆有一定的意識型態？其中是不是有一個複雜的論辯或形成的過程？不同的政治勢力管轄的地區，如何爭奪對歷史記憶的控制權？尤其當日本入侵中國時，佔領區的歷史教材與國統區的歷史教材彼此爭持時，國統區如何重新形塑自我的過去？

清末以來，「世界歷史」才正式成為歷史教科書的一部分，它馬上遇到幾個問題：如何在世界歷史中，為中國安排一個恰當的角色？如何在中國歷史的格局中，安插世界史的知識？如何解決一個惱人的問題，即古代中國是如此輝煌，而近代中國是如此衰敗，一再地敗於西方帝國主義之手，但是又要在這樣困難的情形下，說明中國終將擁有光明的未來？

在一九〇〇年代，鄉土意識的覺醒是一個重要的事件，出現了許多以「省」為出發的「新祖國」言論。這些言論有兩方面的意義，一方面是離心的力量，一方面是向心的力量。在晚清新政改革期間，清廷曾頒佈命令，要求各地編纂鄉土志、鄉土教科書，因此出現了一批鄉土教科書。這批教科書往往由地方上的文化菁英所編纂，它們如何體現中央的價值觀及當時流行的新概念，同時也彰顯地方上的特色？其中有些是不是體現了一種中央與地方的張力？

最後是有關「國史」與「朝代史」的問題。前面已經約略提到，在傳統史書中，「我國」一詞出現的頻率相當高，往往與「我朝」混用。但是，近代西方「國家思想」傳入之後，在滿清政權之下，「我國」究竟是不是與「我朝」相調和？也就是國史與朝代史之間，究竟是矛盾不相容，或是在許多時候，它們可以調和在一起，而在某些時候又逐漸歧出？

五、小結

中國歷史上重要的史家、重要的史學機構、以及重要的歷史著作，都被研究得相當徹底了，但是我們對常民的歷史世界了解還非常不夠。我們應該從包括歷史教科書在內的各式各樣文類、從民間文書或是從日常書寫的字裏行間中爬梳其歷史觀、了解史學知識的現實功能、從對於「過去」的敘述中發掘出它所潛藏的「現在」及「未來」。

本文原載於《思想》季刊，第九期（二〇〇八年五月）頁一三一—一三九。

作者簡介

王汎森，臺灣大學歷史系學士、碩士，美國普林斯頓大學博士，現任臺灣中央研究院歷史語言研究所特聘研究員。主要研究範圍是思想文化史、學術史、史學史，關注的時間是從明清到民國時期，主要著作有《章太炎的思想》、《古史辨運動的興起》、*Fu Ssu-nien: A Life in Chinese History and Politics*、《中國近代思想與學術的系譜》、《晚明清初思想十論》、《近代中國的史家與史學》、《權力的毛細管作用：清代的思想、學術與心態》、《傅斯年：中國近代歷史與政治中的個體生命》、《執拗的低音：一些歷史思考方式的反思》、《思想是生活的一種方式：中國近代思想史的再思考》等。

著述年表

專書：

1 《章太炎的思想》（臺北：時報文化出版公司，一九八五），二八五頁。

2 《古史辨運動的興起》（臺北：允晨文化實業公司，一九八七），二九七頁。

3 *Fu Ssu-nien: A Life in Chinese History and Politics* (Cambridge: Cambridge University Press, 2000), 261 pages.

4 《中國近代思想與學術的系譜》（石家莊：河北教育出版社，二〇〇一；臺北：聯經出版事業公司，二〇〇三），五三三頁。

5 《晚明清初思想十論》（上海：復旦大學出版社，二〇〇四），三六八頁。

6 《近代中國的史家與史學》（香港：三聯書店〔香港〕有限公司，二〇〇八；上海：復旦大學出版社，二〇一〇），二七四頁；一八七頁。

7 《權力的毛細管作用：清代的思想、學術與心態》（臺北：聯經出版事業公司，二〇一三），六八〇頁。

8 《傅斯年：中國近代歷史與政治中的個體生命》（北京：生活．讀書．新知三聯書店，二〇一二；臺北：聯經出版事業公司，二〇一三），三八五頁；四六四頁。

9 《執拗的低音：一些歷史思考方式的反思》（臺北：允晨文化實業公司，二〇一四；北京：生活．讀書．新知三聯書店，二〇一四），二〇八頁；二六一頁。

10 《思想是生活的一種方式：中國近代思想史的再思考》（臺北：聯經出版事業公司，二〇一七），四〇八頁。

與本書主題相關之論文：

1 〈歷史記憶與歷史：以中國近世史事為例〉，《當代》第九一期（一九九三年十一月），頁四〇—四九。

2 〈傅斯年與陳寅恪〉，《中國文化》第一二期（一九九五），頁二三八—二四一。

3 〈傅斯年對胡適文史觀點的影響〉，《漢學研究》第一四卷一期（一九九六），頁一七七—一九三。

4 〈清末的歷史記憶與國家建構：以章太炎為例〉，《思與言》第三四卷三期（一九九六），頁一—一八。

5 〈王國維與傅斯年：以「殷周制度論」與「夷夏東西說」為主的討論〉，收入《王國維紀念論文集》（廣州：廣東教育出版社）。又見《學術思想評論》三（一九九八），頁四七三—四九二。

6 "Gu Jiegang", Wang Ke-wen ed., *Modern China: An Encyclopedia of History Culture, and Nationalism* (New York: Garland Publishing Inc., 1998), pp. 128–129.

7 〈民國史學中的新派及其批評者〉，收入羅志田編：《廿世紀的中國：學術與社會》（濟南：山東人民出版社，二〇〇一），頁三一—一三〇。

8 〈歷史と社會：中国近代史学の回顧〉，《関西大学中国文学会紀要》第二六號（二〇〇五年三月），頁二九—四六。（冰野善寛譯）

9 "Preface", Tze-ki Hon and Robert Culp eds., *The Politics of Historical Production in Late Qing and Republican China* (Leiden: Brill, 2007). 中文修改版〈歷史教科書與歷史記憶〉，《思想》季刊，第九期（二〇〇八年五月），頁一二三—一二九。